C000150119

苏联奥援中共档案

共产党如何依靠苏联奥援饷械打败国民党

The Archival & Statistical Discoveries
on the Financial & Weaponry Supply from
the USSR to the CCP

真相真理双真集（上册）

徐泽荣 著

（By Dr. C.W. David Tsui）

博登书屋

【当代华语世界思想者文库】

学术顾问： 黎安友
主　　编： 荣　伟
副 主 编： 罗慰年
Academic Adviser： Andrew J. Nathan
Chief Editor： David Rong
Deputy Editor： William Luo
Published by Bouden House, New York

徐泽荣文集（卷三）

苏联奥援中共档案——共产党如何依靠苏联奥援饷械打败国民党
The Archival & Statistical Discoveries on the Financial & Weaponry
Supply from the USSR to the CCP

真相真理双真集（上册）

徐泽荣　著（XU Zerong / TSUI Chak Wing David）

出版：博登书屋·纽约（Bouden House·New York）
邮箱：boudenhouse@gmail.com
发行：谷歌图书（电子版）、亚马逊（纸质版）
版次：2022 年 6 月 第二版 第一次印刷
字数：186 千字
定价：$38.00 美元

Copyright © 2022 by Bouden House
All rights reserved.
No part of this book may be reproduced in any form or by any electronic
or mechanical means including information storage and retrieval systems,
without permission in writing from the publisher. The only exception is by
a reviewer, who may quote short excerpts in review.

作品内容受国际知识产权公约保护，版权所有，侵权必究

上册：苏联奥援中共档案

The Archival & Statistical Discoveries on the Financial & Weaponry Supply from the USSR to the CCP

By Dr. C.W. David Tsui

曾克林部与扫满苏军会师

联共（布）终扶植中共坐上金銮殿

本书作者所著《真相真理双真集》香港繁体字版双封。

谨以此书:

其一,遥献给我敬爱的母亲曾桂友(1917—2005)。曾任解放军第四野战军军需部军需处代理处长和试验兵工厂厂长的她,已将苏援中共炮械秘事以及对于马克思主义的执着信仰带进了天国。其二,敬献给我于困顿时期结识的朋友范建华先生。以前他是一位特种兵,曾经参加过对越边境战争,骁勇如侠;如今他已是一位金融家,在世界范围内筹资投资,长袖善舞。由于他的慷慨赞助,此书方得出版。

笔者的母亲曾桂友(前中)曾任四野军需处代理处长、中共中山大学党委副书记;父亲(后右)曾任四野军工部政治部主任、广东省军区副政委。

目　录

笔者祈祷

　　毗斯缇斯（左）、关帝云长（右）分别是古希腊、古中国代表诚实、信诺的神祇。马学因其奠基命题原错导致其革命目标无从实现，于是马学威权以及马学权威便得全力借助"假相假理"搭够，于是本有"假""吹"——among others——恶性基因的三千年华夏文明，百年（1917—2017）以来不幸逐步沦为——again among others——谎言文明。此谓"十月风后无华夏"（联想"北方吹来十月的风"）。尽管我们业已在军事上、经济上扭转了对于西方的颓势，但是在政体上、创新上我们仍然瞠乎其后，加上朝野上下大肆造假、吹牛、媚上、腐败，西方乃至邻国均视我们本质上乃属于劣等人种，例如美国已有多处出现标语"Is China real？"（中国是真的吗？）许多国家厂商，均在食品、药品包装上面，打上"没有中国成份"字样。

　　中华民族如今面临的存亡继绝任务，不是再造第一华夏文明——它已无可再造，而是另造第二华夏文明。此为事理不得不然。第二华夏文明中仅次于宪法的头条法律，就是规定：在涉及政绩、公域、契约、投标、科技、学历问题上，说假话者必遭到处罚，从判处徒刑五年到罚做义工三月不等，公务员、媒体人、国企头、政党酋、军人、员警、税员、教师、医生、律师等从严。

祈祷毗斯缇斯、关帝云长、全能上帝、无数先烈于冥冥中保佑中国！

精彩预告

苏联奥援中共饷械储运秘密，已属笔者逆天发现。于此书首，笔者先为读者披露一二。

读者注意：以后正文不再重复出现此处图文。

01. 陈济棠—余汉谋协苏济共武库军火江轮驶往中央苏区方向水上路线：由韶关出发，沿浈水上驶➡️或于始兴装上玲珑岩库军火➡️或于南雄装上钟鼓岩库军火➡️经水口➡️经乌径➡️经潭头水➡️经黄坑洞➡️经（东）油山➡️经（今）走马垄水库➡️经街上➡️经大阿➡️抵信丰，转装军火于从于都—江口驶来之 20 艘苏区木船。它们装载苏区所产钨砂，由于都出发沿贡水西驶，至江口被粤军"武装截获"，押至信丰，转装钨砂于粤军火轮。双方一轮交接完成。

02A. 得到董其武、白海风暗中放行的苏联奥援中共饷械西北陆上主要线路首段（分叉线左线）：苏联军火卡车由外蒙哈登宝力格口岸出蒙境，由内蒙满都拉口岸入华境→经满都拉镇→经巴音花镇→经百灵庙镇→经固阳县→经包头市东河区（北口）大树湾渡黄河→抵（南口）树林召镇。

苏援中共饷械西北陆上辅助线路（分叉线右线）：苏军卡车由外蒙哈登宝力格口岸出蒙境，由内蒙满都拉口岸入华境→经满都拉镇→经巴音花镇→经百灵庙镇→经乌克忽洞镇→抵呼和浩特市武川县德胜沟乡，军火于此卸货交八路军姚喆部以畜力轮车经绥德转运晋察冀边区。

02B. 苏联奥援中共饷械西北陆上主要线路中段：由（黄河渡南口）树林召镇继续南驶→经鄂尔多斯市东胜区西拐→经杭锦旗→经鄂托克旗→经鄂托克前旗东拐→经城川镇→抵陕甘宁边区靖边县宁条梁。

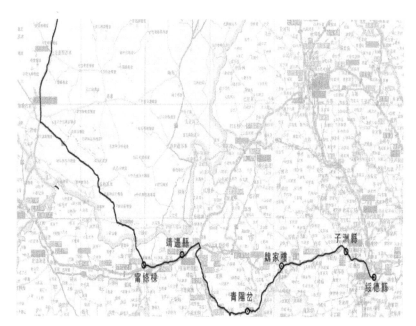

02C. 苏联奥援中共饷械西北陆上主要线路末段：部分军火卡车由宁条梁东拐➡️经靖边县➡️经青阳岔➡️经魏家楼➡️经子洲县➡️抵绥德县，于此卸货，转装畜力轮车或者木质帆船，运往晋察冀边区。

陕甘宁边区西端城川红色国际秘密交通站陈列馆

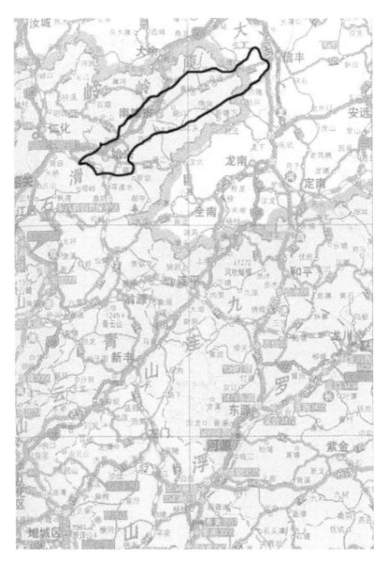

03A. 设想过的以南岭之一的大庾岭为中心的五岭根据地，紧靠或者囊括南雄、始兴二地，这是陈济棠协苏济共武库所在地。距离韶关、翁源、和平、新丰、东源乃至增城、东莞并不遥远。浈水南流，经三水连接西江，再连接珠江，载运苏联军火船只可以由南雄、始兴驶入粤西、广西、云南、贵州等中国大西南一大片山区。当初，如果毛泽东氏此一设想能够实现，其军事计谋成就，必可远胜"四渡赤水"奇兵。

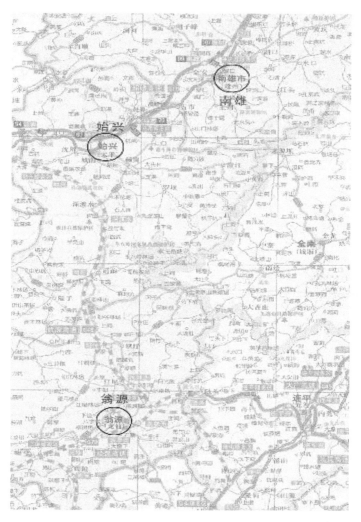

03B. 1945年秋，二王部队南下抵达韶关百顺之前，东江纵队前锋业已北上抵达翁源，距离始兴、南雄连线中点距离不过70公里，行军至多两天路程。竟然演成失之交臂未能会师，兼且事先电台联系"中断"。此一落空结果无论如何说不过去。东纵"山头主义"引起延安极度反感，当即命令他们就地解散；为免哗变，美其名曰"分散坚持"。广东解放以后不到四年中央即以"反地方主义"为名大肆整肃东纵成员。受到整肃东纵成员及其后代始终未能察觉和追究"林平抗命连累部属乃至全国地下党人"责任，一味怪罪陶铸、林彪、赵紫阳、黄永胜。至 2021 年底，笔者方始猜疑周恩来欲留东纵于粤协助英军与国军战后争夺香港，勿随二王部队离粤向桂云黔川发展。但他不负责任地始终没将此一下达东纵指示通报毛泽东，遂成嫁祸于人。经此洗白，陶铸、方方、尹林平、叶剑英后人庶几可以释怀。

不过，经此还原真相，东纵后人还是有个别人相信清算广东地方主义乃是林彪、陶铸欲以南下干部、转业干部占据原来理应由广东干部占据的职务。广东干部仅以千计，广东职务则以万计，后者乃为前者十倍。根据笔者观察，很多南下干部、转业干部也和广东干部一样，都是终生没升一级，有的仅在退休之前得到恩赐一级。例如，民国进步人士、鲁迅挚友孙伏园之子孙惠畴，文革前就是广州军区政治部宣传部部长，文革中担任省革委政工组组长或副组长，文革后还是军区宣传部部长。从无怨言。其子亦无怨言。

读者须知

一、本书附录、附件，香港版为了依照出版社要求：排版后全书页数不宜超过 400，笔者遂将上下册的附录、附件的注释全部删去。不过读者可很容易从互联网上或者图书馆里找到它们。纽约版追补文字，引文出处当即以文中夹注注明。纽约版循此香港版旧例。

二、上册各文，库学第一篇最早写，库学第五篇最后写，间隔长达六年（2012—2018）。该册内后写之文根据新的史料，会对先写之文某些描述、解释、推测做出修正。先写之文出版之时鲜有根据后文做出修改，原委乃为欲令雅俗读者获悉寻踪路径原貌；对于各文之间偶有内容重复，也须作如是观。重复苏援枪械数字以《苏联奥援中共主战步枪明治三十年式》和以《苏联奥援中共后膛火炮 7900 余门》为准。前者撰成之后二月后者撰成（2016），然后再度时隔两三年，至 2018 年 7 月，随着库学第五篇撰成，上册从而全书杀青。下册的"证非二十义"，初稿原于狱中写成，2015 年于台北出版，香港版、纽约版当然有充实、修改，与时俱进。

共产国际执委会十位执委在莫斯科郊外的合影。前排左起：马蒂、季米特洛夫、陶里亚蒂、弗洛林、王明。

后排左起：莫克文、库西宁、哥特瓦尔德、皮亚特尼茨基、曼努伊尔斯基。在布哈林、斯大林的指挥下，这十位执委曾将世界"搅得周天寒彻"。

作者简介

中共老营之后的牛津大学博士、海归独立学者。1951 生于武汉，后随军迁往南昌、广州，1980 年代中期移民香港。父籍四川，母籍广东。头次婚姻维持 20 年，有一亲生子在英国。有一过继女（侄女），二嫁"白左"，品行大变，忤逆，废继。

文革头两年半曾任广州外国语学校保守派红卫

笔者于港郊区寓所近照

兵召集人、广州"毛泽东主义红卫兵"总部委员，保护过赵紫阳，反对过毛乱华。1968 年下琼，种植橡胶树；1974 年回城，念冶金中专；1978 年赴沪，上复旦大学；1983 年出国，入美国哈佛大学读博；1984 年退学来港，入新华分社；1986 年，入香港中文大学读硕；1990 年，入英国牛津大学读博。1999 年中获牛津大学国际关系学哲学博士学位。前后西学训练碎期加总长达 15 年。曾任香港新华分社研究室助理研究员、香港社会科学服务中心主席、《中国社会科学季刊》（香港）出版人、香港国系贸易有限公司执行董事、广州市社科院研究员、中山大学助教和客座副教授以及英国牛津大学访问学者、美国洛杉几当代中国研究所研究员。

擅长当代中国涉外军事、科技创新缘起以及苏中党史军史、交换价值实质等研究，亦曾耽于探讨藏川水调疆、环山行营牧、狭体船改良、斜底塘养鱼。有过多种著作、译作发表，且获国际笔会（PEN）

独立中文笔会 2009 年"监狱作家奖"。始受"礼失求诸野"之驱，不恋"君赐"；终获"理失悟诸狱"之果，得天之助。曾与香港新华分社社长许家屯行千年一遇之"徐与许香江对"，说服后者宽待民主，香港意外多得稳定一二十年。

环山行营牧如得试验成功，大肆推广，将继袁隆平杂交水稻掀起绿色革命之后，掀起一场褐色革命，可令中国耕地亩数暴增数倍。数千万知青回城之后，能将务农所得生产经验推陈出新，以图撬动民族生计巨大改型换代，似乎只有本人一人。

因犯"危害国家安全""非法印刷外刊"二罪，悬案系狱 11 年，却可笔耕不辍，以刑换著，得书四种。后经本人查明：其一，本案两造判决竟系管辖错误，故曰"悬案"。其二，本案实为本人 2000 年初于香港《亚洲周刊》报导马来亚共产党（MCP）秘密设于中国湖南益阳广播电台遗址，据说导致两名不按"合艾协定"迁往泰国滞留本国的马共成员被捕引起，中共中央对外联络部震怒不已，下令严惩。但是判决偷梁换柱另以别种事实代替，以免扩散中共饷械奥援马共事实。悬案乃指偷梁换柱判决。真案并无判决。相信上天必会主持正义。

2011 年底出狱后即前往牛津大学访问。2013 年夏始由美二次海归，定居广州增城两年后，迁往梅县母系祖遗客家大屋。2017 年初迁回香港，入住上水一处半荒农庄。一人一狗相伴，继续"吾撰故吾在"。出狱后十年，已出版著作五种、文章六七十篇。2022 年，全部著作将由美国博登书屋编成文集再版。

自从 1998 年底完成博士论文答辩之后，本人便以求知好奇心置换了求乐避苦心，20 余年，仅靠微薄遗产、政府接济生活，以图专心致志心无旁骛治学，乃至甘做楚囚，甘为孤寡而无悔意。2022 年中，可能应邀赴美任教。

上册简介

　　中国共产党于其长达 22 年的武装斗争中，真的是依靠"小米加步枪""农村包围城市"相继战胜对手国民党、日本军，从而夺得全国政权的吗？本书试图根据新揭档案以及其他历史文献、实地踏察，"猜破"第一个谜团。关于第二个谜团，笔者已在所撰《刘少奇武功盖过毛泽东》一文第三节《何来农村包围城市》做过"猜破"，本书对此亦有简略回顾。解开第一个谜团，笔者花了 25 年（1991—2016）功夫，最终于 2016 年夏天，获得了档案寻踪方面具突破性发现以及推断，简述如下：

　　长征以前，苏联奥援中共 30.5 万支枪支，藏在设于始兴玲珑岩、南雄钟鼓岩的两处"陈济棠协苏济共武库"，主由余汉谋听候苏联方面通知，开运闭储。

　　长征以后，通过恰克图→乌尔嘎（今称乌兰巴托）→满都拉→百灵庙→大青山→大树湾→树林召→鄂托克（前旗）→靖边城这条"国际路线"，在傅作义—董其武部队（北面）、白海风（南面）[见诸申屠宁著《中共"六大"代表白海风生平》（北京：中共党史出版社，2005）]部队瞒着老蒋私底下放行，姚喆部队（东面）藉口抗日三重非公开保护之下，苏联继续奥援中共 60 余万支步枪，以庆阳、绥德为集散地、中转地，供给部队轮番换装。

　　这 30+60＝90 万支步枪，主要枪型乃为日制以及苏仿明治三十年式，明治三十八年式的前型。因其枪声乃与三八式、汉阳造、中正式不同，有利于防止误打友军。

　　解放战争时期，苏联奥援中共日制、美制、英制、德制、捷制、苏制火炮 1.79 万余门，以及足量炮弹（20 余万吨。大连建新工业公司生产的"大炮弹"应以复装炮弹为主，弹壳苏联供应），其中后膛火炮约 8000 门，打得国民党军措手不及，一败涂地，而且至今不明就里。此期研究其实可以"只问炮不问枪"。中央苏区遭受失败的根本原因就在于没有足够的轻携式后膛炮、德什卡重机枪,打不破国军碉堡。

从 1921 中年至 1949 年末,苏联还以逐月拨付以及专项拨付两种形式,无偿支援中共海量金钱。俄裔美籍作家潘佐夫曾经见到苏联档案当中众多中共方面对于接受苏联方面协饷所交收据。他说至少应有一亿美元。当时一亿美元折合 3.4 亿银圆。也就是说,中共于此期间,平均每月得到苏联协饷 100 万银圆。

苏联奥援中共饷械规模巨、效果著,前无古人后无来者,足令古今中外所有造反集团叹为观止,并非中共官修党史所说那般苏援饷械如同鸡肋。由此得出结论:苏援饷械对于中共武装夺取全国政权所起作用,乃属左右结局性质,可谓"没有斯大林就没有新中国"。毛泽东的军事智商过人、共产党的斗志坚韧过人这两大因素,也很重要,但是只能排在其后——两者结合权重可占50%弱,苏援饷械权重另占50%强。这是真相,尽管迟迟未被揭示将近一个世纪。不过历史对此有过朦胧察觉:五台山根据地一老妪曾这样"代天"问:"毛主席呀,这回我可见着您了。那斯大林他什么时候来呀?"

西班牙共产党得过按比例计更加多的苏联饷械奥援,还是无法取胜,而且迅速失败。若由扶不起的阿斗王明支配苏联奥援饷械,中共料应重蹈西共覆辙。

与下册不同,上册除代序一篇以外,乃由 13 篇原先单独发表过的文章组合而成,并非一次成书,文章兼且分成枪学、饷学、炮学、库学四组。

为省篇幅,不设参考文献总览,下册相同。

最后,交代一番本册所用数据的可靠性质以及得出方式。由于中共方面至今没有悉数公布苏联奥援中共饷械史料档案,所以本书上册当中蛮多数据及其文字说明,多为经过推算推理得来,并非现成档案数据。但是它们的推理推算的根据都是存在的。数学思维较强读者完全可以依照这些根据重复得出相同或者近似结果。

假说必须武断,不宜含糊,否则引不出真相真理,修不成正花正实。正如一位网民阎润涛所说：别小看逻辑推理的巨大功能。任何冤假错案的结论都经不起逻辑推理。反过来，爱因斯坦相对论是逻辑推理出来的，高等数学是逻辑推理出来的，连地球围绕太阳转也是先从逻辑推理出来的。那些以为没亲眼看到就不是真理的人，不是缺乏逻辑思维，就是别有用心。亲眼看到的未必靠谱，因为你很可能被假像所迷惑，比如你亲眼看到太阳从东方升起从西方落下，你未必能够得出"地球围绕太阳旋转"这一事实判断。夏商周断代工程的成果，基本上都是根据文献文物、科技手段推理而来。

刑侦学上，这叫理证，地位乃与人证、物证、书证并列。出于防民之口、曲史之相动机，大陆官修党史一向竭力否认推理作用，冠以"有失严谨"、"唯心主义"，自己却又不敢开放档案。谬种竟至一代传一代，公知亦难摆脱其流毒。你不想想，经党审查之后方能公布出来的那些"历史事实"，离开真相会有多大距离、多大缺口。

在这种情况下，若不采用逻辑推理，后人怎可循此找出书证、物证，人证？若不依靠逻辑推理，自然科学家们根本寸步难行。门捷列夫发现化学元素具周期性，就是逻辑推理的名作，据此还可预先描述未知化学元素。

不过，以下几个或者几组数据乃是直接数据，不是推算数据，它们足够构成本册数据统计及其分析的五边形坚实框架，从而为框内所有衍生数据及其分析注入了合格可靠性：

一、北伐末期，苏联运给中共 30~30.5 万枪支及相应数量弹药。中共朱毛割据赣闽粤边时期，苏联人民交通委员会主任此时来华公干，与中共总部驻扎西柏坡村时期，苏联派来顾问也是苏联人民交通委员会主任相似。一次、二次内战期间，给予中共武器不难，怎样运输，怎样储藏才难。所以苏联两番都派出交通部长来主协械其事。

二、抗战时期，中共兵工厂总共生产四万余支枪支，由于枪管寿命极短，应该大部用于武装民兵。1940 年 5 月初，八路军后勤部部长杨立三透露一个统计数字：平均缴获一件武器要牺牲两三个战士。抗战八年，八路军、新四军、华南抗日游击队三军总共损失 584267 人，其中受伤 290467 人、死战 160603 人、被俘 45989 人、失踪 87208

人。若按杨立三除得数，武器全算步枪，损失（"死、伤、俘、失"）全算"牺牲"的话，三军缴获步枪便应为 $584267÷（3+2）÷2=584267÷2.5=233707$ 支，可算 23 万支。若杨氏数字仅涉"死、俘、失"，那么三军缴获日伪顽军武器就只有（$160603+45989+87208$）$÷2.5=293800÷2.5=117520$ 件，只够武装 156693 人合 15 个师。据此可以推算出此期苏联奥援枪支数字。

三、1947 年，中共武装在牡丹江接受苏联奥援火炮近 18000 门。

四、《苏联军事百科全书》透露，战后，苏联转交中共它已不再需要的美国租借法案武器价值 40 亿美元。苏联转交大部缴获德军、日军武器予中共，笔者估计折合五六十亿美元。

五、俄裔美国作家潘佐夫透露，苏联协饷中共行政费用超过一亿美元合 3.4 亿银圆。不算武器折算。

陷于混沌之中党史军史真相，逃不过如来佛手掌五根手指啊！

上册鸣谢

此书的完成，由始至终得到富晓露女士精神上、金钱上的帮助。她还陪我到过南雄钟鼓岩、始兴玲珑岩、锦州、延边、汕头、漳州、平凉、桑植、吉首、信阳、盐城、南昌、海拉尔、牡丹江做过实地踏察，旅费多由她出。此书取得突破，主要论文段落乃在其沈阳家中撰成。

锦州、延边、汕头、漳州、平凉、桑植、吉首、信阳、盐城、瑞金、石城、淡水、南昌、海拉尔、牡丹江、张家界、罗浮山、大岭山革命纪念馆的展品无声地，以及馆员有声地和我互动，使我获益匪浅。

轻武器专家范建华先生、前武装连民兵许安德先生为我提供了许多关于枪弹的免费咨询服务。许安德、张东北并且对我的初稿"横挑鼻子竖挑眼"，使论文不断得到改善，模糊不断变得清晰。香港大学冯客教授不用手机，我好一点，不是不用而是少用，因而手机型号落后时人几代。为了方便联络，范先生甚至送我一部崭新三星J7Prime手机。

哈佛大学校友威尔顿先生、牛津大学校友徐立恒博士和王晓琪博士、《开放》杂志金钟先生、《前哨》杂志刘达文先生、中专同学苏柳池女士、中共中央党校常欣欣教授、牛津大学傅玛丽教授和曾锐生教授、哈佛大学傅高义教授、香港大学冯客教授、中山大学袁伟时和邱捷教授、中国人民大学杨奎松教授、普林斯顿大学余英时教授、前广东省立中山图书馆馆长李昭醇等，也给予了我资料上的交流或者精神上的鼓励。复旦校友邓志端、姚淑敏、于贤登、陈银盛、何秉石、倪世雄，以及中学校友雷建国、胡晓红、胡川妮和许安德、雪冰，小学校友郭添添和锺似玢，梅县区松口镇梅教村企业家李军乔等，为我的乡居写作、踏察旅行提供了不同形式的金钱、物质赞助。行距治学可出真知，实践亦出真知。本书频繁使用的统计分析技术，乃是笔者于任职广州市冶金工业局计划调度科之时边实践边自学掌握的；本书频繁使用的机械工艺知识，乃是笔者于就学于广州市冶金中等专业学校机械班三年之时学到的。此所谓"学会理工术，货与政治学"。复旦大学、中文大学、哈佛大学、牛津大学可没有教给本人这些啊！笔者认为，比较北美行为主义而言，政治学学者更宜注重掌握统计学、刑侦学、考古学、考据学的调查进而分析方法。形式逻辑则为用处不大。百度．百科这样介绍：

统计学是关于认识客观现象总体数量特征和数量关系的科学。它是通过搜集、整理、分析统计资料，认识客观现象数量规律性的方法论科学。由于统计学的定量研究具有客观、准确和可检验的特点，所以统计方法就成为实证研究的最重要的方法，广泛适用于自然、社会、经济、科学技术各个领域的分析研究。

笔者于此深切感谢广州市冶金中等专业学校，特别是校长李基（已逝），以及广州市冶金工业局，特别是同事王玉珍。

笔者在此对于上述个人或者单位，行鞠躬礼表示感激。

01. 中国人最缺少的一味药

你们都是笔杆子，想过没有：为什么部队的政治教材那么不受欢迎？为什么报纸杂志上讲的那些东西不能深入人心？现在的状况是，"老百姓啥也不信，专家啥也不懂，媒体啥也不说，政治教育啥也没用"。因为你假，深入不了人心。你写的那些东西连你自己都不相信，却想让别人相信，那不是鬼话？你写的东西首先你自己信不信？你儿子看不看？这也是一种不老实。

做文章不老实和做人不老实是相同的。笔是千斤重呀。文章一定要真实，做老实文章的根本内涵在于真实，真实才有生命力。古人讲，做人必得端正，作文却要"放荡"。这里讲的放荡指的是思想的驰骋。人要老老实实的，但文章要有锦绣才华。放荡驰骋和锦绣才华，首先是建立在真实的基础之上的，没有真实，绝不可能有锦绣文章。仅靠说教是征服不了人心的。说教没有生命力，不要说藏之名山传诸后世了。这里面仍然有体制上的问题、教育上的问题。因为我们这代人从开始写作文就说谎。我也说过谎。我们都写过那样的作文，比如"我捡到一分钱交给员警叔叔，他问：你叫啥名字？我说我叫'红领巾'"；"我扶着一个老人过了马路后，仰头看太阳：太阳分外明艳"；"打扫完教室后，我擦着汗笑了，低头瞥见脖上的红领巾愈发鲜红"。我是从这里跳出来的。我说过谎话之后，便意识到它的罪恶了。

1958 年大跃进的时候，安徽有个人快死了，到医院看病，医生给他号脉之后说，你就缺一味药，两个字：粮食，饿的！现在什么都不缺，就缺一味药：真实！在诚实的社会中，诚实其实并不那么被人看重；只有在不诚实的社会里，诚实才显得特别的金贵。改革开放之后，我们拍了一部片子，叫《血战台儿庄》。这部片子拍完之后，没有任何地方敢上映，因为反映的是国民党抗战的事情。最后，习仲勋同志说，先拿到香港放映一下吧。没想到这部电影在香港造成了巨大轰动。蒋经国听到消息之后，便把片子调到台湾去看。据说他看完后，讲了这样一句话："原来共产党还是实事求是的。"这个电影直接促使了蒋经国开放老兵回大陆探亲，两岸关系翻开了崭新的一页。同志们，实事求是的力量多么伟大！

写文章，要学习鲁迅。鲁迅极大地提高了汉语的杀伤能力——这话是朱大可（学者，文化批评家，作家。现任同济大学文化批评研究中心教授，同济大学人文学院教授，在中国文化界享有盛名）说的吧。朱大可还说："汉语这种语言是比较适合写诏书的，写歌功颂德的纪念碑的，或者是写慰问信这类东西的。"汉语在鲁迅手下变化成了匕首和投枪。鲁迅反对一切塔式建筑，我想，他是反对高大。鲁迅《阿Q正传》出版之后，很多中国人要告鲁迅诽谤罪。因为鲁迅写的阿Q太像自己了。你看鲁迅的力量多大。鲁迅曾经说过一句著名的话："我想过了，一个也不宽恕。"他是有大恨哪。但是，他首先是有大爱，他对这个民族有大爱，他才能有大恨。也是因为他对中国的大爱与大恨，所以他更要站出来讲实话，他用笔杆子写真实的人生百态、社会百相。说真话的人往往是批评者，批评者往往是爱国者，伟大的批评者往往是伟大的爱国者。

我们仔细想想，现在的中国人真的越来越缺少了真实，从新闻报导到饮食起居，哪里都充斥作假，我们甚至不禁要怀疑：还有什么是真实的？不管这个社会的以后会怎样，至少在当下，我们必须去求实，人无信不立，我们连诚实都做不到了，岂不是很可悲？中国人，中国社会，我们每个人，都需要真实。我们中国人缺少的这味药，就是真实。

解放军某上将演讲文

2

02. 苏联奥援中共主战步枪明治三十年式

这一篇格外值得国内外朝野重视，且是雅俗共赏的军事学术论文。文起国中兵学百年（1917—2017）之衰，足可大幅矫正中外"中国研究"。一向以来，对于中共夺取全国政权成功原因的费正清—亚胡达学派的了解和诠释。可能会有读者不经意误以为本文主旨，在于探讨中共对手为何输掉，因而觉得本文的缺憾在于没有给出中共对手相应的武器资料。但本人严守学术规则，无意出此旁骛，而且并不认为出此旁骛方可避免片面。原因在于：本文的研究对象，仅仅是国共二次内战前19年，中共军队所用主战步枪及其子弹的供给侧，而不是国共两雄交战面。

一、实物照片十大发现

（一）瑞金发现：红军主战步枪许为日式三零

何为复装子弹？子弹击发之后弹壳蹦出，收集起来，经过清洗抛光、顶掉底火、整形壳身、装新底火、注灌火药、嵌入弹头，新的子弹就诞生了。一般黄铜弹壳更适合重复使用(最多四五次)，钢铁弹壳复装效果则不太理想。现今也有用铜皮覆盖钢皮复合材料来做弹壳的。弹头直径要比枪管直径稍大一些，机械学称作过渡配合，以使弹头紧压枪管膛线形成旋转。本文通过分析中共兵工1928—1949年间对于步枪子弹的复装、收受，来行探讨此期为中共军队所用最多的子弹和步枪的来由、来源、产地、类型、性能、效果、数目、配额、演变、运入、发出、作用。所用主要方法，乃为西方学术界、情报界所称的"内容分析"（Content Analysis）。

在位于瑞金市的中央革命根据地历史博物馆，和中华苏维埃军事博览园当中的实物展品和拍摄展照中，中央苏区武器工厂所产的复装子弹，弹头直径均为 6.65mm（俗称"六五子弹"）；其组装步枪管径均为 6.5mm。组装，就是利用缴获过来的部件不全的步枪的部件、零件重新搭配成为新枪。这是日本明治三十年式步枪，俗称"金钩步枪"（以下简称日制三零式步枪或日式三零），或者明治三十八年式步枪，俗称"三八大盖"（以下简称日制三八式步枪或日式三八）之二相同诸元：二枪子弹可以通用。日军于 1907 年始，制式步枪全弃三零式，换三八式。前后生产三八式达 500 万支之多，中日二次战争时期，每个日军官兵可以摊分一支有多，故不应仍有任何部分日军沿用三零式。国产汉阳造步枪、中正式步枪的管径为 7.92mm，弹径为 8.08mm。以下简称国产汉阳造步枪为汉阳造，国产中正式步枪为中正式，有时循例用七九式统称汉阳造和中正式。仅凭目测就可确定：7.92mm 管径的七九式步枪和 7.62mm 管径的俄国造（莫辛-纳甘式）步枪的子弹的直径、长度，均为明显大于三零式或者三八式步枪子弹的直径、长度。前由中央苏区武器工厂组装的步枪展品，一看即知既不是汉阳造——没有外置弹匣，也不是俄国造——没有三棱刺刀。由于没防尘弧盖，可以推断，它是三八式的前型三零式，且不可能是三零式的前型村田式，因为后者的管径先后为 11mm、8mm。

长征之前，中共三支红军只有可能采用三零式、汉阳造作为主战步枪，而没有可能采用三八式、中正式作为主战步枪，因为：其一，此时红军从未与日军交过战，因此没有可能缴获到三八式。根据众多老红军回忆，他们从没见过、听过三大红军主力曾经缴获、使用过三八式；八路军、新四军、华南抗日游击队则有；其二，中正式 1935 年 10 月方才装备国军，所以此前共军亦无可能缴获到中正式。

若做辨别，日式三零裸露枪机上部会有日式三八盖覆枪机上部没有的白色反光，而下部没有汉阳造、俄国造的外置弹匣；三零式枪机尾部保险机构用的是扳钩，而非中正式的扳翅。

中共有关兵工历史文献没有记载中央苏区武器工厂曾经组装、仿产过七九式，但有记载鄂豫皖苏区、湘鄂西苏区以及一些地域较小

苏区的武器工厂这样做过。于是不妨推论[1]：红一方面军通过赣江、
长江、浠水、澧水将本部缴获的汉阳造枪弹，悉数转送给了红四方面
军、红二方面军，自己统一使用日式三零枪弹，来自苏援为主，来自
自身缴获以及红四方面军、红二方面军缴获转来为辅。笔者相信来自
苏联工农红军参谋部情报部的秘密驻沪军事顾问曾做这样建议。

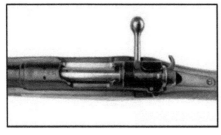
三零式枪机尾部扳钩保险

日本村田式步枪

三八式枪机上部覆以防尘弧盖；　三零式、三八式的 6.65mm 弹径子
弹，连同下左、下右可见三种弹头形状。

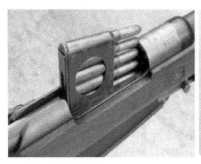
中正式的 8.08mm 弹径尖头弹

汉阳造的 8.08mm 弹径圆头弹

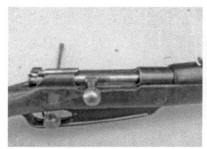

汉阳造枪支有外置弹匣　　　　　　中正式枪支有板翘保险

此一"瑞金发现"于是启动了笔者的于本文中的既前无国人又前无洋人的极为刺激的"由弹径推枪数"的探究。笔者随后获得的多处发现显示:不仅红军主战步枪许为日式三零,而且八路军、新四军、华南抗日游击队的主战步枪同样许为日式三零。

注意:笔者遍寻馆中,并无发现汉阳造步枪及其子弹的展品、展照。

东北抗日联军直接归共产国际和远东苏军领导、支持,在此不论。东北抗联连军装都是模仿苏联红军内战时期的军装,其残部后来撤退入苏,即被编入苏联远东红军建制,它得到苏援饷械还会少吗?

俄国莫辛-纳甘式步枪,有外置弹匣、拉旋保险以及三棱刺刀。

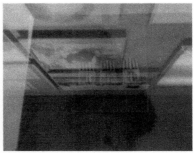

　　左：瑞金中央革命根据地历史博物馆中一处展示的中央红军的射后嵌墙弹头；右：中央苏区武器工厂的复装子弹。全为日式三零、三八通用的 6.65mm 弹径子弹。

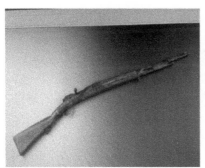

　　左：瑞金中央革命根据地历史博物馆展照：中央红军使用过的日式三零，无防尘弧盖和外置弹匣；右：瑞金中华苏维埃军事博览园展品：中央苏区兵工厂组装的日式三零。木托部分仿得粗糙。

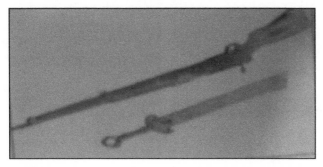

　　这一张照片并非出自瑞金展馆照片，而是出自纪念瑞金图册。图中那支步枪位于枪机后方的金钩圆砣至为明显。

（二）遵义发现：红军主战步枪许为日式三零（下左图）

（三）桑植发现：红军主战步枪许为日式三零（下右图）

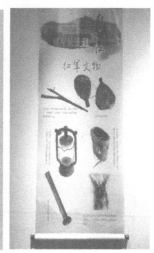

左：陈踊画《遵义红军长征纪念馆写生》，图中步枪毫无疑问是日式三零。右：图左上残枪乃红二方面军使用过的日式三零。发现于湖南桑植洪家关贺龙故居纪念馆副馆。

（四）信阳发现：红军主战步枪许为日式三零

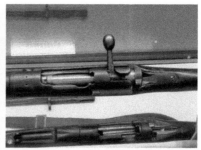

左为正视图，右为俯视图，系红四方面军下属红二十五军使用过的日式三零。扳钩变成扳凸。发现于河南省信阳市鄂豫皖革命纪念馆。下面那支缺枪栓。此馆纪念的不仅是红四方面军、红二十五军、红二十八军，而且还包括了新四军、刘邓大军、解放军。

（五）淡水发现：新四军主战步枪许为日式三零

2017 年 6 月初，笔者参观了位于惠州市惠阳区秋长镇周田村的叶挺纪念馆。展品当中有着六支明治三十年式步枪，展品说明误称它们属于新四军战利品，缴获自日军。其实日军多年之前就已经用明治三十八年式全部换下明治三十年式了。至 1938 年新四军成立，换装已经过去 21 年，日军制式步枪已无可能残留以及日本枪械工业已无可能仍卖日式三零。笔者认为，新四军所用日式三零，应是叶挺通过余汉谋从陈济棠协苏济共粤北武库取出装备新四军的。

新四军使用过的日式三零

叶挺部队湘鄂北伐、南昌起义时使用的，应为馆中所示苏联援助的捷克制造 VZ.24 步枪（1924 年问世）。外观相似的中正式步枪此时还没问世。

（六）武川发现：八路主战步枪许为日式三零

大青山纪念馆以上六处展品、展图有八路军用过的三零式十支，七九式则有一支。

调查代表性的"点"，必须和调查普遍性的"面"相结合，前者不可或缺，绝非多此一举。我们来看看以下这个代表性的点。为何选它？读者读下去便知。

位于内蒙古自治区呼和浩特市武川县得胜沟——其西就是苏中二共的蜿蜒于腾格里沙漠和毛乌素沙漠之间的"国际交通线"——大青山抗日游击根据地纪念馆，展出多支八路军使用过的步枪实物以及照片，比例为三零式 14 支，三八式二支，七九式一支，即日式三零占到 72%。得胜沟纪念馆的其他展品、展图，显示日军单纯使用三八式，没有三零式。以下图片皆为取自该馆而非网络，属于（抗战时期）证据的"点显示"，可为先前所列的"面显示"增力度。

馆中展品。左图：有八路军用过的三零式四支；右图：有三八式二支。馆中未见一支为日军使用的三零式。

（七）博罗发现：东纵主战步枪许为日式三零

华南抗日游击队的主战步枪是不是三零式，还缺文献证据。如是，则其来源应是从始兴、南雄秘密武库取出，数量应在 2000 支左右。余汉谋开仓济共。

黄业（离休前为广东省军区副司令，曾是中共粤赣湘边游击队司令员）于其所著回忆录有着以下记述：

1948 年春 3 月间，团长戴耀同志从队伍中抽出 11 个人组成一个"钩子班"，由张玉仔当班长，文化教员刘光华当副班长，除张玉仔及刘光华等几个人用短枪外，其他全部用缴获日本兵的三八式步骑枪。因为这种枪的枪栓上有个钩子，战士们也就把它叫"钩仔"。那 11 个人全是些年轻力壮的小伙子。

重复一遍：明治三十年式步枪及骑枪，因其枪栓尾部保险有黄业所说的钩子，在中国俗称"金钩步枪"，乃是明治三十八年式步枪及骑枪的前型，管径与弹径一样，但早在 1907 年，前者就已被后者淘汰。黄业此处误以为三零式为三八式。

三八式步枪自 1907 年日俄战争日方正式投入使用，这一用就是用到日本战败的 1945 年。据不完全统计，日本从 1907 年至 1945 年生产出来的三八式步枪的数量超过 500 万支，如果按照这个时期日本海陆空总兵力算的话，几乎是人手一支三八大盖。照理，东纵以及东纵主力北上之后的暗留粤赣湘边部队，之前缴获日军枪支里面应该没有三四十年前的日军制式步枪——明治三十年式亦即金钩步枪、骑枪。据此笔者怀疑这些明治三十年式骑枪来自陈济棠协苏济共粤北武库，而且得于 1945 年"八一五"日本投降前，由余汉谋接到苏联方面通知之后，暗中交付东江纵队。

日本三八式与九九式的保险在枪栓尾部，向前推再顺时针转一下就位于保险态，解除时前推再反转回来，就位于击发态。菊花纹块有角形凸的是三八式，有凹形口是九九式。九九式是狙击步枪（弹径、管径大于三零式、三八式），为了拉动栓柄之时拳头不至触碰瞄准器，栓柄改成弯形。有一椭圆栓头的弯曲栓体，可不是钩子。

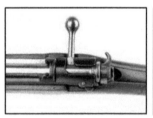  

金钩步枪　　　　　　三八式　　　　　　九九式

左上、右上、左下乃为惠州博罗罗浮山东江纵队纪念馆的三组展品：曾为华南抗日游击队使用过的日式三零步枪、骑枪及其子弹。馆里没有展出其他型号步枪。疑为余汉谋暗中输送，取自始兴或南雄武库。东纵多位老人声称他们的枪支弹药多为"向老百姓借来的"。笔者怀疑"向老百姓借"实为"由余汉谋输"，不过一向都几乎没人知道实情。右下为惠州罗浮山东江纵队纪念馆的一幅展照。战士肩扛着的可都是三零式。

（八）雕塑发现：共军主战步枪许为日式三零

如今各地中共革命纪念馆、博物馆中的雕塑、油画，各种红色纪录片、故事片中，反映红军、八路军、新四军、华南抗日游击队乃至解放军的形象，其手中持枪几乎全是日式三零（均没见有防尘弧盖、外置弹匣），而非三八式、汉阳造。艺术家们必先通过军事顾问寻找到了库存当年实物来做模型、道具，因而库存实物即收藏于各地市县的数以千计"民兵武器装备弹药仓库"[4]中的 1949 年前中共军队所用步枪、骑枪，料乃以三零式、中正式为最多。三八式沿用至抗美援朝。

（九）网照发现：八路军主战步枪许为日式三零

左图为八路军所用步枪，像三零式多于像中正式。右图摄于1938—1939，可以辨识出前后两支步枪皆为日式三零。

就连八路军根据地的部分民兵都装备了三零式，还让他们违规锯短（这就没了准星）来使，足可说明苏联供给中共日式三零数量极大。

（十）网照发现：新四主战步枪许为日式三零

八路军、新四军也有用七九式（下左网照所示）、三八式（下右网照所示），后者子弹乃与三零式完全通用。苏军在张鼓峰、诺门罕二役当中缴获了许多三八式。

二、文献网文十大发现

（一）八路军兵工业档案揭示：重制弹轻制枪

台湾火器堂堂主著书表明："民国 30 年（1941 年）之后中共中央指示停造武器，全力制造弹药。这也许可以解释成枪械可以向日军夺取，无庸自制。"[5]

新四军当中清一色配备三零式的部队似不比八路军的少。
笔者怀疑新四军可在江苏盐城斗龙港接收海路苏援械弹。

关于上述"停止制造武器，全力制造弹药"，共方原始文献一见诸《中央军委关于抗日根据地军事建设的指示（1941 年 11 月 7 日）》[6]，原话如下："集中力量于制造步枪、机枪、火炮等进步武器，则将来一定会吃大亏的。"二见诸《中共中央工委关于征求对军火生产的意见致中央军委电（1948 年 1 月 13 日）》[7]，原话如下："我们以为武器仍靠缴获。制造新的步枪及迫击炮等东西，也不一定好，不如着重修理缴来的枪炮为好……"三见诸 1941 年 4 月 23 日的中共中央漾电，原话指出："与日寇战斗中，枪械弹药缴获较少，而国民党不会再发弹药，因此我各根据地，对兵工建设应有正确的原则与注意。"[8] "应有的正确的原则与注意"是在说啥呢？即指着重生产弹药而非枪炮。四见诸 1946 年 1 月 16 日的《冀中军区关于目前兵工生产的指示》："要深刻检讨以往存在的好高骛远、意图示新的作风……目前确定各分区的修造厂应以制弹药与修枪械为主……其他如造机枪、造步枪、制炮弹应酌予停止（因为不会做到好处）。"[9]

所以可以确定，中共各兵工厂几乎从始到终，皆以修复枪械，生产复装子弹为主业。

（二）八路军兵工业档案披露：制枪量少质次

首先，中共兵工文献记载，抗日战争时期和国共二次内战时期，中共武器工厂总共组装、仿产、自制了步枪、手枪 11046＋18404=29450 支，机枪 33＋2208=2241 挺[10]，按"人一百枪七十五"比率，步、手、机三枪总共（29450＋2241=）31691 支，仅够装备 42254 人合四个师一两个月之用而已；八路军、新四军武器工厂尽管可以利用钢轨钢来行仿产上述三型枪支，乃至研发出来"自有知识产权"的新型步枪，但是由于钢材质不对号（非枪炮钢），热处理不过关，枪管寿命一般仅达三五百发弹[11]。对比：国民党兵工厂生产的七九式，枪管寿命可达 1000 发弹，日制三零式、三八式步枪的枪管寿命可达 10000 发弹[12]！孙中山的机要秘书、蒋介石的国策顾问冯自由曾说："满清军队所用的枪械是老毛瑟，比之村田式来不见得高明，中日之战的时候，中国是用老毛瑟打败仗，日本是用村田式打胜仗的。"[13] 依次是微巫（论百）见小巫（论千），小巫见大巫（论万）！坊间网上所传中共武器工厂前后生产出了 80 万支枪，可做笑谈。如按国军当时子弹配给标准：每作战单日配弹 60 发，每月预计作战五日，于是每月配弹 300 发来比照[14]，共军此期悉数组装、仿产、自制的步枪，头尾只能使用一个月！仿产、自制机枪则极可能使用一两天就报废，或者就得更换枪管，副射手就得身背多条也是稍打即坏的后备枪管。共军前线将士咋会欢迎它们？那可是要付出沉重的生命代价的啊。唱红歌迷不慎忘了比较枪管寿命！以下枪数统计不再看重中共军兵工厂自产枪数。

（三）共产党兵工业档案承认：产六五弹较多

敬请读者首先看以下八条"泄露天机"引文：

1.如前所述，1941 年 4 月 23 日的中共中央漾电明确指出："与日寇战斗中，枪械弹药缴获较少……"[15]

2.1939 年 7 月 27 日的《朱德、彭德怀关于雇聘制弹人员和收集制弹材料致八路军各部队等电》写道："总部现存子弹数目不过 80 万发，内六五子弹占极大部分。"[16]

3.1948 年 1 月 13 日的《中共中央工委关于征求对军火生产的意见致中央军委电》写道："此外，还生产……和六五步枪等。"[17]

4.1945 年 7 月 23 日的《程子华、耿飙关于晋察冀军区兵工生产致中央军委及八路军总部电》写道："我区军火生产数目……在 7—9 三个月份……（3）子弹：自造 18 万发（七九自造）……复装（七九弹、六五弹）28 万发……"[18]（这似乎可以说明苏联并无供应中共苏联仿造的七九式步枪——笔者注。）

5.中共文献记载，1943 年时，中共兵工部四所，即山西梁沟兵工厂，曾经成功执行上级下达的将七九式改装为三零式的任务，以及研制管径为 6.5mm 的驳壳枪的任务。[19]

6.1944 年 8 月 22 日的《赖传珠关于新四军兵工生产致叶剑英电》写道："步枪弹在有现成弹壳的条件下能自给 40%。"[20]

7.1949 年 6 月 13 日的《华北、山东、东北解放区关于今后兵工厂的减产与转业意见.第二次共同意见》写道："……子弹：仍应照旧生产，因本来每月生产 460 万发，数量就不大。"[21]

8.1946 年 6 月 7 日的《中央军委关于派李强等到太行帮助工作致薄一波等电》写道："一切外援断绝，军火必须自力更生，特别是炮弹、子弹。"[22]

然后请看笔者的解读：1941 年时共军人数为 44 万，而 1939、1940、1941 前后三年（或许是 1937 年 9 月平型关战斗至 1941 年前后四年又三个月），共军缴获日军、伪军、顽军的步枪才是 44574 支[23]，仅可武装近六万八路军，距离武装 44 万八路军所需 33 万支步枪之数相去甚远。由此推论，抗战结束之时，120 万八路军、新四军、华南抗日游击队所需的 90 万步枪绝无可能大部来自战场缴获所得。以下论证先由枪转弹：首先，既然"与日寇战斗中，枪械弹药缴获较少"，也就是说，缴获三八式较少，那么，"内六五子弹占极大部分""复装七九弹、六五弹 28 万发"，无疑就是说明：复装子弹主要属于日式三零所用型号子弹！其次，6、7 两项表明复装七九、六五子弹数量还差 60%（自给 40%仅是 1944 年新四军的数字），缴获亦告"较少"，如此，除了请求苏联大量援助仿造六五子弹补缺，还能指望什么？再次，"将七九式改装为三零式""研制管径为 6.5mm 的驳壳枪"，清晰表明：八路军、新四军的主战枪弹乃是日式三零枪弹！复次，"一切外援断绝，军火必须自力更生，特别是炮弹、子弹"，清晰表明：抗战结束之前苏联对于中共的械弹支援没有停过；苏供三零式、三八式步枪通用子弹既大量又稳定。中共绝非如前所述由于缴获够多足以"无庸自制"步枪。国府曾于抗战伊始三年分拨子弹予共军，后便叫停；除了礼品，美国一直未予中共任何械弹支援，所以此时"一切外援"中之"一切"，乃为苏联以及有关各国共党代号，正如"远方"乃为苏联、共产国际代号一样。1946 年 6 月，正值美苏联手调停国共摩擦共建联合政府之际，苏联援助中共械弹行动必有暂时"外援断绝"。以下论证由弹转枪。

（四）日军伪军顽军何来许多日式三零供缴获

一部中共官修军史给出过下列统计数字：

八路军、新四军、华南抗日游击队共进行作战 125165 次，毙伤日军 520463 人、伪军 490130 人，俘虏日军 6213 人、伪军 512933 人，日军投诚 746 人、伪军投诚 183632 人。击落飞机约 42 架，缴获长短枪 682831 支、轻重机枪 11895 挺（此处各种枪支未曾刨去"八一五"以后收缴的日军枪支——笔者注）、各种炮 1852 门。

一位军科院研究员给出过下列统计数字："八路军、新四军和华南抗日游击队共伤亡 588118 人，东北抗日联军损失三万余人，共计伤亡损失不少于 618118 人。"

笔者质疑：

首先，1937—1945 年间的侵华日军可以从何处弄来数十万支之多的已被淘汰了的、停产了的日式三零，以劣换优地重新装备自己，供共军缴获？

其次，曾与共军交战的国内对手当中，除了晋军，三零式从来不是（北伐之后的）蒋军，以及粤军、湘军、闽军、桂军、黔军、川军、滇军、回军、豫军、绥军、陕军、奉军等的主战步枪。它们的制式步枪基本上都是七九式[26]。同样，它们可从何处弄来数十万支之多的与七九式管径不同的日式三零，来供共军缴获？虽然北伐之时的蒋介石南军、冯玉祥北军，中日战争时期的盛世才省军，都曾接收过苏援械弹，其中应有日式三零，估计总数近 20 万支，但到后来库存子弹耗尽，料必早就退役。上述蒋冯盛三部原有的日式三零，流入别军应有一些，却无大用，因为苏方断绝供弹之后，前二部续保无弹枪型必然难以为继；而新疆省军仅有两万余人。更加重要的是，以上三部此期都从没打过共军，共方何来缴获？奉天兵工厂向为奉军制造的乃是管径与七九式相同的 7.92mm 的"辽十三型步骑枪"，"十三"指民国十三年。奉系从没产过日式三零，以防战时奉日两军枪声混淆引起误会。

国方军队主战步枪采用七九式的主要原因，一是可做进口替代；二是七九子弹的杀伤力远较三八式的为大，不若 6.5mm 子弹射入人体之后，多是贯穿（多伤而少死），300 米前少有翻滚（翻滚会带来附带伤）；三是，如火器堂堂主所述，"听到三八式步枪独特的枪声来自我方阵地时，仍会引起一阵错愕"。

顺便说说，国中好多访谈录、回忆录中都提到了三八式在击发时的独特声音是"叭勾"两声，而别型步枪包括三零式在内，据轻武器专门家范建华说，都是且仅是"啪"的一声单响，只有一些狙击步枪的消焰器会还发出一下稍远即几乎听不到的微响。三八式为什么会在射击时产生这样独特的响声呢？范氏说明，第一声"啪"来自防尘弧盖对枪匣零件的瞬间震动，第二声"勾"来自枪口。

再次：共方"缴获枪支""缴获子弹"类目，是否掺进了：1. 苏援三零式、三八式枪及弹；2. 苏军扫满共军随进，后者获得、捡得的苏军零散弃屯、弃寻的关东军步骑枪及弹。扫满苏军刻意集中收缴然后集中输共的关东军步骑枪另算，达六七十万支，随送配枪子弹；3. 苏联支援中共其在欧洲缴获的德造、捷造步骑枪及弹；4. 北朝支援中共扫朝苏军移交给它的苏军在朝缴获的关东军步骑枪及弹？其中 2、3、4 三项中的步枪总数，估计多达 20 万，很有可能都被掺进了上述"长短枪 682831 支、轻重机枪 11895 挺"。读者可从本书另一篇论文《苏联奥援中共后膛火炮 17900 余门》中得知，共方"缴获火炮""自产炮弹"类目，已然爆出此类猫腻。不过笔者认为，这些不算"水份"，而属"冒名成份"。

复次：共军必会发生步枪磨损报废、战损丧失。为何不予公布这两项统计数字？不予公布这些必有统计的数字，业已造成好些国人以为共军步枪丝毫无损。顺便指出，国人向被告知的只是共军英勇牺牲情景，而在牺牲人数、逃亡人数方面，国人还是被蒙在鼓里。如果能将"战获"步枪数字和"磨损—战损"步枪数字如实公布，"共军主战步枪乃为苏援三零式"的真相，笔者相信，便会显得更加不容置疑。

（五）算出来苏援中共子弹和步枪占到七成四

我们看看子弹统计资料。抗日战争时期以及国共二次内战时期的 12 年（1937—1949）中，中共兵工厂总共自产（应是复装＋新造）步枪、手枪、机枪子弹 7795459（前八年）＋66400784（后四年）＝74196243 发[27]。共军每个作战人员，参照国军标准以每月消耗 300 发弹计，八年总共消耗 28800 发子弹[28]（为简化计，机关枪弹已经归入步手枪弹，假定它们弹径相同）。如果达不到这个数字，共军就很难被认为是在全力抗日了。抗日战争之时合共消耗 7795459 发自产子弹，八年仅够供 270 个作战人员使用；国共二次内战时期，消耗 66400784 发自产子弹，三年仅够供给 2305 个作战人员使用。抗战结束之时，八路军有 90 万人，新四军有 30 万人，总共 120 万人。以"人一百枪七十五"比率计，乃有持枪者 90 万人。但是共军人数并非每年都是 120 万啊，1937 年才有五万人。笔者使用二战盟军神算"除以八法"[29] 来行解决：90 万除以八得数为 11.25 万。

可以这样理解：八年抗战，共军拥有一支作战军 11.25 万人，一支后备军。作战军每月作战五天，亦即每年 60 天；后备军人数不详，基本不作战，但是同样有枪有弹。后备军不时匀出枪弹以及人员给作战军，补充作战军的损耗。这样，抗战八年，共军需要标准消耗子弹 28800 发×112500 人=324000000 发，即 32.4 亿发。不妨假定，苏联于抗战八年中供给中共 66.6 万支三零式步枪，去除磨损、战损、战失、转民，余 60 万，若每枪随配 4000 发弹，则总共随配 2400000000 发弹，亦即 24 亿发弹。于是算出上述 32.4 亿发弹的构成如下：苏联援助为大头：24 亿发，占总数的 74%；缴获—购买为中头：8.4 亿发，占总数的 26%；自身制造：微头：仅为 0.078 亿发，可以忽略不计。如上所述，1946—1949 四年中，中共军兵工厂自产子弹 66400784 发，亦即 6604 万发，而据罗荣桓说，光是 1947 年一年东北共军就被配给了子弹 2000 万发。据此推算，作战较多的关内共军 1947 年一年则应被配给 3000 万发子弹，合共 5000 万发，四年即为二亿发。以此类推，抗战八年的话，便可以为四亿发。自产 0.6604 亿仅可满足 17%。读者必须记住：上述解放军后勤部配发数，并无包括各野战军各显神通自行弄到手的子弹。

"自有那敌人送上前"，缴获、购买的枪支能够满足需要的 26%，已经是很不错了！缴获、购买的子弹数目，当场缴获当场使用的情况很多，数目咋能统计？分散数以千处购买，边打边购，数目咋能归拢？所以关于缴获、购买的子弹的数目，从来无法统计，中共文献没有此二项记录，也就不奇怪了。

更为权威的说明：共军从日军、伪军、顽军手中缴获得来的枪支数目，远不能够满足自身需要的演算法如下，第一个数字来自彭德怀和罗荣桓的报告：

彭德怀：

七年中（截止 1944 年 8 月），我们和敌人进行了大小战斗 74060 次，均每天与敌人作战 29 次，共毙伤日军 351113 人，伪军 239952 人，俘日军 2407 人，伪军 148726 人，其中争取日军投诚 115 人，伪军反正 49461 人……缴获长短枪 189028 支，轻重机枪 3120 挺，各种口径炮 489 门……我军负伤指战员 18693 人，阵亡 103186 人。[30]

罗荣桓：

根据去年总部的统计，我们获得子弹 2000 多万发，消耗的是 1200 多万发。我们供给到部队的是 1200 万发，而各部队交回后勤的是八万发坏的，各部队交后勤的枪是 5000 多支，能使用的只有 12 支。[31]

再次由弹转枪：根据上引彭德怀所说，算下来八路军七年当中每年缴获各种来源枪支 18028＋3120=21148÷7=22486，于是可算八年共缴获 22486×8=179888 支，可算 18 万支；加上新四军、华南抗日游击队（人数 30 万，合为共军总数的 1/4），为 18＋18÷4=18＋4.5=22.5 万支，可算 23 万支。此数并不包括"八一五"后收缴的日伪军枪支。笔者做一远较罗氏说法乐观的估计：经过修理之后 22.5 万支全部能用（可由苏联供给配件），那么，缴获枪支仅达 90 万的 25%。因此不妨认为：购买枪支达 90 万的 1%，苏援枪支达 90 万的 74%（为 66.6 万支），与上述 32.4 万子弹的构成比例恰好相同。

第二个数字则属格外权威：1940 年 5 月初，八路军后勤部部长杨立三透露一个统计数字：平均缴获一件武器要牺牲两三个战士[32]。抗战八年，八路军、新四军、华南抗日游击队总共损失 584267 人，其中受伤 290467 人、死战 160603 人、被俘 45989 人、失踪 87208 人。若按杨立三除得数，武器全算步枪，损失（"死、伤、俘、失"）全算"牺牲"的话，三军缴获步枪便应为 584267÷（3+2）÷2=584267÷2.5=233707 支，可算 23 万支。若杨氏数字仅涉"死、俘、失"，

那么三军缴获日伪顽军武器就只有（160603+45989+87208）÷
2.5=293800÷2.5=117520 件，只够武装 156693 人合 15 个师。

缴获步枪数字于是可取：（23+23）÷2=46÷2=23 万，占 90 万
步枪的 25%。购买占 1%。算出苏援日式三零支数乃为 66.6 万。

对弹做三补充说明：其一，民兵所需子弹有六个来源：自力夺取、
自行搜集、自款购买、主力换装、贤达捐助、兵匪投诚。民兵枪支数
量品质、作战威力有限，可以忽略不计。

其二，网查得知，四年卫国战争中，苏军向德军倾泻了 170 亿发
子弹。美军二战倾泻子弹更多，直如天文数字：411 亿发！即使共军
的"缴获—购买"之数为零，供应 30 多亿发六五子弹，苏联一个季
度就能生产出来，直是小菜一碟，何况它还有大量库存日制六五弹。
就连中国的上海兵工厂，1930 年每天已可生产 30 万发子弹[33]。

其三，几乎所有中共兵工厂都使用废弃电影胶片来做复装子弹
底火，估摸长达十多年之久。当时中国哪有这么许多废弃电影胶片？
俄国→苏联则可能有。还有一种可能就是苏联面向全球代为搜购。冯
玉祥 1948 年 8 月 22 日于奥德萨港苏联客轮葬身火海，起火之物就
是一堆电影胶片——莫非他是在为中共兵工捎带购买、运输此物？
起火材料运输必有多条管道，因其轻便。

至此已可肯定——不再是"许为"了：日本原制加上苏联仿制的
日式三零，乃属各时期中共军的主战步枪，尽管它们并非共军自产，
不算制式步枪；中共军所用步枪型号绝非原来所说那般混杂！赖有苏
联奥援，中共军所具枪弹数量同样绝非原来所说那般短缺！

（六）苏援日式三零枪弹秘密输共南线大起底

苏械输共路线，笔者猜测，红军割据赣南时期乃为"陈济棠小
道"：广东始兴→南雄→江西全南→龙南→定南→安远→寻乌→会昌
（位于图中江西安远以东福建武平以西。注意陈济棠小道不是那条
粗线）。陈济棠运输车从始兴县县城郊玲珑岩，或者南雄县（南雄县
现已被承认为中央苏区属地）梅岭下钟鼓岩军火库，装上苏联援共日

制步枪及其子弹，经上述路线，至会昌县筠门岭卸下，交给中共外贸机构；然后装上中央苏区各矿运来之钨砂，运返广州或者香港出口欧美，会昌县筠门岭有苏区外贸分局。苏中二共已授陈氏钨砂贸易专营之权，作为对他协械中共之回报。当时公路路线可见诸下图。当时在纽约期货市场，一公斤钨砂（体积仅为单掌一捧）售价 22 美元。中央苏区年产钨砂最多之时可达 4000 吨[34]！钨砂贸易共为中央苏区带来 650 万银圆收入。

以上是说陆路。而据萧自立发掘，中央苏区出产钨砂的外卖水路，乃为于都江口至信丰。中经桃江与贡水交汇处，由驻扎赣南的粤军李振球（陈济棠的同乡兼亲戚）部以"武装截运"的方式收货，原船（固定为 20 艘苏区木船）上驶信丰。中间商人乃为"广裕兴"的老板曾伟仁，广东人[35]。笔者认为，上驶信丰的苏区木船很有可能于返程载回由始兴、南雄武库取出的苏援枪支弹药。还盼后学能够找到李振球、曾伟仁后人，询问他们祖先有没对此留下只言片语。

读者于此书封面后图可见：于都江口位于瑞金正西，贡水承载钨砂木船到此即交粤军，但不卸货；拐弯入桃花江继续南下，到了信丰方才卸货；笔者猜测：这是因为粤军接货之船乃是吨位较大机动帆船，若驶江口，目标过大。浈水上游流经信丰，中游流经南雄、始兴，下游于韶关进入北江主流。载钨机动帆船可以经过北江进入珠江，驶达香港，接轨国际贸易。

兵贵神速，但是 1932 年中央红军占领福建漳州，却过 39 天之久方撤。笔者怀疑苏联曾于此期海运美元、电台、子弹、机枪、小型火炮、小型机床、起火材料（废弃电影胶片）予中央红军，否则红军不用占领漳州龙海月港 38 天之久：那边厢，备货花时间、海运花时间；这边厢，光是分次派人前往厦门，将苏援美元兑换成银圆，就得花费一个星期。红军本地武力筹款本身也得花费一两星期。但是无论如何用不了 39 天呀！恐是等待苏船到来费时。

1934 年秋，共产国际执委会的一份决议建议："中共中央在华南的一个港口建立一个不大的，但有工作能力的采购和向苏区运送武器、弹药和药品的机构。应该物色一位合适的外国同志来协助这项

25

工作。"[36] 注意，这个建议没有要求中共"占领"一个港口，那口气像是说这个港口是个明属国民党暗属共产党的港口。中央红军长征之前，曾从福建搬运一批战略物资回到瑞金。笔者估计这些物资原来并无存在福建苏区，而是由苏联紧急运来厦门，再经漳州运入福建苏区以供中央红军战略转移之用。

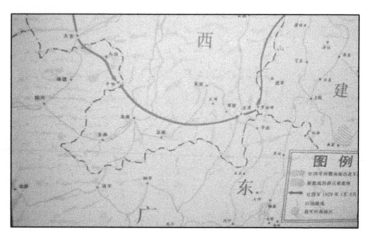

上图的粗线可能不是上文所说的枪弹运输线，只是现有公路。

功夫不负有心人，上帝之口又显灵。2018 年 4 月，笔者找到一则表明厦门—漳州就是中央苏区白皮红心港口证据——1935 年 10 月："尹林平到了厦门找到厦门市委汇报了根据地和游击队的情况，以及县委的决定……为了保存干部，市委决定派尹林平到苏联学习。尹林平便在厦门等候苏联船来赴苏。但到 1936 年 2 月，仍无苏联船来，尹林平便同中共晋（江）、同（安）、南（安）县委联系，到那里活动了一短时间。"[37]

网查得知，直至 2018 年 8 月新的直通航线开通之前，福建地区运往到俄国远东地区的货物，都要通过香港或者釜山中转。往上推八秩，1930 年代，厦门既无客流又无货流，值得开通直航苏联远东港口航班。上引文字所涉"苏联船只"应是苏联海军伪装民船无疑，专门用于秘运苏联奥援中共饷械，经厦漳口岸入赣南苏区，兼且运人。

记录此情档案，应当存于苏联工农红军参谋部情报局档案库，有待后生学者挖掘出来，不要以为共产国际档案、苏共中央档案会有这类极端秘密操作记录，千万不要浅尝辄止！以上堪称一项中国现代历史上的重大发现。笔者 25 年孜孜不倦探索，值了！

瑞金广场上陈列的"缴自"漳州战役的重机枪可是来自苏联？

位于漳州龙海月港的当年红军总部。其一楼外墙五幅标语就有两幅涉及苏联。猜想来漳苏联海轮政委来看过且拍照。

（七）苏援日式三零枪弹秘密输共北线大起底

现已查明，苏援械弹路线抗日战争时期乃有两条，先是：苏联→乌鲁木齐→新兰公路→兰西公路支路节点陕西长武→甘肃庆阳[38]。长武位于陕甘宁边区西端境内。在庆阳卸下货物，交牛马队、骆驼队运往延安、河防、华北、华东等地。出于战争需要，由朱理治领导的陕甘宁边区畜力大车运输业特别发达，正如由刘少奇领导的闽赣根据地内河木船运输业特别发达。中共历史文献曾说：红军改编为八路军时，大多部队驻在庆阳市。笔者猜测八路军各部队于抗战前期，应是轮番前往庆阳接枪接弹然后返回原地，造成"八路曾说部队驻扎在庆阳市"假像[39]。

后是：苏联伊尔库茨克→上乌金斯克→恰克图（即特洛伊茨科萨夫斯克）→外蒙乌尔嘎（即乌兰巴托）→内蒙满都拉口岸[40]→百灵庙→大青山包头段[41]→后套黄河。此后，一支线去往陕西绥德（陕北交通枢纽，陕甘宁边区后期北大门。由此转运华北、华东中共部队）以及河防部队；一支线去往内蒙伊克昭盟（今鄂尔多斯市）西部桃力民（当时或含如今鄂托克前旗西部）→鄂托克前旗城川→陕西三边地区的靖边→延安地区。注意，这是 1927 年鲍罗廷由华返苏之时大而概之踏察过的路线[42]。

苏援饷械可以如何安全通过傅作义晋绥军防线？事前毛泽东曾向斯大林建议：使用金钱或者拨出部分武器收买他们。后来想必奏效。以下所列为苏联红军一位汽车兵的回忆，足以证明这条苏援中共饷械路线当时并无受到傅作义—董其武绥军阻拦[43]。苏联当初也是这样收买陈济棠、马仲英、盛世才等人的。之前成功经验奠定了毛氏此回建议的基础。笔者估计傅董要的应是军火而

非金钱。按照苏联的规矩，既已给了董其武小部分武器，那董其武就得派兵护送大部分武器由满都拉口岸运抵陕甘宁边区。

空中输械路线，则有：苏联→新疆哈密→甘肃庆阳以及苏联→外蒙→甘肃庆阳两条[44]。偶尔用作客运路线，则可到达延安。庆阳机场始建于 1910 年代，加修于 1935 年。有一种说法，早在三大红军主

力会师之前，庆阳县就是刘志丹领导的陕甘红军的根据地，"定都"庆阳县南梁、照金；谢子长领导的陕北红军根据地，则为"定都"安定县（今子长县）瓦窑堡。为何不干脆将傅董部队打走？那样会招来中央军啊。

由苏军押送，国军驾驶的苏方"道奇"车队经新疆、甘肃、陕西运输苏援武器予国府，其终点为咸阳的一后称"陕棉八厂"的工厂仓库。由此国方驾驶自有汽车转运到重庆等地。初时道奇车队的部分车辆于长武转入庆阳卸下武器予八路军。

朱理治掌管的蒙古高轮大车车队　　　　　　　后套黄河渡口

下述苏军汽车兵回忆，内有"航空汽油"一项[45]，说明确有苏蒙新方向至陕甘宁边区庆阳、延安的空中路线，长期存在且被经常使用。航空汽油被运到二处机场存放，用作苏方飞机返航之前加油之

29

用；不长期存在且被经常使用，不用运汽油来存放，随机自带回程汽油即可。

从馆中悬挂复制当年军用地图看，当时从包头市南下鄂尔多斯市只有一条公路，途经包头正南黄河渡口（北口大树湾，南口树林召）。援共苏军车辆应从此地渡过黄河，既可使用自带渡轮，亦可派兵架设浮桥。

网上查知，经和美国民企汽车公司合资开工厂，苏军当时既有一吨半车，二吨半车，也有五吨车、12吨车，甚至还有水陆两栖汽车，而非落后到仅有一吨和一吨半车。馆文介绍，中共中央曾做指示，大青山只宜建游击区，不宜建根据地。由此是否可以推出苏援饷械车运前来乃具有时令性？冬季黄河冰封，车辆碾冰过河，远较轮渡为易。当时只有兰州黄河架有铁桥，别处只有春夏搭秋冬拆季节性舟浮桥。国共二次内战开始，中共即令贺龙率部攻下包头，打通此地原通后断的"国际路线"，因为此时傅董无论如何已不再敢私下以路换械。然而却打不下来。稍后证实苏援饷械可从东北获得，此一国际路线便被少用乃至弃用。

选取大青山抗日游击根据地纪

念馆来做点调查的理由于是凸显出来：大青山抗日游击根据地乃是接受苏援饷械首站，此地中共武装部队不是可以近水楼台先得月吗？

子弹运输辆次：一发三零式、三八式子弹（直径6.65mm），连上均摊包装重量，重量应为十克，若以本载乃至超载可达四吨计，一

辆汽车一次可以运送 400 万发，十辆 4000 万发，百辆四亿发，千辆
40 亿发。32.4 亿发分八年即 96 个月运送，每月只需九个辆次。

　　枪支运输辆次：66.6 万枪，每枪连上均摊包装重量，重量应为
五公斤，一辆汽车一次可运 800 支，十辆 8000 支，百辆八万支，千
辆 80 万支。66.6 万支，分八年即 96 个月，每月只需九个辆次。

　　苏方最有可能用于运输三零式枪及弹予陕甘宁、晋察冀边区的八路
军（有的再转别区）的苏产轻型车和中型车。有人相信那时包括苏俄在
内的各国汽车载重只有一吨半，但是胡. 巴吉尔著《回忆蒙古军汽车队
历史片断》，载于全国政协文史和学习委员会编《我所知道的伪蒙疆政
权》（北京：中国文史出版社，2017）述及，该汽车队车辆"大都是日产
三吨汽车"（294 页）。仿美的苏俄汽车咋会没有四吨？

　　再加上前此略过不谈的机枪子弹，估计总数为 7.6 亿发，每月
只需 9+9+2=20 个辆次，再加上其他设备、汽油、钱款什么的，可达
每月 22 个辆次，一个工作日摊到一个辆次。当然，苏方也可采用"潮
水式"运输法，一两年内将全部援助中共武装部队的军火悉数运完。

　　先参照：西班牙共产党立国之后，遭遇佛朗哥军进攻，苏联曾经
予仅有 45 万人的共和军足量饷械支援，其中枪支多达 40 万支。枪
人比率高达 88%，扣去储存，应为 75%。

　　后回溯：北伐军事准备阶段，30 万枪及 15 亿弹，连上包装，一
艘排水量 5000 吨海船即可运来广州，上面还可堆积原木作为伪装，
躲开香港英国海军稽查。多乎哉？不多也。

苏方且有可能用于参与运输三零式枪及弹等予陕甘宁、晋察冀边区的八路军的美国租予苏联的水陆两栖货车。

不算，读者就会以为运送弹枪"阵仗极大"[46]，没法相信，反而耻笑为此一事实"道化肉身"的本文笔者。

关于存在和频用这条抗战时期国际路线，可有以下苏方文献，以及中方展馆说明文字及其引用文献证实：

——李戈瑞一文披露：

1934 年，共产国际着手调查由中国西北接通苏联红色交通线的可能性。1935 年，共产国际根据苏联情报部门的《关于中国西北边疆情况的报告》和《关于内蒙古一般情况的报告》等资料，考虑建立两条红色国际交通线……1935 年 8 月，中共中央也第一次明确提出了向西北发展，争取"地理上接近苏联，政治上物质上能得到帮助，军事上飞机大炮，对我国内战争有很大意义"……随后，中共中央进一步提出了打通国际交通线的具体行动方针，决心通过游击战，全力打到苏蒙边境，背靠苏蒙创造一个根据地……1940 年 11 月 27 日，季米特洛夫致电毛泽东：如果八路军能够打通延安经由绥远到外蒙之间的通道，苏联就可以向八路军和新四军提供大量武器装备……1940 年 12 月 18 日，毛泽东致电季米特洛夫，详细通告了中共中央通过蒙古转运武器的三个方案……第三种，收买镇守绥远的傅作义（可以用金钱收买，也可以向其提供部分苏联军援），以方便运送武器。[47]

解放后授衔时，董其武以本人只是跟随傅作义被动起义，并非独自主动起义为由，于面见毛泽东时提出：本人最多只宜授中将，不宜授上将。毛氏不同意，斩钉截铁说道："你的衔级就是上将。"文革当中，经毛氏批准，董氏可从边塞军中返回北京家中长期修养，免受冲击。文革结束，董氏又可四处活动，为其旧部平反。其外孙女居然可被允许嫁给班禅。真是：护路数年受惠余生；若无奇功，焉得如许宠信？

——又据国民党一份档案记载："中共新辟路线，由陕北三边经伊盟、桃力民至大青山，与外蒙联络，苏俄用汽车密送物资至延安。"[48]

——另有第二战区长官部参谋长朱绶光在呈蒋介石的密电中称："中共自苏联有由大青山经内蒙打通路线之企图，并取得现款枪弹大炮等接济等情。"[49]

——苏俄历史文献中存在一份万分珍贵的苏联红军一位司机伊·戈·明卡的回忆："1939年或1940年，我们接受了将武器运到内蒙古的任务。这些武器是送给中国红军的。其中包括机关枪、步枪、子弹、手榴弹和航空汽油。"[50] 前面说了，1935年，共产国际会同苏联情报部门，连从苏联经外蒙到陕北建立两条买通傅董运送军火的"红色国际交通线"的可行性报告都做了，因为中共本身及其党史研究机构从未提出过重大原因致使这个计划胎死腹中，总是闪烁其词，笔者就有充分理由认定，这两条通过外蒙转运武器的红色交通线确实存在，一条终点为延安，一条终点为绥德。

——列多夫斯基于其所著前述《斯大林与中国》中披露（页225-226）：

国民党政府还表示怀疑，1941年苏联停止向它提供武器和作战物资之后，沿新疆路线仍有运送作战物资的车队在苏联武装保护下通行，不接受中国当局代表的检查。国民党政府要求改变海关惯例，要求对苏联在新疆和与新疆毗邻的中国地区设立的气象无线电台实行监督（这些气象无线电台是为汽车运输线和"哈密阿塔"航线提供服务的，而重庆怀疑是为共产党特区服务的，因为有运送武器的车队畅通无阻地开往那里）。

——李力青写道：

据最新公开史料，党中央最早谈到大青山战略地位，是在 1935 年 12 月。当时中央决定通过山西、绥远（大青山）接通外蒙边境，以获取苏联军事援助。毛主席为中央政治局在陕北瓦窑堡召开的扩大会议起草了《中央关于军事战略问题的决议》，其中提到："着手组织蒙古游击队""创立晋直察绥交界地区晋豫交界地区的游击战争""完成出绥远的政治上军事上组织上的准备"。1938 年，正是日军大举进犯中国山西、河北的时刻，毛主席再次提到建立大青山抗日根据地的重要意义。3 月 29 日，他致电 120 师的贺龙、关向应、萧克等，询问"能否沿大青山脉创立一个游牧性质的骑兵游击支队？"5 月 14 日，他再电朱德、彭德怀、贺龙、萧克、关向应，明确提出："在平绥路以北沿大青山脉建立游击根据地至关重要，请你们迅即考虑此事。"

——内蒙古区鄂托克前旗是中国共产党第二次国内革命战争时期在内蒙古创建的老解放区之一，之前是陕甘宁边区通往大青山抗日游击根据地和共产国际的交通要道。朱龙写道，该旗政府："规划开发七大红色旅游项目，包括：……七是以西官府等遗址为依托，建设国际共产主义交通站。"西官府等遗址乃在该旗靠近靖边的城川，当时那儿还有中共开办的民族学院。韩春、阳早夫妇的骨灰如今埋在那里。如果"苏联→外蒙→绥远→伊盟→靖边→延安或者绥德"这条国际交通线并无承担运送军火的任务，而只是用来走人员走钱款，甚至走无线电设备、复装弹机器、修枪支机床，有没必要在它东面不远地方，开辟大青山抗日游击区——注意不是根据地只是游击区（后来人有大误解）？那样会招来日军、伪军、顽军争夺、占领啊。当然，迄今为止，官方仍没承认这条国际交通线乃与秘运军火息息相关。

——大青山纪念馆中有幅年轻烈士照片，介绍文字说他曾是八路军大青山抗日游击区的"国际交通员"。绥德县纪念馆有幅精通俄语、熟悉俄情的师哲的照片。曾在苏联西伯利亚内务部工作过 15 年，后于 1940 年方才回到延安的他，曾到绥德公干数月，难道此行仅为"指导肃反"？在延安，他可是管理中共中央与苏共中央之间电报往来以及秘藏的毛主席的身边要员啊。电报和肃反有何关系？

——大青山纪念馆一处文字介绍：

——抗日战争结束之内战重启，国方傅董绥军必得取销让路换械政策，上述国际路线包头与外蒙之间路段不再能够向共方开放，于是共方决心动武开路。刘秉荣写道：

第二次采访董老时，我们重点谈了 1945 年冬的绥包战役。

董老说："1945 年底，日本人已投降，蒋介石准备打内战。为此共产党发起绥包战役，要和蒋介石抢占平绥线。毛主席的这个战略是极为正确的。因为控制了平绥线，就能把华北、西北、东北三大解放区连成一片了，也打通了与苏联相联系的国际路线……"[54]

——陕北三边地区的定边位于抗日战争时期陕甘宁边区与外蒙与苏联之间国际路线的南端线上，有刻于三边革命纪念馆旁的革命烈士纪念塔上的碑文为证。

恰克图→陕甘宁之间的这条国际通道，东边有姚喆军护路，由北至南，先后有外蒙军、晋绥军、内蒙军充当护路军。光看实力对比，日本当时如欲占领外蒙可谓易如反掌，但是外蒙乃属苏联势力范围，日本不敢染指。如果日军占领外蒙，上述国际路线便不可能存在。董

35

其武晋绥军保护此路中段。内蒙军保护此路南段（伊克昭盟），直至靖边西面。这支由内蒙人组成的军队，司令叫白海风，军队虽属国军编制，其人却是白皮红心资深共产党员，黄埔一期毕业。他的军队曾被当地百姓称作"二八路"，他本人曾受毛泽东接见。解放后，白海风先后担任西北军政委员会委员、经济委员会委员、民族事务委员会委员、农林部副部长、西北民族学院副院长等职。曾当选为全国政协常委。读者可从网上得知他的生平事迹[55]，是个无名英雄——直至本文披露其人护路功绩以前。

三边革命纪念馆旁的革命烈士纪念塔上碑文

读者不妨记住以下四处曾被官修党史严重忽略的四个中共接苏援助口岸：赣闽粤根据地接受苏援饷械的入口，乃是其"南大门"会昌以及"东大门"漳厦。毛泽东1934于长征前夕曾作《清平乐．会昌》词一首。末句"战士指看南粤，更加郁郁葱葱"似乎表明他对陈济棠既有期待，也有信心。

陕甘宁根据地前、后期接受苏援饷械的入口，乃是其"西北大门"庆阳以及"西南大门"定边，"北大门"绥德作为陕西最北地区，则是转运苏援饷械至华北等地的枢纽。显而易见，在闽粤赣，只有一个得援大门，得四面受敌；在陕甘宁，却有三个得援大门，仅一面受敌。还是"北上抗日"好哇，谁说长征乃为"西窜"呢！

蒋介石侍从长唐骏日记表明，苏联空运陕北苏区饷械援助，主降落点应在甘肃庆阳——延安太过招人耳目。甘肃著名"山丹培黎工艺学校"，乃由几位亲共白人主持，可能并非巧合，笔者疑其暗藏导航设备或为情报中转站；其中路易．艾黎先前曾以赈灾为名，三次进出红二方面军苏区边缘洪湖地区，料与秘密输送苏饷有关。

36

走笔至此，相信读者已见"羞答答的玫瑰静悄悄地开"了！

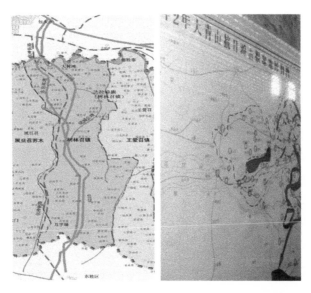

大青山纪念馆中的其他相关地图也都显示当时包头到鄂尔多斯的公路只有一条。

1945年年末共方贺龙率兵攻打包头，以接续国际路线运行，未能打下。这次未能打下包头，加上之前贺氏未能打下、守住湘鄂西长江渡口——两次均涉未能保证共军退路。生死问题，以及竟让旧友熊贡卿进入苏区劝其投降（未遂被杀），毛氏猜疑贺氏不忠并道非没有理，这不比贺氏止步听了苏联马林诺夫斯基元帅几句策反之话性质严重得多？

37

（八）岂止日式三零连俄式莫辛·纳甘也来过

抗日战争时期中共所得苏援械弹，就不仅仅有日制，而且有苏制了。苏制步枪、骑枪、手枪、手雷、狙击枪、冲锋枪、轻机枪、重机枪管径均为 7.62mm。例如，其一，中共文献记载，1937 年，位于山西省五台县的晋察冀军区供给部第二修械所开始仿制 7.62mm 管径手枪。[58] 笔者相信共军此前接受了大批苏援托卡列夫式手枪（勃朗宁手枪改型）及其子弹，而且可能弹多于枪。其二，1946 年 12 月 5 日，已晋升为 358 旅旅长的黄

新廷率部抵达延安，担负起保卫党中央的重任。据一份史料记载，此时为黄部配备了苏制马克沁重机枪，改造之后，用作高射机枪。其三，毛氏当时卫士长阎长林权威回忆：1947 年，毛泽东的警卫部队便早已装备有全新的苏制波波沙式冲锋枪。其四，还有一份俄翻中的文献透露，毛泽东曾在与米高扬会谈时，讲过一个秘密：国民党将军傅作义率部起义之后，林彪部队随之进入北平。此前，他们所使用

的苏制武器全部奉命上缴，并以美制武器取而代之。中共想以此证明是蒋介石用美国的武器装备了解放军。[59]

右图展品爆出更为惊人的"盐城发现""信阳发现"。事出突然，笔者一时不知说什么是好，因为还听不懂它们无声诉说的自身故事。决定还是于此透露出来，让读者先睹为快，

9. 缴具缴获的共军武器，显苏军的确味加赛夫缩机地。

先行玩味。

右图展照：八路军士兵手
持苏制转盘式轻机枪（又称捷
格加廖夫式机枪），下右展照：
晋军于绛县缴获的共军武器，
也是苏军的捷格加廖夫式轻
机枪。

以上事实无可置疑地表
明：抗日战争时期，遑论解放战争时期，苏联确有批量支援中共苏制
械弹。借助中共地下党，新四军兵工厂曾于上海，[60] 八路军兵工厂曾
于天津大量采购物资。[61]

这些物资里面是否掺杂苏援成份不得而知，但是购买所用资金，
则极有可能属于苏援钱款和自筹钱款的混合。

在江苏省盐城新四军纪念馆，笔者万分惊讶地发现了一批标明曾为
新四军使用过的苏制步骑枪、冲锋枪、轻机枪、重机枪、迫击炮、无后
坐力炮等！迟至 1947 年 7 月国共谈判最终破裂，八路军、新四军方才
改名为解放军。

笔者遂相信华野于苏中七战七捷、孟良崮灭 74 师（粟裕用上两个
炮团百余门炮）、淮海战役时就用上了大量苏制武器，尤其是无后坐力
炮、后膛炮。

俄国维克托·乌索夫著《20 世纪 30 年代苏联情报机构在中国》
中文版，赖名传译（北京：解放军出版社，2013）披露（239 页）：
"从 1937 年 9 月至 1941 年 6 月，苏联共向中国运送了 1235 架飞
机，1600 门各种口径火炮，14000 多挺机枪，50000 支步枪，1.8 亿
发子弹，31600 枚航空炸弹，约 200 万发炮弹。"共军即使将国军除
了飞机、航弹之外的全部苏援武器缴获了，也远不够武装它于抗战结
束之时保有的 120 万军队啊！从上述数字我们又得知：苏援火炮，一
门火炮随配 1250 颗炮弹，64000 支机枪步枪，每支随配 2813 发子弹
——应是每支步枪随配 1000 发子弹，一挺机枪，一万发子弹。苏联
大多型号机枪、步枪、手枪所用子弹相同。苏联援助中共的炮颗比，

枪发比应循此例。机步比是：14000:50000=1:3.6。

（九）苏方失于没给中共装备 12.7mm 重机枪

苏联红军参谋部第四局特工马马耶夫 1929—1930 年间潜入井冈山或赣闽边中共红军控制地区及边缘。1930 年 4 月 15 日他在共产国际执委会所作汇报时说："红军活动的地区都是多山地区……那里山高难行，大炮都得用手拉。大家可以设想一下，在宽不到半公尺的山间小路能拉什么炮呢？"[62] 拉后膛炮不行，扛重机枪应行！笔者想过：若果苏联曾于 1927—1945 这 18 年中，援助中共军队成千上万挺苏制 KORD12.7mm 大管径重机枪（平射之时须得抵一肩膀），以及数以亿发计此枪子弹，再加配给一座专门复装此种子弹工厂，中共本可提早成功夺取全国政权。12.7mm 大管径重机枪既可代替后膛炮钻坦克（上穿甲弹），打飞机，亦可代替炸药包削城墙，掀炮楼，减少人员牺牲。炮弹一两发可碎的巨石，若用一弹可穿 24cm 厚墙的此枪连续射击百余发，其尖弹头亦可像钻头一样穿透它，且可溅起碎石杀伤更多敌兵。在 1979 年惩越战争中，前述解放军特种兵范建华发现，越军此种机枪（不幸多是我国生产）对我威胁最大，而非容易陷入泥沼、水田的苏联坦克。它的枪身、子弹都比炮身、炮弹轻得多，两人即可分解扛起，再加三人扛弹，一个班便可配备两挺。称其"代炮"亦不为过。惩越战争之后，解放军已大量增列此种武器。斯毛二氏应后悔当初没想周全。

（十）二次国共内战胜负探因可只问炮不问枪

关于此期中共接受苏援饷械的规模、藏匿、路线、仲介等的学术研究业已弄清：重点已不在于枪械及其子弹，而在于炮械及炮弹。中共军队作战模式此时始由枪战为主，转为炮战（包括机枪）为主。中共历史文献现已不惮披露：位于牡丹江的东北军区兵工部 23 厂，曾于 1946—1949 年期间"整修"各型火炮 17911 门（且称一万八）之多！东北其他多座中共兵工厂既有生产复装炮弹，也有修复当地苏军移交轻重迫击炮，但是修复迫炮产量总数不及上述数字百位及以下零头。一万八火炮来自何方？配发何方？炮弹补充源于何处？流向何处？这些由枪入炮问题皆已超出本文研究范围，便得下回《苏联奥援中共后膛火炮七千九百余门》分解了。

1938 年列装的苏制 KORD12.7mm 口径重机枪

　　左：这是在信阳市鄂豫皖革命纪念馆发现的，为新四军所用的苏联造俄文打字机！新四军用来起草发给远东或大连苏军得用俄文电报，商谈海运或者空降苏援饷械到新四军根据地的时间、地点？或可是用来以字母密码代替数码密码混淆国军电台视听？新四军时期只有饶漱石可能使用。他本来懂英文，后来又到苏联生活经年，应学会了俄文。他是否苏联返派中共的卧底？有没可能是红军时期遗物？陈昌浩、沈泽民、张琴秋等，俄文都过得了关。右：鄂豫皖共产党隐藏档案卓有成效。图中书本乃是近年出版的鄂豫皖根据地税册。几千张税录既可妥藏，俄文打字机咋不可妥藏？

还有一件奇怪的事，读者请看下面两幅网照：

1937 年，红军初到陕北曾采用这种仿日军装。有没可能是来自张鼓峰、诺门罕缴获的日军军服？二役分别是 1938、1939 年打的。有人认为这种军装是苏军被服工厂为中共部队制造的——抗联也穿过这种军装。中共会为自己设计制造这种怪军装吗？

笔者怀疑这是阎锡山与薄一波合组的山西省"牺盟会"的武装"抗日先锋队"的军装。

三、苏方日式三零来处

沙皇俄国曾于一战时期向日本购买了至少 60 万支步枪，[63] 大部未及启用就告政权结束。网查得知：这批枪中，三零式、三五式（三零式的海军型号）、三八式都有。又据网查，英国也曾向日本购买三八式用于武装本国民兵，十月革命之后，又改用其支援俄白卫军以及捷克兵团；同期，日本派兵七万进入西伯利亚，干涉苏联内战，也曾支援当地白卫军大批三零式、三八式。日本干涉军团及其支持的俄白卫军遭到苏联红军打击，必然丧失了不少日制武器弹药。[64] 苏军于张鼓峰战役（1938）、诺门罕战役（1939），[65] 亦有缴获许多日制枪支、火炮，其中步枪应以三八式为主。苏共巩固政权之后，应该就是调拨上述沙皇库存、远东缴获的日制步枪及其子弹，先予中国南方北伐军和北方国民军（数量估计合共 12 万），[66] 再予中共红军（数量 30 万。

估计半数还没用完——共产国际曾说"华南的资源还没用完"——红军便行"北上抗日"了），后予八路军、新四军（猜测数量应达 60 余万。联想 1933 年 5 月中共中央曾经计划扩大红军至 100 万人）[67]。据日本出口统计，至 1917 年止，日本向中国出口了 357368 支三零式和三八式。以后中国当然可能还有陆续进口。根据"人一百枪七十五"的比率，100 万人需要配备至少苏援 60 余万枪再加缴获—购买 20 余万枪。查阅中共文献统计，至 1933 年，红一、二、四方面军从无缴获、购买过另 60 余万支可用步枪以及相应型号、数量的子弹。这可是要歼灭数百万国军，连带"红军过一地而民枪遂空"的啊。

笔者相信，苏联必然还曾仿产三零式步枪及其子弹用以续供中共。仿产对苏来说易如反掌，质量应当比日产的还好。如前所述，1949 年初毛泽东和苏联特使米高扬在河北西柏坡会谈时，前者告诉后者：参加北平入城阅兵仪式的中共军队乃全部以美制武器、汽车配备，苏制武器、汽车事先全部撤出。三重头戏随后而来：其一，前者又问后者："能否在苏联生产的高射炮刻上日本的印记？"后者作了否定的答覆。[68] 1949 年初，尚无空军的中共已经开始愈来愈多地占领大城市、铁路线，需要使用大量高射炮保护它们，只能依靠苏联生产、提供。不比榴弹炮、加农炮，布置在大城市中、铁路线上的高射炮很容易被居民看到，出于上述入城阅兵仪式撤出苏制武器、汽车同样的担心，毛泽东向米高扬提出"刻上日本的印记"的建议。此事岂非强烈暗示了"苏联必然还曾仿产三零式步枪及其子弹用以续供中共"吗？

其二：在 1948 年 1949 年之交，米高扬—毛泽东之间的西柏坡会谈中，毛氏说了这么句话："至今我们得到的武器是无偿的。但是我们清楚，生产武器需要苏联工人付出劳动，他们的劳动是应该补偿的。"[69] 笔者认为，毛氏此话的"我们得到的……需要苏联工人付出劳动"的无偿武器，主体就是过去 20 年来苏联仿制出来奥援中共的日式三零步枪及其子弹。二战结束以后苏联在东北、华北奥援中共的日制、德制、捷制、美制武器，都是缴获、租借得来，勿需苏联工人付出劳动生产；苏联奥援中共的苏制武器，则不需要苏联工人专门付出劳动生产，因为它们无非就是苏军裁军、换装多出来的东西，多到直至抗美援朝仍被中共军队大量使用。

其三，在二人讨论中国出兵朝鲜如何避免苏美军事冲突之时，毛泽东曾向斯大林建言："可为中国部队提供日造而非苏造枪械。"1940 年代，苏联已将缴获关东军、驻鲜军的日造武器几乎全部移交给了中共军队，没有什么剩余留存。毛氏这番建议，应是指望苏联继续仿造日式武器供应中国入朝作战部队，以作掩人耳目。

苏联在哪儿仿制明治三零式枪及弹呢？笔者认为，是在坐落在乌拉尔山脉中的伊热夫斯克兵工厂。网称：帝俄时代，它是与坐落在圣彼德堡以北卡累利阿地区的谢斯特罗列茨克兵工厂，坐落在莫斯科以南的图拉兵工厂，并称为俄罗斯帝国的三大轻武器生产基地。在西伯利亚开拓时期，伊热夫斯克兵工厂作为最前沿的武器供应点，发挥了重要作用。它的产能如何？网上有一文竟然声称：从 1941 年初到 1945 年中，四年上下，伊热夫斯克兵工厂生产了约 1.3 亿支枪械，即使是平均年产量 26000 万支（平均月产量则为 216 万支），也比德国所有的兵工厂的同期总产量 1030 万支为高。期待后学今后能有机会赴俄加以核实。笔者认为，应该是四年产了 1300 万支。而A·M·列多夫斯基于其《斯大林与中国》中译本，陈春华等译（北京：新华出版社，2001）中（页 37）转述斯大林曾对蒋经国披露："由于苏联有工业，战争期间才有可能每月生产 3000 架飞机，3000 辆坦克，5000 门大炮，40 万支步枪，20 万支自动步枪。"苏德战争持续四年共 48 个月，假设上述数字是后 40 个月的平均数，那么就有：总共生产飞机达 12 万架，坦克 12 万辆，大炮 20 万门，步枪 1600 万支，自动步枪 800 万支。伊热夫斯克兵工厂若为中共生产 60 万支仿日式三零步枪，仅需要两个月；或者每月仅用一天生产，该天生产 1.3 万支，46 个月便达 60 万支。

黄崖洞八路军兵工厂、大连建新工业公司，岂非开办起来以作掩人耳目之物？

四、晋军独家仿制三零

晋军曾采用晋造仿日三零式、三八式为本军主战步枪[70]。国共合作抗战初期，阎锡山、卫立煌、傅作义都曾支援八路军步枪子弹等，应有相当部分是晋造三零式子弹。薄一波、阎锡山合作抗日时期所建"牺盟会"，除了自用，应曾索得、购买晋造三零式步枪及其子弹转予八路军。但是晋造三零式产量怎会有 60 万支以上之多？遑论供应八路军、新四军 60 万支之多了。

至于全国范围生产最多的中正式，前后才生产了 60 万支，连同汉阳造一共才生产了 100 万支左右。如果仅靠缴获、购买维持，120 万中共军队必得半数缴获、购买得到这些国产七九式才行，有没这个可能？天方夜谭！

网上下载的图文，出处不详。"东北张大帅……也曾建立兵工厂山寨过"不确，这厂只大量仿制过金钩步枪刺刀。

03. 八万余红军长征怎敢只携三万余枪支

一、枪支缺额应在南线得到粤陈协苏补给

传统说法乃是：中央红军长征出发之时，86789 人只有各种枪 33247 支、各种弹 164.1 万发——一枪 50 发弹而已，两种炮 38 门，以及梭镖 6101 根，大刀 882 把，热兵器装备率不及 40%。另外据悉，86789 人中，无持枪炮者（但可能持梭镖大刀）——包括挑担民伕、机关人员、后勤人员、杂务人员、伤病人员（达到两万）——高达 51156 人，占 59%。笔者认为这 51156 人中，应该包括红九军团的 9000 名新征壮丁。他们未经军事训练，不宜过早为其发枪；有持枪炮者仅为 35633 人，与上述各种枪 33247 支、两种炮 38 门匹配。笔者料想差数 2386 人，应是战斗部队的不持枪的炊事员、卫生员、饲养员。

遵照上级命令留守中央苏区（不久便遭弃守）的武装人员数目，陈毅说仅为 1.6 万，陈丕显则说多达三四万。[75] 笔者相信后说，一是因为陈丕显列的部队名称较陈毅列的清楚、全面，不仅有苏区地方师、独立团，还有各县独立营；二是因为本有战略欺骗需要：留守四万人，由陈毅、项英（配备电台）等领导，打上几个大仗虚张声势，混淆敌人视听，让其一时搞不清楚主力红军已经跳出包围圈，奔向大西南。人少枪少的话，达不到这效果。这样，笔者相信，留守武装部队四万应有三万枪支（比率：人一百枪七十五），多数应是长征红军各部匀给他们的。独立团、独立营原来的武器应该多是梭镖大刀。匀出数目应是两万，本可重新发给随队长征的两万轻伤轻病接近康复人员，或者本可发给沿途"扩红"罗致人员。中央红军无疑会留数万

枪支装备留守部队，电台都给了嘛。

有鉴于此，笔者相信：中央红军长征由东向西经过南雄、始兴时，陈济棠接到苏联方面通知，不仅为其发放了"陈济棠协苏济共武库"部分库存子弹，而且发放了部分库存枪支，数目不详，笔者猜想枪支至少能够武装15000—20000康复后伤病员、"伕转军人""民参军人"。逻辑推理，应有此事；没有，反而不合理了：什么叫做"养兵千日，用在一时"？苏联方面咋会藏而不用？无怪乎刘伯承在和小叶丹歃血为盟之时，可以赠送对方300支枪及相应数量子弹。枪弹此时也是货币。长征路上，此种交换多有发生，可见中央红军枪支并非传统说法所描述那般少得可怜，真是少成那样长征就不是逃生而是赴死了。陈济棠巴不得红军迅速通过粤北奔向西南，不让蒋介石中央军借机染指广东。

二、国军针对共军的封锁线其实只有一条

前三道国军防线不应称作国军针对共军长征的"封锁线"，因为陈毅说了：到了11月底，敌人还是搞不清红军出动的情况，一种判断说：朱毛出去是少数，大部分留下在中央苏区；一种判断说：朱毛出去是主力，留下的是少数。一个月都没搞清楚，后才查清楚大部队走了。

前三道"封锁线"实质上是粤军的"师管区"。它们原来就在那儿，并非临时构建。敌人之所以开始丈二金刚摸不着头脑，原因一是保密工作做得好，即使叛徒也说不出来大军动向；二是有着前面所述因素："留守四万人，由陈毅、项英（配备电台）等领导，打上几个大仗虚张声势，混淆敌人视听，让其一时搞不清楚主力红军已经跳出包围圈，奔向大西南。"

三、八万逃亡三万战损万七之后难言缺枪

笔者于己所撰《红军湘江减员分类统计》一文之中，经过引述、统计以及归纳、推理，得出：湘江战役之前，中央红军死战、生擒、伤遗之数仅为 2500（苏联驻华最高军事顾问施特恩将军根据中共战报给出[76]），逃亡数为 86789×25%=21697 人。抵达湘江之时仍有 86789－2500－21697=62592 人。过了湘江之后中央红军仍有 62592－30500（传统说法湘江一役减员数字）=32092 人。白崇禧战后给出红军水陆死战点尸数字 8000，生擒数字 7000，由此得出湘江战役红军逃亡数字 30500－15000=15500。也就是说，先后逃亡 21697+15500=37197 人，战斗减员 17500 人，剩余 32092 人。进入西南以后，对手力量不强，缴获比较容易，需要配枪空手人数大幅下降，从此难言缺枪，尽管扩红也有进展，新兵过后还是流失为多。37197÷86789×100%=43%——此乃中央红军长征甫离湘江之前的逃亡率，小一半了。

四、与苏失去电台联系补救办法及其真假

由于施特恩的报告对于红军进入大西南之后的情况了然于胸——此时已是 1935 年初，长征走了将近一半，笔者于是开始怀疑以往官方所说"长征之后，中共中央和共产国际之间电台联系中断长达一年"并非实情。没有电台联系并不等于没有别的管道联系，否则施特恩没有可能得知中央红军长征头几个月的详细情况。兹事体大，是真是假，不能不加深究。笔者觉得很有有必要在此旁涉一下，以下做一辨识：

其一，四支长征队伍，除了红二十五军之外，都有电台，尽管功率均小，不能和中共上海中央局→共产国际执委会通联，但是彼此之间完全可以通联，另外它们完全可以重拾人力或者其他通联手段。有一说法，相信红二方面军到达四川甘孜和红四方面军会师之后，由于任弼时从张国焘处拿到密码本，才和红一方面军恢复了电台联系。其实，没有密码来行通联，难道就不可以使用明码来行通联？当然使用

明码通联的前提乃是避而不谈机密事项以及使用暗语。

其二，笔者怀疑红二方面军带着洋传教士薄复礼等长征（扣留时间最长的达两年之久），目的应当不仅是筹措经费、医药，而且还是想通过他们和沿途教堂洋传教士联络，有偿请求后者到当地大埠邮局为红军拍发暗语电报，或者寄送暗语信件到上海，以让共产国际知道三路红军近况。否则我们解释不了施特恩何以知道上述中央红军长征初期情况，连减员仅 2500 人都知道——报社记者咋能知道？背景情况：（一）当时有些西方传教士认为：共产党的理想类似基督教的理想，因而会对他们亲眼见到的仁义之师红军产生同情。可能何新所说的共济会因素也掺和其中了；（二）北伐时期，苏军顾问就常常向驻地西方传教士了解情况；（三）井冈苏区接受苏援金钱路线，其中转点赫然有一黄坳天主教堂，其瑞士籍神父罗萨特，后来还被从瑞金出发的中央红军带上随军长征。沿途作用：通过关系教堂接收苏联协饷乎，从事秘密联络乎？

随红军长征的，除了英国人薄复礼，还有一位瑞士人博萨特。2022 年 3 月 3 日笔者在网上发现井冈山革命博物馆馆员何小文撰：

> 尔后在长征期间，红军还逮捕了瑞士籍传教士博萨特，判他一年半徒刑，还让他跟着红军队伍长征。当然，后来博萨特在漫长的征途上了解到红军确实是为理想，为了建立一个更合理的社会的信仰在奋争，他最终转为理解和支持这个事业。服刑期满后，红军给了他路费，他回到欧洲后定居英国，写了一册自传《合拢的手》来描述他的这段经历，其中大量谈到共产主义和天主教义是殊途同归的。所以笔者认定，黄坳天主堂肯定不是在井冈山斗争时期建的。但是什么原因使他们能在"自来土匪、散军窟宅之所"的井冈山渐成气候，以至于建成当时绝对算得上新潮、气派的天主教堂？我请教过井冈山党史专家，但似乎没有获得满意的答案。（见诸 http://www.jgsgmbwg.com/3g.php?m=show&cid=4&id=2234）

笔者曾于 2002 年春在广州花都国安看守所，阅读家中送来头数卷《联共（布）、共产国际与中国革命档案资料丛书》时，发现中共曾经利用黄坳镇天主堂转运苏联协饷的记载。以後由所入狱、由莞转穗，由狱出监，由粤返港，周折太多导致遗失出处记录。出狱之后多次寻找，竟然未得重睹。2022 年春，已是 20 年后，终于看到何小文上述文字。真是皇天不负有心人！

笔者的解读如下：由于博萨特曾经暗中帮助朱毛红军接力输送苏联协饷，故而中共假借服刑为名（为免博氏以后遭到国府清算），带上博氏长征（博氏由吉安南下会合由瑞金西去红军？）。既然博萨特早已通共，就不太可能利用他换取赎金：赎金真的来了放不放他？如今本人怀疑长征并无电台失联苏联之事，就只剩下一种可能：利用博氏从沿途某（瑞士？）天主堂处接受苏饷。陶涵于其书《蒋介石与现代中国》中 079 页披露："云南军阀龙云大概是收了中共的墨西哥大洋，允许共军和平过境。"咳咳，"四渡赤水出奇兵"却原来是"贿赂龙云唱双簧"！贿金不在少数，红军开拔之时未必带够，本人怀疑此款乃由苏驻昆明或者贵阳领馆代为交付，或者是在滇在黔（尤其毕节）天主教堂代为交付或者输送。如此精密且涉外的设计和安排，必然主要出于苏联红军或者共产国际情报系统之手。

其三，红一、二方面军的长征路线，沿途多有清末设置的官办有线电报局、所、房。就连大渡河、泸定桥等这些发生激烈战斗的地点都有。共军完全可以轻而易举加以利用。遵义当时也有有线电报局，虽然据说它的设备尤其是线路遭到了严重破坏或者损坏。红军利用不了，可以转而利用位于贵州、云南边界的毕节有线电报局。上述两支红军分别途经、驻扎过的黔西毕节市区七星关区。毕节早在清末就在法国人帮助下建成了西南有线电报枢纽。然后才是昆明在前，贵阳在后建成有线电报重镇。首任毕节有线电报局局长缪桂卿的长子、次子都曾是中共地下党电报员。国民党方当时由谁担任毕节地区政府专员+保安司令？莫雄是也！据文献载，他"曾为长征路过该地区的红军部队提供方便"。[77]

笔者估计，1935 年，毕节有线电报局分到了无线收报机、发报机各一部；中央红军一渡赤水，笔者猜测其目的就是为了抢夺毕节有线电报局的无线电收发机。另外，钱壮飞很可能在执行秦邦宪暗中交代任务，试图利用毕节无线电收发机向共产国际汇报遵义会议政变，不果，又被发现，遂被周恩来下令杀害。

其四，根据陈毅回忆，红军长征到达大西南之后，仍和留守包括闽西在内的原中央苏区一带的中共地下党、游击队有着电台联系，而闽西靠漳州、香港比较近，不难找到和长征部队联系的途径[78]。这就说明，长征部队能够通过留守部队电台再转漳州电台、香港电台和共产国际联系。主要障碍应是长征部队每天都在紧张行军、作战，缺乏电子通联所需的大块时间，尤其是呼叫时间。

其五，苏联方面早在1925—1926年间就不惜花费重金在中国开设了14个之多的以追求情报侦察为目的的领事馆，它们分布在太原、西安、开封、济南、成都、重庆、杭州、南昌、长沙、贵阳、昆明、桂林、福州、汕头、潮州、吉林、长春[79]。长沙、桂林、贵阳、昆明、重庆、成都、西安、太原的苏联领事馆，难道不能和途经本省或者邻省的红军长征部队，进行秘密电子通联或者人力通联？结构—功能主义安在？如今中国这么开放，俄国驻华领事馆也只有沈阳、北京、上海、广州四处啊。

由于中共接受了共产国际的补贴——应称拨款更为贴切，在很大程度上，它就必须对共产国际负责：中共定期向共产国际提交各类档案，如财政预算、工作计划、大会决议以及下发指令、行动报告和出版书刊等等。例如，仅从1929年5月至12月，中共就向共产国际提交了570份文件，平均每个工作日三份！[80] 仅此中共接受苏共津贴→定期向它提交报告一事（联想英文 Accountable），就已不容置疑地表明：中共史上对于苏共的的确确存在政治依附关系。所谓长征到达陕北之后，中共便不依赖苏援饷械，足可自给自足，读者再读下去便知乃属巨大误导。长征期间，利用上述种种秘密管道，中共中央至少应当而且可能每月向苏联方面提交述职报告一份。反过来问：即使中方"触苏"发生极大困难，难道苏方就这么被动，不会派出秘密人员来找、来迎中方么？

如果还有别种联系，那么，它的作用难道就仅在于互通情报么？苏方难道不会通过秘使、秘途对于长征路上苦苦挣扎的中方雪中送炭么？"炭"应以饷为主，饷可购械、购粮、购路、购物。苏军驻扎哈密或者外蒙部队配有飞机，难道不可设想苏方动用飞机在川西、川北秘密接济红军么？为啥张国焘要坚持按斯大林的意图南打川西呢？

不过，就在出版本书简体字版之前，笔者对于"过了乌江之后，中共就因电台功率不够，没法通过上海来与苏联联系"一说，萌生出来一种更为彻底的否定论。

无线电收发机上应有像收音机一样的可供机务人员选择长波、中波、短波的旋钮或者拨键。短波是靠电离层多次反射跳跃抵达目标，受到地面崎岖、恶劣气候的影响远远不如长波、中波。网查得知：

还有一个电离层反射传播问题，反射角90度传播距离近，天线反射角45度就由电离层反射几跳而定，通过计算电离层反射口面为70公里左右。这样接收地与发射地入射角与反射角一致时，一跳的信号都能接收到。所以，通信是个专业，通信人员都是经过专业培训的。无论是大陆特工，还是日伪、国府特工都是经过专业培训的。不然再大的功率也白搭；再小的功率位置对了，再远也能接收。

其一，早在无线电收发机诞生伊始时期，其发明人之一意大利的马可尼，就可使用功率十瓦以下的电台从加拿大成功联通不列颠。其二，英籍燕京大学教授林迈可披露，上世纪四十年代，他曾在延安为中共中央装配一台功率为20瓦还是30瓦的收发报机，就足以联通美国纽约。其三，曾得以查阅很多苏联档案——内中包含未见于大陆社科院、沈志华个人编译的两套苏联档案的内容——的美国陶涵学者（Jayson Taylor），于其《蒋介石与现代中国》（林添贵译。北京：中信出版社，2012，078页）一书中，赫然提到："终于斯大林借由短波无线电指示中共突围，寻找新的基地，或许接近外蒙古。"这就雄辩地证明了苏联和中共之间至少也可/也曾用过短波电台通联，如果不是全部的话。陶涵没说斯氏电报通过上海中转。由此又可窥见，长征决定并非来自李德、博古二人，而是一项"最高指示"。中央红军的每部电台，其功率均应大于十瓦。它们竟然因为"距离太过遥远联通不了上海、香港、海参崴、莫斯科"，岂非属于一句忽悠民众的天方夜谭？那么，如果1935年中央红军一渡赤水之际，抢夺了毕节电报局的短波收发报机或者所缺零件部件，不就马上可以恢复和共产国际或者苏军总部的电报通联吗？如果没坏/没抢，或者抢了之后，故意不予通联"远方"，不就可以说明中共不愿将湘江战役重大损失和遵义会议重大政变，尽早通报对方吗？再不济事，临时借用毕节电报局的电台使用密码发报，不也可以联通共产国际或者苏军总部吗？所以说，"电台功率小，够不着上海"一说应属没有道理；莫斯科都够得着啊。另外，即使和共产国际、苏共中央电台通联不上，李德一定还有他和苏军电台的通联渠道，所以"中共相信上海中转电台内有国府卧底，只得弃用此一联系渠道，因而失去了和共产国际、苏共中央的电讯联系"一说也属没有道理。两种说法显然均属有意误导。

　　不过，本节首先还是假设中央红军所用电台曾经一时不幸缺失重要零件——譬如说三极管，导致一时无法联通上述四处，探讨一番：在这种情况下，除了买零件或者抢零件，他们可以如何解决这个"无法联通上述四处"问题。是不是"死了张屠夫，就吃混毛猪"？再者，我们不妨逮住这个机会，来为"虽然本非科班专业训练出身，但对党史自觉业已烂熟于心"的人，"秀"一次"运用复杂方法探讨简单问题"的学术操作。

饷学二篇

04. 中共总部迁赣前苏援党务费月额变动

笔者按：本篇和下篇《中共总部迁赣后**苏援党务费**必有剧增》乃属姊妹篇。本篇虽然略嫌沉闷，下篇却为学术精品，然而不读本篇便难了解下篇"前无古人"之统计数据。

一、本文主用史料

出版过程长达 16 年（1997—2012），统共 21 卷的由中共中央党史研究室第一研究部编译的（A+B）=《共产国际、联共（布）与中国革命档案资料丛书》（此次新揭档案部分起 1920 年讫 1943 年，早已公开文献部分起 1917 年讫 1949 年），实质应当分为（A）=档案丛书（12 卷）和（B）=文献丛书（九卷）。只有（A）=12 卷即第 1、3、4、7、8、9、10、13、14、15、18、19 卷，收录的是以前基本未曾公布过的档案——译自（C）=俄方联合德方编辑的《联共（布）、共产国际与中国（1920—1949）》1994 年俄文版。（C）收录重要档案共 2844 件。另（B）=九卷即第 2、5、6、10、12、16、17、20、21 卷，收录的是此前"历来在我国各种报刊、图书上发表的其他重要中文文献资料"，冠名《共产国际、联共（布）与中国革命文献资料选辑（1917—1949）》；（B）被打散纳入（A+B）出版。举例来说，《联共（布）、共产国际与中国革命档案资料丛书》第一卷的卷名叫《联共（布）、共产国际与中国国民革命运动》（1920—1925）；第三卷和第四的卷名叫《联共（布）、共产国际与中国国民革命运动》（1926—1927），第三卷为上册（1926），第四卷为下册（1927）；

第二卷的卷名却异军突起，另叫《共产国际、联共（布）与中国革命文献资料选辑（1917—1927）》。以下各卷混合情况如此类推，广州方言叫"梅花间竹"。这是谁想出的迷宫体例？应是"译著不评职称，编著可评职称"思维作怪！

读者必须牢记：其一，（A）是解密档案，源自苏联政府以及军方；（B）是包括社论、报导一类的公开文献，源自中国报刊、图书。不要以为（A+B）收的统统都是解密档案，不要以为（B）中收有中方解密档案，且讫于 1949 年；其二，（A）讫于共产国际解散的 1943 年，（C）讫于中共立国的 1949 年。1949－1943=6，这六年共产国际不存在了，联共（布）却仍然存在。笔者一度感到愤懑："为何中文版（A）比俄文版（C）少收六年现成解密档案？书名不是除了'共产国际'还印着'联共（布）'吗？这最重要的六年却被有意删去！仅收公开资料的(B)却是讫于 1949 年，是否试图鱼目混珠？可见，较之（C），（A+B）的选材、选期都显得 very tricky。"但是后来经由牛津大学校友何宏博士代劳，查明：（C）=俄方联合德方编辑的《联共（布）、共产国际与中国（1920—1949）》1994 年俄文版出了五卷，德文版出了四卷，少出一卷，应是出现两卷并为一卷情况；由于双方的项目主持人先后谢世，以及可能由于资金短缺或者外交干涉，这一套档案集没能够继续出下去，因此未能囊括 1943 年 5 月共产国际解散至 1949 年 10 月中共践祚立国这 76 个月的涉题重要档案（沈志华主编《俄罗斯解密档案选编. 中苏关系》接续了 1949 年及以后至 1991 年 12 月。这样还是缺了 1943 年 6 月至 1948 年 12 月这 67 个月的苏俄档案）。中文版且可能对俄文版有删削。笔者于此呼吁学界，若有机会：其一，应将俄文版和中文版对照，寻出中文版删削之处 81（如果有的话），加以补足。其二，应与俄方合作，将俄德学术前辈未竟事业完成。最重要的是要进一步将当年苏军参谋部情报局的有关档案搜寻出来。不掌握这档子苏军参谋部情报局有关档案，中共党史、中苏关系研究就永远残缺不全的！

二、文中月额定义

为着简化问题，本文所说苏联奥援中共党务经费"月额"，乃为 A=苏方原计划供给数，而非 B=执行时供给数，亦即追加数、拖欠数不计在内，不妨将它们视为下面讲的"专项款"。对于 C=苏方供给上海中共总部——上海中共总部乃为"上海中共中央机关"的代称——以外属共附共组织例如"工人国际""青年国际""少年国际""妇女国际"中国分支的款项，D=1933 年始上海中共总部迁往江西瑞金以后所得苏饷，E=苏军总部供给中共的军事款项——均被称作"专项款"，本文不做详细讨论。关于三者详情，读者可以参阅本书饷学部分附录华东师大杨奎松教授的论文《共产国际为中共提供财政援助之考察》。杨氏友善，允许笔者借用他的这篇杰出论文，笔者在此鸣谢。读者须得记住，月额款**仅为党务费，**为定期拨付款，专项款乃为活期拨付款。大多学者相信后者总数大大高于前者总数。经过篦梳上述丛书新揭档案部分，笔者发现：除非帐本浮出水面，B、C、D、E 根本不可能被弄清楚；在现有史料下，仅有 A 可被大概弄清楚，可谓全域模糊，局域清晰。笔者所用方法乃是模糊当中萃取清晰，无序当中萃取有序。其实这是科学研究至要之法，不过许多文科学者要么不谙此道，要么功力不逮。总部迁赣之前，中共自行募款筹款极少，数目可以忽略不计，之后却要涉及。

三、月额多次变动

建党前后月额。据杨奎松考证，1920 年夏天，上海中共小组成立之后，每月得到苏饷 1000 银圆，用于宣传；小组当中个人每月接到苏饷 30 银圆，用作薪金。1921 年中共"一大"召开之前，各地代表每人收到了作为旅费的 100 银圆汇款，13 人共得 1300 银圆。1922 年 6 月 30 日陈独秀在其以中共中央执委会书记的名义写给共产国际的报告中明确提到：

党费，自 1921 年 10 月起至 1922 年 6 月止，由中央机关支出 17655 银圆；收入计国际协款 16655 银圆，自行募捐 1000 银圆。用于：各地劳工运动约 10000 银圆，整顿印刷所 1600 银圆，印刷品 3000 银圆，劳动大会 1000 余银圆，其他约 1000 余银圆。他同时函询维经斯基："今后国际协款究竟如何，也请示知，以便早日设定计划"。

杨奎松补充说明：

中共"一大"召开于 1921 年 7 月，而陈独秀是 1921 年 9 月前后由广州回到上海，担任中共第一次代表大会选举的中央书记一职的。故陈独秀报告的党费收入与支出时间，是指他接手中央至中共"二大"召开，即从 1921 年 10 月至 1922 年 6 月的这一段时间。它并不意味着中共"一大"即从 1921 年 7 月到 9 月之间中共没有党费收入与支出[82]。

这四个月苏饷来了多少？1923 年前苏饷来了多少？统计学本允许这样算：1921 年 10 月至 1922 年 6 月共九个月，苏饷来了 16655 银圆，平均每月 1851 银圆。那么 1921 年 7 月至 9 月四个月，估计苏饷共来 1851×4=7404 银圆。据此可以推论，1921 年 7 月至 1922 年 12 月前后 18 个月即一年有半，上海中共总部所得苏饷总数乃为 24059 银圆，加上上述 13 人共得 1300 银圆，等于 25359 银圆。此一年半中，苏饷月额估计数值乃为 1850 银圆，只会少不会多。

1923 年月额。由中共中央党史研究室第一研究部编译的《共产国际、联共（布）与中国革命档案资料丛书》第一卷之第二部分，出现了整个丛书新揭档案部分极为罕见的《中国共产党 1923 年支出预算（1922 年 12 月于莫斯科）》表格。它给出的年支出总预算数字是 12000 卢布，亦即每月 1000 卢布，折合 1750 银圆，比前述"建党前后月额" 1850 银圆少了 100 银圆，相差不大，也许只是汇率变动所致。预算中的大项支出只有以下甲、乙两项：甲、出版报刊和印刷传单，年支出 3720 卢布，占总数的 31%，亦即 1/3 弱；乙、为各省市组织员、宣传员 17 人发放工资年支出 5880 卢布，占总数的 49%，亦即几乎 1/2。汉口、湖南（内应含毛泽东）、北京、上海每人月薪 20 卢布折合 35 银圆，香港、广州 40 卢布折合 70 银圆，山东 15 卢布折合 26.25 银圆。B 是 A 的 1.6 倍。余下 20% 用于差旅以及不可预见花费。当时香港海员工资属于蓝领阶层最高，也不过是每月 20—30 银圆。可见当时加入共党领取苏饷对于低阶知识份子来说，不失为一上佳边革命边谋生方式，且至"四一二"政变之前并无任何生命危险。

以上资料见诸前述《共产国际、联共（布）与中国革命档案资料丛书》第一卷（北京图书馆出版社，1997）184-185 页——不妨简称"第一卷 184-185 页"，以下引述其他各卷各页文字将沿用此种简称；出版社前后出现三个：北京图书馆出版社、中央文献出版社、中共党史出版社，简称之内此后不列，出版年份亦不再列。

革命老人张浩于其所著《"五四"时期武汉地区的工人运动》[载于中国社会科学院近代史所研究所《近代史资料》编译室编译《五四运动回忆录》（北京：智慧财产权出版社，2013），页 10]中回忆，1920 年代初期某年："我总记得：党派我到黄石港石窑去做代表，是恽代英去预支他的薪水凑成的路费。从此[我]对于我们党的经费主要是依靠党员的党费这个事实，得到了进一步的认识。"读者可从本书"饷学"第三篇中得知：中共早期党员人数很少，"一大"时只有 50 几人，"二大"时才 190 多人，"三大"时也不过 400 人左右，能交党费者不多，即使大半都能按规定交纳，总的数量也极其有限，根本不足以维持党开展各方面工作的现实需要。张浩所领路费应是苏援饷特别费而不是苏援饷党务费（内分宣传费、工资费两大部分），而且不应只有小头交通费，还应有大头工作费：恽氏当时所领苏援月薪不超过 25 银圆，今天长途汽车武汉—黄石（110 公里 x2=220 公里）双程票价才是 82 元人民币，折合 1920 年代二个银圆，而船票更加便宜，应是 0.5 银圆，要啥"凑成"呢？

2012 年我回到牛津大学圣安东尼学院担任访问学者，一位曾在莫斯科做过数年实习记者的乌克兰裔英籍女研究生——芳名叫琼安娜．绍思泰克（Joanna Szostek），应请为我提供了一份她从一位在莫斯科大银行工作的俄国朋友那儿得到的，苏联从建国至解体这几十年间的卢布对美元的逐月汇率表，弥足珍贵。根据这份权威的汇率表格，我推算出：当时一美元=1.94 卢布=3.4 大清国银圆或者墨西哥银圆；一卢布=1.75 中国银圆或者墨国银圆，虽然时有幅度不一的不大变动。笔者文中对于中国银圆、墨国银圆，乃至英国远东贸易银圆，因其含银数量几乎一致，统称银圆。其时银圆价值：1930 年代，200 银圆可在上海市区买到花园洋房一幢；广州郊区芳村四幢。为简化问题以及方便读者，以下苏饷均以银圆为主表述，而非仍以苏方新揭档案原始所现卢布或者美元为主表述。

1924 年月额。1925 年 3 月，上海中共总部要求在以前每月协饷2250 银圆的基础上，追加到每月 3650 银圆（第一卷 592-593 页）。笔者由此推论 1924 年 1 月至 1925 年 3 月前后 15 个月的月额均为 2250银圆，较之 1923 年，月额提高了 2250－1750=500 银圆，相差也不算大，也许只是汇率变动所致。

1925 年月额。不妨推论 1925 年 4 月至 1925 年 11 月前后八个月，月额为 3650 银圆。1925 年 11 月，上海中共总部要求每月协饷追加到 10500 银圆（第一卷 735 页）。

1926 年月额。1926 年 6 月，联共（布）派华助共代表维经斯基要求苏联每月协饷从 10500 银圆提高到 24500 银圆（第三卷 300、303-304 页）。仅过两月，1926 年 9 月，维经斯基在其给联共（布）驻共产国际执行委员会代表团的一封信里，向后者转述了上海中共总部的再次要求追加苏饷 5250 银圆的口信（第三卷 543 页）。若果悉数实现，苏联对于上海中共总部的每月饷助，从 1926 年 10 月起，便可达到 29750 银圆。推论：1925 年 12 月至 1926 年 6 月苏饷月额为 10500 银圆；1926 年 7 月至 9 月，24500 银圆；1926 年 10 月至12 月，29750 银圆。

由于有着 1926 年 5 月 20 日联共（布）中央政治局会议的决议："想方设法加强对于中国共产党的人员和资金援助"（第三卷 267、303-304 页），笔者相信，上述数次提高每月协饷额度的要求，均应得到联共（布）中央以及共产国际批准。此种推断庶几亦可以适用以后各次同类要求。只要下次要求又比上次要求款数为高，就是上次申请得到批准。笔者认为可将那申请批准之后拨款落实月份，定在提出申请之后一月之内。江湖救急岂能拖宕？

1927 年月额。1928 年 6 月，共产国际执行委员会政治书记处委员皮亚特尼茨基（负责拨款之人）在其给斯大林的信中说，1927 年全年已给中共中央机关拨款 328430 银圆（第七卷 484 页）。于是得出月额乃为 27370 银圆，比起 1926 年最后三月，月额低了 29750－27370=2380 银圆，相差也不算大，也许只是汇率变动所致。

1928 年月额。不晚于 1929 年 4 月 3 日，原为皮亚特尼茨基的秘书并兼共产国际执行委员会预算委员会秘书、时在外国（应是中国）从事地下工作的卡佐夫斯卡娅（负责监款之人）在其给皮亚特尼茨基的信中说："中国同志认为，与去年相比，他们的经费几乎削减了一半（现在每月拨给他们约 33000 银圆）。相差确实几乎一半。"（第八卷 101 页、第十卷 375 页]）33000－27370=5630 银圆，多出的笔者解释为拨付给青年团的。由此可以确定 1928 年，上海中共总部苏饷月额乃为 55000 银圆。1928 年中共从血泊中站起，卷土重来，对于苏饷需求甚殷，估计此为苏饷暴增原因。

1929 年月额。1928 年 12 月 14 日，皮亚特尼茨基其给共产国际国际联络部驻华代表阿尔布列赫特（负责转饷之人）的信中，知会后者：预算委员会 1929 年度拨给中共党务经费的预算为 676512 银圆，可分四次拨出，亦即每三个月拨出一次（第八卷 52 页）。于是得出平均每月 56376 银圆。

1930 年月额。1930 年 10 月 12 日，在其给斯大林、莫洛托夫和皮亚特尼茨基的信中，中共中央政治局披露：1930 年的 1、2、3、4 四个月的每月苏饷额度是 42000 银圆，折合 15000 美元（此时汇率有所变动）。由于汇率连续变动，5、8 两月，是 52500 银圆；6 月，54500 银圆；7 月，57000 银圆；9 月 51000 银圆，但都折合 15000 美元上下[第九卷 370、480 页]。向忠发被捕后向国民党交代，于其担任中共中央政治局主席的三年期间（1928 年 7 月—1931 年 6 月），上海中共中央机关本身每月得到苏联协饷 15000 美元（应是 1931 年 1 月始达此数。之前不是，向氏应将某些活期拨付款误认成了定期拨付款），约合五六万银圆（汇率 1：2.8—3.4—4）。于是估计月额为 55000 银圆。

1930 年 5 月到 11 月的蒋冯阎中原大战显然诱发了向忠发、李立三的盲动主义，他俩主张趁势举行普遍性武装暴动，而与联共（布）中央、共产国际主张的举行选择性武装暴动相抵触。时任中共中央政治局常委兼秘书长、宣传部部长等职的李立三，在其 1930 年 4 月 17 日写给时在苏联的周恩来和瞿秋白的信中说："远东局的错误具有非常严重、非常危险的右倾性质，它在政治上已完全不能进行领导，因此请你们坚决向共产国际提出改组该局的问题。"并说，此信与忠发同志商量过，后者完全同意（第九卷 128-129、131 页）。由于时任中共中央军事委员会书记的周恩来去了苏联，而向忠发的水准、能力有限，故李立三得以越俎代庖，掌握了中共中央政治局的实权，一朝权在手便把令来行。

李立三显然以为由于"朱德和毛泽东的红军在江西省取得了巨大胜利"（第九卷 130 页），中共此时对于苏联协饷的刚需似乎已经不如以前，可作他想。1930 年 8 月初，设于上海的共产国际执行委员会远东局于其给共产国际执行委员会的信中说，我们根据你们的电报，不对李立三的全面暴动方案作出任何认可，并且坚决反击他对共产国际执行委员会的攻击（第九卷第 255、257-262、264-268、271-277、287、300、330-332 页）。1938 年，时在苏联的李立三被苏方逮捕入狱一年有多。唉，人在屋檐下，哪能不低头？这一仅仅持续半年的历史错误后来夺去了他的生命。不过，向、李盲动暴动路线也白白夺去了许多同志的生命。显然出于嫌恶向李二氏此种犯上行为，苏方即时声言将会停拨 1930 年 5、6 两个月经费。上海中共总部大吃一惊，乃于 5 月 14 日致信共产国际执行委员会主席团，紧急催款。总书记向忠发又于 5 月 18 日亲自致信斯大林交涉这个问题（第九卷第 142、157、159-161、208 页），急得像热锅上的蚂蚁。后来这两个月的苏联协饷还是悉数发出了，尽管有所拖延。

苏联对待中共这种"慑言从重，慑行从轻"作法，后在中国出兵朝鲜问题上面再次出现：1950 年 10 月 8 日前后，毛氏对斯氏先说不出兵，后说可出兵。斯氏觉遭戏弄，便说推迟苏联空军出动两个半月。毛氏无奈，只好回答斯氏：希望在两个月内就能看到苏联空军抵达，来掩护志愿军。结果，仅于志愿军越过鸭绿江七天之际而远非两个半月之后，苏联空军就出动了。

1931 年月额。由上不妨认定从 1930 年 1 月起至 1931 年 12 月止，24 个月中，上海中共总部苏饷月额乃为 15000 美元，约合 55000 银圆。

1932 年月额。在苏联军事人员的帮助下，三处打的苏区与上海中共总部之间的联络开始变得畅通起来，导致后者上海中央很快就从前者那里得到几十万银圆[第十卷 280 页]。这意味着，上海中共总部可以指望不再几乎完全从共产国际那里取得经费支持。随着 1931—1932 年间中共中央机关接连遭到破获，中共中央主要领导人被迫离开上海分别迁往苏区或者苏联，上海中共总部最终完全迁去江西中央苏区。1933 年被捕变节的青年国际中国支部负责人王云程供出，直至 1932 年底前后，苏方也还是在按照每月七万银圆左右的标准，向上海中共总部提供经费支援。笔者相信，其实苏方供给"党"的是 15000 美元折合 55000 银圆，理应属于月额款数；供给"团"和其他组织的是约 5000 美元折合 15000 银圆，应该不属本文所说月额款数。证据如下：其一，时任中央政治局候补委员的黄平在其 1932 年 4 月 17 日写给共产国际执行委员会的信件中，有着这样字句："3 月 25 日收到的 15000 美元"[第 13 卷 145 页]。其二，皮亚特尼茨基在其 1932 年 5 月 3 日拍给佐尔格的电报中，有这样的字句："从 1931 年 12 月至 1932 年 1 月，我们向你们转去三万美元以便交给朋友们。"（第 13 卷 149 页]）其三，皮亚特尼茨基在其 1933 年 5 月 8 日拍给格伯特的电报中，有这样的字句："中国共青团总共收到 5385 元（应是美元——笔者注。第 13 卷 425 页)[83]。"

四、月额变动总结

有四点：首先，从 1921 年 7 月至 1922 年 12 月前后 18 个月，月额乃为 1850 银圆。此第一期月额加总，乃为 33300 银圆；1923 年 12 个月，月额乃为 1750 银圆。此第二期月额加总，乃为 21000 银圆；从 1924 年 1 月至 1925 年 3 月前后 15 个月，月额为乃 2250 银圆。此第三期月额加总，乃为 33750 银圆；从 1925 年 4 月至 1925 年 11 月前后八个月，月额为 3650 银圆。此第四期月额加总，乃为 29200 银圆；从 1925 年 12 月至 1926 年 6 月前后七个月，月额乃为 10500 银圆。此第五期月额加总，乃为 73500 银圆；1926 年 7 月至 9 月前后三个月，月额乃为 24500 银圆。此第六期月额加总，乃为 73500 银圆；1926 年 10 月至 12 月前后三个月，月额乃为 29750 银圆。此第七期月额加总，乃为 89250 银圆；1927 年，月额乃为 27370 银圆。此第八期月额加总，乃为 328440 银圆；1928 年，月额乃为 55000 银圆。此第九期月额加总，乃为 676512 银圆；1929 年，月额为 56376 圆。此第十期月额加总，乃为 676512 圆。1930 年、1931 年、1932 年前后 36 个月，月额乃为 55000 银圆。此第 11 期月额加总，乃为 1980000 银圆。

起建党后讫迁赣前，前后 11 年有半共 138 个月，如果仅按苏方预算月额计算，上海中共总部共得苏饷 3998452 银圆。出现过 11 种由低走高的月额。最低额 1750 银圆，最高额 56376 银圆，后者为前者的 32 倍。138 个月，平均月额乃为 28974 银圆。

其次，如以预算月度苏饷一半用作发放工作人员工资，每人每月 30 银圆上下，则第一期、第二期每月可养 30 人，第三期每月可养 38 人（含前 N 人，下同），第四期每月可养 60 人，第五期每月可养 175 人，第六期每月可养 410 人（1923 年"三大"时已有党员 400 人左右），第七期每月可养 495 人，第八期每月可养 456 人，第九期每月可养 917 人，第十期每月可养 937 人，第 11 期每月可养 917 人。有道是：千名赤党闹中华，一呼百应十万从。五万成了百夫长，赤军可员五百万。这是否源自苏军参谋部的"大数据"呢？

再次，1925 至 1929 年前后五年即 60 个月——比上述 138 个月少 78 个月，莫斯科劳动者共产主义大学，为中共培养了数百名留学生，1929 年 3、4 月间毕业归国约 250 人（不过能够适应工作的据称只有 1/4 不到，其余有的成了反对派。有的投了国民党）。为此办学项目，苏联花了约 500 万卢布（应包括了外汇），亦即 875 万银圆。此数乃是上述上海中共总部 138 个月所得苏饷 3998452 万银圆的 2.2 倍。如果算上 1930 至 1932 年前后 36 个月的此类办学支出，就应达到三倍。显而易见，在"朔方普罗米修士"眼中，自己吹燃出来的"火种"，要比闪电击燃起来的"野火"珍贵多了。这预兆了从 1931 年 1 月起至 1935 年 1 月止，在一个资历、学历（正规教育仅为高中毕业）、级别、智商都不算高的乌克兰犹太人米夫的操纵之下，王明等二十八个半布尔什维克，可在上海中共总部机关以及三大苏区轻而易举"空降"夺权。（米夫能够得此位势，源于其人写过好些论述中国革命文章。不过，米夫以及越飞、维经斯基、马林、鲍罗廷、盖利斯、施特恩、布劳恩都不懂中文。）

复次，国共所得苏饷对比：其一，1923 至 1926 年，莫斯科每月供给国民党的党务经费便达十万卢布，为它每月供给共产党的党务经费 1000 卢布的 100 倍。不过前者其时已有 50 万名党员，后者其时仅有 5 千名党员，前者也是后者的 100 倍。

其二，1925 某月至 1926 某月的整个财政年度，苏方安排给广东革命政府的军事供应，价值乃为 1100 万卢布，折合 1925 万银圆；其中自 4 月至 10 月，从苏联国库拨给广东革命政府的军事供应，价值就是 460 万卢布，折合 805 万银圆。

其三，1925 年 6 至 8 月，以全俄工会中央理事会和国际革命战士救济会的名义，从苏联国库拨给上海"五卅罢工"工人的经费，一次就是 20 万卢布，折合 35 万银圆。从其一至其三可见当时苏方拨给上海中共总部的经费并不是个很大数字[84]。

其四，孙中山同盟会十次起义（后九次跨期亦为约十年），仅筹得数十万银圆[85]。对比中共所得苏饷，真是寒碜得可以。但也说明：在中国发动"资产阶级革命"要比发动"无产阶级革命"容易，更得上至精英下及民众普世拥护。

其五,苏联政府当时每年从中国东省铁路赚取的利润据估计达到2000万银圆。十年就是二亿银圆,偿还法国贷款等。等用去1.8亿,援共还可据有2000万。还是"羊毛出在羊身上",天可怜见!由于苏联政府于1918年宣布放弃追缴庚款应付俄国部分之权利,所以笔者认为援共苏饷不从庚款这块出。

抗战期间,海外华侨捐款国内超过一亿银圆。可见,如果没有北洋军阀捣乱,孙中山同盟会以侨捐八九十万银圆先行军政,夺得政权之后通过稽勋局,利用国库银加倍偿还侨捐,有借有还再借不难,然后续行训政、宪政,侨捐必会继续大量涌来,中国民主革命,本来还是有着雄厚金融保障,用不着联俄求援,允俄容共。笔者并不反对共产党作为议会党团存在。

英美向不支持孙氏,比起苏俄后来趁虚而入,对于中国变法维新、护法讨逆一再受挫,是个更大更深原因。到了抗战时期,美国真心愿意帮助我们民主建国,提出必要条件代管军队,又遭蒋公顽愚拒绝。共产党迎俄入华,国民党拒美入华。一迎一拒,二失足而千古恨,中华民族何其不幸!

时间	月均金额 (银圆)	跨度 (月)	小计
21年07月至22年12月	1,850	18	33,300
23年01月至23年12月	1,750	12	21,000
24年01月至25年03月	2,250	15	33,750
25年04月至25年11月	3,650	8	29,200
25年12月至26年06月	10,500	7	73,500
26年07月至26年09月	24,500	3	73,500
26年10月至26年12月	29,750	3	89,250
27年01月至27年12月	27,370	12	328,440
28年01月至28年12月	55,000	12	660,000
29年01月至29年12月	56,376	12	676,512
30年01月至32年12月	55,000	36	1,980,000
总计:		138	3,998,452

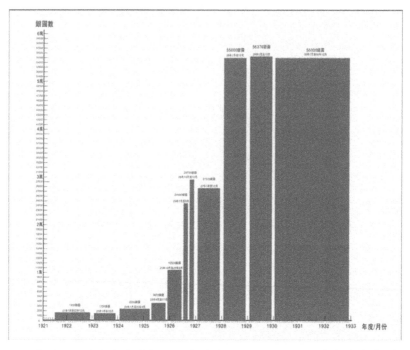

　　苏联协饷中共上海总部月额变动(1921.07—1932.12)数字表(上)和立柱图（整体图一，分拆图二）。

05.中共总部迁赣后苏援党务费有剧增

一、苏饷开始剧增

1933 年 1 月，上海中共总部迁往中央苏区。据杨奎松猜测，苏联对于上海中共总部的此种逐月拨付党务经费举措便告中止。然而笔者却倾向于相信"无由终止，反有剧增"。例如中共上海中央局书记李竹声在其 1933 年 8 月 11 日拍发给皮亚特尼茨基和王明的电报中称："光是党每月就需要不少于 4.3 万，青年需要 1417 元，此外还有工会。"（第 13 卷 475 页）4.3 万以及 1417 的货币名称应是美元，43000 美元折合 146200 银圆。如领了 22 个月（1933 年至 1934 年 10 月），总额则为 3214600 银圆亦即 321.46 万银圆。应由上海分批转送瑞金。银圆太重，卢布难兑，只有美元便于携带以及容易兑换。笔者猜测苏区总找陈济棠、余汉谋兑换。笔者相信：4.3 万美元是此期定期拨付党务经费＋活期拨付军费，军费乃由苏联工农红军参谋部情报局发出（但是迄今未曾得到任何档案证明）。若果没有军费加入——完全没有可能没有军费加入——就会解释不清"4.3 万"。不过，大笔月度苏饷输往苏区之事，还需寻到更多论据方能坐实。

另外笔者发现，对存在于 1933 年 1 月至 1935 年 7 月的负责白区工作的中共中央上海局，苏方仍有定期拨款，只是数量大减。例如皮亚特尼茨基在其 1933 年 5 月 8 日拍给格伯特的电报中仍称："中国共产党每月应收到 7418 元（应是美元，且是发给中共中央上海局的——笔者注）。"（第 13 卷 425 页）《共产国际、联共（布）与中国革命档案资料丛书》第 13 卷（《联共（布）、共产国际与中国苏维埃运动（1931—1937）》）的前言披露："1934 年共产国际执

行委员会给中共确定的每月预算是 7400 多美元。"（第 13 卷 20 页）

二、延安增获苏饷

苏方协饷先是上海中共总部后是瑞金中共总部的行动，必于中共总部随军长征之后的 1934 年 11 月才告遭遇波折。此后一年，中共总部接收位置变动不居，来自苏联先存上海的苏饷该向哪儿发寄？但是苏联此时已在中国各地设有 14 个以侦察情报为目的的领事馆，苏饷大可以通过这些领事馆沿途供给中共总部呀。

笔者还相信 1935 年度苏饷已在长征前提前拨给了中共，之前欠额也已补足。因为据载，长征之前中央苏区业已派出人员从福建运回一批秘藏物资；另据《尹林平》一书透露，尹氏本人曾于 1935 年底得到厦门地下市委通知，前往厦门等待苏联船只将他——应该还有别人载往苏联接受学校训练[86]。等至次年年头，因船没来而折返。上述二事雄辩地说明符拉迪沃斯托克——漳州河口及厦门海港之间，早有海上秘密"国际通道"。难怪红军要打下漳州且于该地停留长达 39 天——需要等候苏联饷械船只到来。由此笔者断定传统说法"共产国际曾经设想中央苏区派人到一南方海港设立一个不大但却有效的机构，为苏区采购和运输军火和医药。但是由于红军很快撤离苏区，计划根本未及实施"误认"有"为"无"了[87]。

再往后，杨奎松相信，"在中共中央和红军余部到达陕北，中共中央和共产国际执委会恢复联系以后，给中共提供的资金数额大大增加了。"（第 13 卷 21 页）他信手拈来一例：1937 年 3 月，中共中央接到通知：苏方汇去 80 万美元由它支配（第 13 卷 21 页）。近年发掘复原的陕甘宁边区西面的"城川国际秘密交通站"当年便应是定期由恰克图南来陕甘宁的苏援饷械的中转枢纽。

三、苏区入不敷出

中国社科院近代史研究所研究员黄道炫于其著述有几处描述了

中央苏区政府严重入不敷出情形：

——赣东北苏区 1930 年 11 月至 1931 年 3 月收入总数不过75000 圆，但每月支出七万到八万圆；1931 年总亏空大洋 6651 圆、金子 1205 两，严重入不敷出。

——湘赣苏区 1932 年 9 月至 1933 年 8 月底一年的收支账是……收入总计 161939 圆。支出……共 252612 圆。收支相抵，赤字达九万余圆。

——1933 年度中央苏区……每月军事用费（包括伙食、药材支出）达 40 万圆以上，各级政府经费约十余万圆。以此推算，中央苏区维持运转的费用达 600 万圆以上……1933 年土地税……也只有200 多万圆。维持苏区运转必须依靠打土豪及其他非常规的收入为主，同时发行公债弥补亏空。

"中央苏区维持运转的费用达 600 万圆以上"，据冯玉祥于其《我的生活》（长沙：岳麓书社，1999，487 页）说道，1926 年时，"在我们面前，是一个每年百三十万圆收入的穷陕西；在后面，是一个更为穷荒的甘肃。"对照：1930 年代，中央苏区面积约为 8.4 万平方公里，总人口达 453 万；陕西面积约为 20.58 万平方公里，总人口达 1000 万。陕西全省面积为中央苏区面积的 2.45 倍，人口为2.21 倍，但是后者岁入却为前者的 4.6 倍。此一时期广东省的岁入也只不过是中央苏区的二至三倍即 906~1359 万圆，而前者面积乃为后者三倍，人口为 7.2 倍。人们还能相信"苏区军民是用精神富有抵销物质贫乏"这一经典说法吗？战争开支剥夺民间财富乃是另一回事。

黄道炫已经认识到（见其书 289—292 页），苏区总的支出（包括战费）严重超出本身税收、盈利、罚款、豪款、捐款、缴款、公债、杂收等项总的收入，缺口可由苏饷来补。但是他又说："看来，远水终究难救近火，共产国际和苏俄的帮助，在中央苏区起的作用，终究有限。"难道黄氏总结出的上述"税收、盈利、罚款、豪款、捐款、缴款、公债、杂收"，不是已经将苏区自身财源类目一网打尽了吗？

还可能有什么大遗漏呢？不会。那么，支出超过收入之数，还可以从哪里来呢？赣闽粤边苏区存在总共才四年时间，本来就穷，后经暴敛，打土豪、发公债一两次可以，绝没可能像割韭菜般一而再再而三。黄氏"苏饷终究作用有限"之论经受不起逻辑推敲。

顺便指出，自从三地苏区建立之后，中共自筹资金得款颇多，若做全款研究，数目却为不可忽略不计，尽管此数详情迄今仍坠五里雾中。除了洗城劫富、清乡赎身、征收税赋、钨矿贸易之外，中共在其所据瑞金农村，如陈潭秋所记，还曾实行"借谷""节省"政策。说穿了罢，借谷就是打借条攫农谷，节省就是留口粮掠余粮。苏区贫下中农虽然分得土地，但是因是战时，土地产出却大部不能由己支配，苛捐杂税拉丁抽夫必然猛于旧时。难怪宋希濂对已被俘的方志敏说苏区民生凋零、民心失归时，后者无言以对。他能反驳吗？连毛泽东在陕甘宁边区也得赦免那位咒他为何没被雷公劈死的农民。据陈潭秋记载，1934 年秋收过后，中央苏区政府下达征粮指标如下：借谷60 万担、田赋 20 万担、公粮 0.5 万担[89]。一共 80.5 万担，合为 8050 万斤（谷子）。假若十万红军官兵、政府人员每人每年消耗 400 斤谷子（另有杂粮），则全体整年消耗 4000 万斤谷子，还有 4050 万斤谷子多出，应被卖到白区，所得银圆充作党费军饷——不妨记作"粮一半，饷一半"。以一担谷出 70 斤米，价 0.7 银圆计算，可得 28.35 万银圆。此数就已接近 1932 年半年苏饷之数了呀。当年 10 月，红军离境长征，如何还能借谷？民心向背真相可以推知。当然，全国解放后，尤其是改革开放后，三地苏区当年所受损失，均得政府加倍拨款补偿，但这毕竟不是债权法认可的精准还债方式。

至于没收土豪、地主、汉奸、土匪财产收入，则是数量既少密度且稀。不妨比照：流寇可以到达一地没收一地，驻寇只能没收一茬便无二茬，遑论 N 茬，即使四面出击也是如此。加之，没收之数，大半必归没收单位自设钱柜，只有小半会被上缴国库。此为事理不得不然的啊。例如，一则文献这样记载没收行动收获不大兼且收获递减：

初到陕北，尽管经费开支极度困难，中国共产党始终没有忘记领导全民族抗战的责任。1935 年 12 月，中共中央在陕北召开瓦窑堡会议，讨论和制定了抗日民族统一战线的策略方针，这也意味着红军在苏区"打土豪，分田地"的做法已经不合时宜了……"土豪地主不能打，只能打汉奸和卖国贼。最后，中央提出：'在开始阶段上，对当地的豪绅地主，在有钱出钱的口号下募捐抗日经费和粮食'"。不过，1936 年，陕甘宁根据地的没收款仅为 65.3 万圆，却占了年度收入的 55%。1937 年全年的没收款还不及 1935 年 12 月一个月 8.7 万圆的数额。到了 1937 年 2 月初，毛泽东已经先后几次致电周恩来，"红军已无伙食费""不打土豪又不给钱是不能生活的"。[90]

四、剧增数学证据

陈明远于其所著《那时的文化界》（太原：山西人民出版社，2011）"根据高干回忆录及俄罗斯解密的共产国际档案"披露："红军的经费来源多样化。并不仅仅依靠红军小部队打土豪和军事缴获，大部队红军和稳固的红色根据地主要还是要依靠税收。苏维埃政权也把当地出产的一些特殊物资运到国民党地方军阀控制的地区销售，以此获得很多经费。还有共产国际每月提供中共分部相当于 30 万银圆的经费，秘密支付美金或卢布。[91]"

每月"相当于 30 万银圆的经费"，陈氏对此没有给出的具体出处，因此难以采用作凭。但是笔者相信陕北苏区每月所得苏饷不应少于 30 万银圆。据载，1940 年 2 月 23 日，共产国际领导人季米特洛夫收到当年《中共党和军队开支预算表》，该表显示：每月赤字：党务系统是 5.828 万美元（合 198152 银圆），军队系统 30 万美元（此种表述可以证明本文上面所猜：中央苏区、中央红军饷源自筹部分以上"赤字"，乃由苏饷续足。抗战时期加上国府拨款——笔者注）。他向斯大林建议：1940 年度向中共提供 35 万美元。25 日，斯大林回覆季米特洛夫，同意援助中共 30 万美元[92]。这里注意：中共提出的是月额，季氏提出的是年额，相差 12 倍，斯氏答应的是月额还是年额？如是月额，中共 1940 年全年可从苏方获得 360 万美元。很有可能某个团体文宣机构于此——月额还是年额——做了手脚！如是年额 30 万美元，即为月额 30÷12＝2.5 万美元，相当于 2.5×3.4＝8.5 万银圆（汇率采用 1：3.4）。前面说过，上海中共总部 1930 年、1931 年、1932 年前后 36 个月，月额乃为稳定的 55000 银圆。8.5－5.5=3 万银圆。1930、1931、1932 三年苏饷，年额已达 66 万银圆亦即 22 万美元，再加上专门款，年度总款料已超过 30 万美元。苏饷拨出数量咋有理由今不如昔？季氏、斯氏咋会对于文斗性质上海中共总部与武斗性质苏区中共总部对于苏饷数量需求几乎等量齐观？开展如此波澜壮阔的武装斗争，难道每月只需区区三万银圆军费？这才仅够一两万官兵的伙食费啊！

如前所述，中共上海中央局书记李竹声在其 1933 年 8 月 11 日拍发给皮亚特尼茨基和王明的电报中称："光是党每月就需要不少于 4.3 万，青年需要 1417 圆，此外还有工会。"（第 13 卷 475 页）4.3 万的货币名称应是美元，43000 美元折合 146200 银圆。30 万美元/年即为 2.5 万美元/月，低于李竹声所说的"每月需要不少于 4.3 万美元"少了 1.8 万美元，上述季米特洛夫"向斯大林建议：1940 年度向中共提供 35 万美元。25 日，斯大林回覆季米特洛夫，同意援助中共 30 万美元。"译文，真属瞒天过海极品。

于是算出结果 A 和 B：A. 月额从 1850，经过 138 个月后，月额变为 55000，平均月增长为：2.4885%，即：1850×（1+0.02485）138＝55000。B. 每月等比递增，138 个月的总额为 3998452，则平均月增长为：3.077%，即（1850+1850×1.03077 +1850×1.030772 +……+1850×1.03 77138）=3999916。

笔者认为这一高增长率没有可能持久，果真：算出 C. 月额 55000 经过 85 个月后变为 198152，平均月增长仅为：1.5193%，即：55000 ×（1+0.0193）85＝198152（5.828 万美元）。1933—1939 年总数乃为八九百万银圆。另外，从 1933 年起，党务费和专项费（包括战费）显然二合一拨付，虽然项目仍然分清。

前面说过，中央苏区 1933 年的军政支出为 600 万银圆，税收仅为 200 万银圆，差数为 400 万银圆。这 400 万银圆可以这样构成：

1931 年 11 月至 1934 年 9 月，政府经营钨矿输出收入 620 万银圆 °，1932 年料应上缴政府 200 万银圆；当年苏援二合一经费拨给中央苏区的亦为 200 万银圆（其中党务经费 82 万银圆）。两项合共 400 万银圆。中央红军 1932 年于漳州筹款所得 120 万银圆，乃被储在位于如今瑞金市石城县横江乡张坑村烂泥坑一山洞的中央苏区国家银行秘密金库，1934 年 10 月才拿出来用作长征开拔费。如今我们万幸，见到了两份中共遵照苏共方面指示先编写后报呈苏共的要求协饷预算：《中国共产党 1923 年支出预算》《中共党务和军队 1940 年支出预算》。后者要求苏方当年每月拨给二合一经费 358280 美元，其中党务经费乃为 58280 美元。苏方同意每月（笔者认定）拨给二合一经费 30 万美元合 102 万银圆。1940 年各月二合一月额 102 万银圆是 1932 年各月单打一月额 5.5 万银圆的 18.55 倍。

综上所述，笔者认为杨奎松以前所举"1935 年下半年至 1949 年建国前，中共在经济上已经基本上独立自主"一说，疑似不确。

笔者于 30 年前撰写香港中文大学英文硕士论文《亢龙海外有悔证：中国放收泰共内战》（现已有中文版）之时，便已认识到：暴动之火既已经己方点燃，就得不断供给对方燃料，供而不足等于不供，暴动之火就会迅速熄灭，正如毛氏所言"抓而不紧等于不抓"，不允许"饷而常断等于不饷"，亦即吃了上顿便没下顿的情形出现，此为事理不得不然。美国就有所谓 Incremental Decision-making Approach 理论——譬如国防部向国会申请拨款三亿美元用以制造新型潜艇，得到批准。过了两年，又说钱不够用，申请追加一亿。国会不可能不补拨吧？难道能让潜艇工程半途而废吗？据此，笔者觉有理由认为，共产党割据区维持费的半壁河山（苏援武器不妨打价入内）——起码半壁河山，可能大至三分之二乃由苏饷支撑；而且，此种情形一直维持到了 1949 年底，如果不是更久的话。料想战争年代某期之后，中共苏共之间必曾就后者奥援前者饷械之事签过协议，以往口说无凭，令人提心吊胆。

五、另种巧出苏饷

国民政府给八路军发饷，数目是根据协定对三个师按 4.5 万人计算，每月发给军饷法币 63 万圆，其中生活费 30 万圆，战务费 20 万圆，补助费五万圆，医疗费一万圆，米津贴补助及兵站补助费七万圆。当时一圆法币合抗战前一枚银圆。以后几年略有增加，但总数没超过 75 万圆。军饷由八路军驻西安办事处向军需局领取。1937 年 4 月国防政府给陕北提供粮食和被服。国民政府给新四军发饷。数目是按照叶挺出任新四军军长时对蒋介石的要求，每月应发给新四军经费 18 万圆。实际只给了新四军每月八万圆。后经叶挺和项英多次要求，增加到每月 13.5 万圆；另外江北的新四军每月经费三万圆，由安徽省政府廖磊、李品仙提供。1941 年初发生"皖南事变"，新四军被称作"叛军"，国民政府停止给新四军发饷。国民党从 1941 年以后，完全停止给八路军新四军发饷。据悉，国民政府发给新四军生活费乃为每人每月 1.3 圆[94]。八路军、中共广东抗日武装之数理应相仿。

国民政府《军政部军需署编制的历年拨发军费数量表》有着以下表格，总数乃为 27335505 圆，接近北伐之前苏联接济广东革命政府钱款数目三千万银圆。拨款始于 1937 年 2 月"西安事变"蒋氏获释惊魂方定之时。

早在 1936 年 12 月，苏联就向南京政府表示："苏联同意缔结一项互不侵犯条约，根据这项条约，苏联将贷款给中国，用以购买苏联的军事装备。"1937 年初，苏联通知南京政府，同意开始予其提供信贷 5000 万美元。苏联对华三期贷款共计 2.5 亿美元。这就是说，早在 1937 年"七七事变"前，苏联就已初步确定了以提供贷款购买苏联武器装备的方式，来援助中国的抗日斗争。1937 年 8 月，苏联政府发表声明，再次确认了这一点。

笔者认为，时间配合暗示明白因果关系。外交层面上说，苏联政府同意给南京政府贷款用于抗日，难道它没有提出须以南京政府接受国共合作并给中共军队发饷作为先决条件？"西安事变"得以解决，国共合作得以起步，难道苏联人没和蒋介石秘密见面，举行谈判？这不是另一种巧妙形式苏联奥援中共钱款又是什么？苏联援华钱款又可视为最终来自中东铁路盈利！

有道是：斯氏妙计安国共，羊毛出在羊身上。我们那时惨得无以复加，冤得无以复加，亏得无以复加，卑得无以复加。接二连三的专制政府的自私透顶、愚昧透顶就是百姓反复遭罪、反复历劫的终极原因，孙文生前所建政党政权除外。

六、参照其他资料

其一，1927 年 11 月底，共产国际代表德国人罗乃曼等人抵达广州，并带来了广州起义经费 200 余万美元，合 560 余万银圆，以及 200 万日元。560 余万银圆起义经费已是此前七年（1920—1927）上海中共总部所收经常苏饷总数 725740 银圆的八倍；苏方甚至不惜搭上本国人员性命。其二，郭华伦于其《中共史论》（台北：国立政治大学国剧关系研究中心，1989）第一册中引用周佛海记述道："因为马林说，一年以来（1921 年 7 月至 1922 年 6 月——笔者注）第三国际在中国用了 20 余万（应为银圆——笔者注），而成绩如此，中国同志未免太不努力。"（61 页）可见中共建党初期，苏联一年予其各种费援助数乃为苏联一年予其党务费援助数的十倍。

另外，郭氏又于该书中引用搜剿出的《苏联在华密探局组织法》原文道：1925 年至 1926 年的其中半年时间，该局——共产国际的"邻居"——付给中共中央军事人员薪俸总共五万美元合 170000 银圆。（211 页）这是同期（选择 1925 年 11 月至 1926 年 4 月共六个月亦即半年）共产国际拨给中共中央上海总部的党务费 63000 银圆的 2.7 倍。我们有啥理由相信 1932 年以后苏联协饷数量今不如昔了呢？

七、饷数一锤定音

本书香港版出版之后数年，方才爆出苏联协饷中共总数（不包协械价值折算），笔者必得将之补上纽约版。探索苏联奥援中共金钱，到此可谓取已得到一阶段性成果。

美籍俄人潘佐夫的名著《毛泽东传》被称为全球最具史料价值的毛泽东研究作品，因为它深挖了 3328 份苏联绝密档案、15 份毛泽东特别档案，还有 68 幅珍贵历史照片。《凤凰网》一记者采访过潘氏，关于苏联协饷中共问题，前者得到后者如下回答：

苏联帮了中共很多。20 世纪 20 年代，它担负了中共所有的经济花费，甚至给毛泽东在内的中共领导人每月发工资。在 30 年代，即使中共通过在农村开展游击行动，已经有了自己的经济来源，斯大林仍然每年向中共提供百万美元的援助。在四十年代，斯大林向毛泽东提供了数百万美元。甚至在苏联对纳粹开战之后，斯大林仍向毛泽东提供经济支援。俄罗斯的档案中保留了很多中共当年的收据。我可以说，在 20 世纪二十到四十年代，苏联向中共提供了不下一亿美元的直接经济援助。除此之外，苏联还向中共提供武器、理论，和在共产国际学校培养中共干部。（此处引文出自互联网登载的"凤凰网记者对潘佐夫的采访"，自从笔者引用，不久它就被删去）

若以 1921 年 7 月 1 日为起点，1949 年 12 月 31 日为终点，合共 342 个月，中共一共得到苏联一亿美元的直接经济援助，就是平均每月得到 293255 美元，相当于 102 万银圆/月、1200 万银圆/年。已知 1921 年 7 月 1 日刚成立的中共该月领取到了 1200 银圆苏联协饷，又知——如前所述——至 1949 年 12 月 31 日，342 个月总共领取到了一亿美元合 3.4 亿银圆苏联协饷（没算入军火之类实物折价！），那么就可以算出，从 1921 年 8 月 1 日起，341 个月每月均衡递增率乃为 2.64%。这个财力足可挑战各路军阀、蒋氏中央以及侵华日军。还撒什么共军主要供给前期是"南瓜加梭镖"，后期是"小米加步枪"的弥天大谎。苏联奥援中共武器详情笔者将在下文揭示。

国内外出版的有关毛泽东的传记可谓汗牛充栋，其中俄罗斯著名学者亚历山大•V•潘佐夫 2007 年出版的《毛泽东传》可谓笑傲群雄。该书俄文版于 2007 年问世，即获俄罗斯当年最佳图书奖。其后数年，在全球引发热读热评。2012 年英文版出版，2015 年，台湾、大陆中文版相继出版。学界广泛评价该书属于"关于毛泽东与莫斯科关系的最具权威性的揭示"。譬如，令笔者感兴趣的，潘佐夫首次发现：其一，斯大林支持延安开展整风运动，将毛泽东政敌陈绍禹极其团伙拉下马；其二，从 1919 年至 1949 年，苏联协饷中共行政费用至少一亿美元，折合 3.4 亿银圆，即为平均每月 100 万银圆；其三，毛泽东对于侄儿毛远新"有着一种特殊的伤感"，暗示了他对其父毛泽民之死抱有可圈可点的愧疚。

潘佐夫表示："诸多文件显示，毛泽东长时间依赖莫斯科下达的威权政策指导、指令。一旦忽略这部分史实，就很难正确理解中共历史与毛泽东的一生。"潘佐夫强调，这本著作是根据真实史料所做的的客观研究，没有诡辩空间。

亚历山大·V·潘佐夫（Alexander V. Pantsov）声明："我个人认为，如果中国也追求事实，他们就应该出版自己的毛泽东传记。如果他们要发行我的书的简体字版，我绝对不接受任何内容删减。"

关于第二点：若以 1921 年 7 月 1 日为起点，1949 年 12 月 31 日为终点，合共 342 个月，中共一共得到苏联一亿美元的直接经济援

助，就是平均每月得到 293255 美元，相当于 102 万银圆/月、1200
万银圆/年。已知 1921 年 7 月 1 日刚成立的中共该月领取到了 1200
银圆苏联协饷，又知——如前所述——至 1949 年 12 月 31 日，
342 个月总共领取到了一亿美元合 3.4 亿银圆苏联协饷（没算入军
火之类实物折价！），那么就可以算出，从 1921 年 8 月 1 日起，
341 个月每月均衡递增率乃为 2.64%。这个财力足可挑战各路军阀、
蒋氏中央以及侵华日军。还撒什么共军主要供给前期是"南瓜加梭
镖"，后期是"小米加步枪"的弥天大谎。苏联奥援中共武器详情笔
者将在下文揭示。

对比一：其一，上世纪二三十年代，据冯玉祥于其自传中披露，
陕西省全省政府税入/年，没有超过百五万银圆（1925 年前富庶的广
东省全省政府税入/年仅为四五百万银圆，至北伐前达到上千万银
圆。宋子文竟为两期北伐筹到 1.9 亿银圆，多数属于公债）。

其二，1930 年，苏联若协饷中共 1200 万银圆（这属国外来款），
等于中国海关当年税收总数 292000000 亦即 2.92 亿银圆的 4%。

对比二：1931 年到 1936 年，国府每年的军事开支都超过 3.4 亿
银圆，请见下表。

1937 年至 1941 年发给十八集团军及新编第四军经费统计表（单位：元）

年 度	金 额		合 计
	第十八集团军	新编第四军	
1937 年	7 972 423	773 301	8 745 724
1938 年	2 845 300		2 845 300
1939 年	8 051 000		8 051 000
1940 年	6 478 000	945 576	7 423 576
1941 年	269 904		269 904
总 计	25 616 627	1 718 877	27 335 505

附注：1938 年度数因会计年度改历年制实际仅半年年度。

对比三：从 1939 年至 1945 年，海外华侨支援国内抗战捐款（并
非民间家用、投资汇款）共达 1.6095 亿美元折合 5.4703 亿银圆；
物资另算，仅于 1939 年 7 月至 1940 年 10 月，就捐有相当于 1.06
亿美元，以及折合 3.064 亿银圆的物资。

尤其从对比二和下表，读者可以看出国府协饷中共数目并非太
大。另外读者须得明了：1921—1949 年，中共收入除了苏联协饷之

外，还有其他大宗入款项目，譬如土地税收、商业税收、货物产销、没收私产、缴获所得、出售公债、鸦片收入，不一而足。

年度	八路军兵力	新四军兵力	合计
1937年	8万	1.2万	9.2万
1938年	15.67万	2.5万	18.17万
1939年	27万	5万	32万
1940年	40万	10万	50万
1941年	30.5万	13.5万	44万
1942年	34万	11万	45万

注：各年度人数均以年底为统计时限，1941年人数减少应该与百团大战损耗不少兵力有关。图片来源：刘庭华《中国抗日战争与第二次世界大战统计》解放军出版社2012年8月1日版。

06.四野苏援后膛火炮轰垮蒋家大陆王朝

本人乃为四野之后：解放之际，父亲高林（原名徐德凯）任四野后勤部宣传部部长；母亲曾桂友任四野后勤部直工处处长，之前，曾桂友于杨至成任东北民主联军后勤部政委、军需部部长之时，任东北民主联军军需处代理处长、四野试验兵工厂厂长——这就是当时四野的"国防科工委"了，父亲则于张明远任东北民主联军后勤部军工部部长时，任军工部政治部主任，因此本人对于四野史实史辨，有着莫大考据兴趣。网上读到很久以前杨奎松答刘统关于解放战争中东北野战军武器来源的质疑一文，便想朝花夕拾，说上几句。

一、缴获日军武器悉数移交四野

驻满苏军曾将缴自日本关东军、驻鲜军、溥仪军的 50 万+10 万+10 万=70 万枪（多为步骑枪），缴自德军的数量不详的枪（多为冲锋枪），以及自身携带的美援美式火炮以及自产苏式火炮的其中一部，还有坦克、汽车、燃料、被服、药物、食品等等，无偿送给了四野和三野[96]。多年以前我面访过时任东北军区军械部部长的张明远将军，他说苏军交给四野的缴获日军武器是全部，不是部分或者少量而已。他是军械部部长，负责储藏、运输军械，何长工是军工部部长（短期兼任过军械部部长），负责修理、制造军械，何氏不如张氏清楚苏军移交武器全貌；不过张氏于其回忆录《雄关漫道——我的历程》（北京：文津出版社，1996）基本没有写到此期苏援饷械。苏军还应协助中共侦察、策划、准备、指挥了辽沈、淮海战役。范汉杰于其守沈阳回忆文中，甚至说自己在望远镜中，亲眼看到本驻旅大的苏军坦克，赫然来沈参与共军攻城[97]。另一文献记载，辽沈战役之时，苏援燃油铁路罐车甚至开到了战场近处[98]。可见"没有枪没有炮，敌人给我们造""红大毕业生可战胜陆大毕业生""小米加步枪可打赢飞机加大炮"等等，乃属过谦之辞。

二、苏援后膛火炮克蒋致胜利器

以下挑出最为重要的制胜武器——后膛火炮来讲。笔者认为，解放战争时期，由于苏援枪械大量到来，国共双方枪械达到平衡，然而，由于苏援炮械大量到来，共方炮兵却占优势，士气就不用说了；国方虽有共方没有的空军，但因缺弹缺油，作用仅属聊胜于无，完全不能制衡共方的炮兵优势。**因此可以说是国军败于共军主因，乃为国军不敌共军炮兵。**在宋美龄枕边风作用下，抗战以后国府军费几乎一半用于空军而非炮兵，不利决战，却利逃台。

斯大林早就指示毛泽东重视炮兵建设：1937 年——此时距离中共南昌起义只有十年——斯氏就曾托王明带话给毛氏："火炮乃是现代战争之神，八路军和新四军必须首先建立炮兵部队……我们准备帮助你们建立兵工厂，为此我们将提供一切设备和技术人员。"无独有偶，根据李德回忆，1933 年 9 月底，他的上司施特恩，别称弗雷德（以后在西班牙内战中以克勒贝尔将军著称），再三对他表示，此时自己确信，斯氏不仅会给予中共武器援助，而且还抱有支持中共进行一场"大规模正规战"的设想。据此，弗氏进而命令李氏到达中央苏区之后，马上要求中共动员人力物力修建一个机场——应是用于空运苏援重型武器配套部件前来中央苏区，再让斯氏所说兵工厂重新组装，同时筹画一场旨在攻占南昌以及长江沿岸敌人中心地区的攻势[99]。

但是从来不懂三角函数抛物线，一贯妄信"大炮不能上刺刀"（电影《南征北战》中语）的毛氏不为所动，一口否决了这个天上掉下来的香饽饽[100]。毛氏于此时表现出来的愚蠢，与他 21 年后于发动大跃进时表现出来的愚蠢，何其相似乃尔！1949 年后，斯大林曾对周恩来说过，中共革命，本来十多年前就可取得胜利[101]，大有责备毛氏对于炮兵重要作用一无所知之意。众所周知，细节决定成败，那时毛氏要是全盘接受斯氏主要以炮克敌战略思想，还会有万里长征、西北割据、河西惨败、皖南事变等，这些因为毛氏罔顾斯氏，自出机杼而导致的夜长梦多，险象环生之事发生吗？

三、苏军顾问选址苏区着眼运炮

治中共党史者，无论国内海外，从来没人问过："为何是赣闽边苏区""为何是鄂豫皖苏区""为何是湘鄂西苏区""为何是赣东北苏区""为何是左右江苏区""为何是陕甘宁苏区""为何是盛世才后方""为何是入绥远东征"？读者若是联系苏联为中国革命设计的"长远战略"和"应急战略"来看，就会恍然大悟：设赣闽边苏区以接受苏联海运至或汕头或厦门重型武器；设鄂豫皖苏区以作进击宁沪杭后方；设赣东北苏区以联通赣闽边苏区和鄂豫皖苏区；设湘鄂西苏区以夺取、保护将来中央红军依照上述"长远计划"西去北上背靠苏蒙之时所需安全渡口；设陕甘宁苏区、盛世才后方以作上述"长远计划"中的军事基地；设入绥远东征军以接受大批苏援饷械；最后，设左右江苏区以迎接法共越南地下组织，通过越桂公路、越滇铁路，运进苏援重型武器配套部件，然后将其装上苏联秘派军用运输飞机，以蚂蚁搬家方式，经过没有防空力量的湖南，运往三处较大苏区，尤其是中央苏区，重新组装之后投入战斗。苏联红军参谋部绝对不会听任草寇行径一般的随心设点。

综合以上两节所述，读者洞若观火：对于策划中共革命，毛、斯招数孰为高明、老道？毛氏哪有资格在斯氏生前死后乱翘尾巴啊！

四、苏联援助中共火炮铁证如山

其一，改革开放以后，解放军军史集正式版《炮兵史》至今仍难产（只有《炮兵史料汇集》）一事，引起笔者怀疑：是不是因为驻扎旅大苏军曾经帮助将那些移交四野的后膛火炮其中一部，经由或陆或海两路，先于辽沈战役之前运往山西打晋中、太原，后于辽沈战役之末运往华东战济南、淮海此种原因，导致有关方面难以启齿？

其二，四野所得大量后膛火炮，理应大部原属入满苏军的配备，因为陈诚曾于三大战役前夕报告：内战爆发以来，国军损失火炮仅为200余门而已[102]。如前所述，抗战八年，中共军队缴获日军各型火炮不足 2000 门。又据网载，辽沈战役缴获国军火炮连同三四十门高炮不足 200 门。四野三打四平之时，陈明仁弟陈明信被俘，在被押往城外俘虏营时，他看到几处共军炮群，内中火炮全为美制，没有他原先相信的苏制，方才悻悻服输。他不知道，这是苏军借花献佛杰作，他的直觉并无误导。中央美术学院首任党组书记的党人画家胡一川（徐悲鸿时任院长），曾经尾随四野部队进入甫经攻克的天津，亲眼目睹了"我们的炮兵队伍很壮观"[103]。电影《决战太原》导演郝蕴，在得知太原原来城墙墙上墙内各种工事密布，火力可以覆盖所有墙前地段角落之后，曾经大为感叹："解放军竟能够攻下太原城，真是不可想像！"其实，数百门四野苏援后膛火炮到后，一次齐射就可将城墙轰出多处豁口进而形成斜坡，可供攻城士兵一拥而上，各种工事同时也被摧毁、掩埋大半，难以想像什么？二战结束之后，作为堂堂"权邦"武装力量——以往将 Great Power 译为"大国"错了——苏军有何脸面及理由继续配备美援租借武器，入满苏军将这些火炮送给四野，乃属事理不得不然。

顺便说说，在国际政治中，Great Power 的严格定义不是地理的、人口的、经济的、文化的，而排他性地是国际军事→国际政治的。几乎所有国人、专家、媒体（例如央视）、官家对此都会弄错，错误可笑程度不亚于将 Chiang Kai-shek 误译为"常凯申"，将 Siberia——鲜卑利亚——误译为"西伯利亚"（俄人始作俑者？）。英文表达却为远较中文清晰：Great Power 不同于 Large country 或者 Rich nation。Power 抽象，Country、Nation 具体。希望语言学家能为中文发明一个相应于英文 Great Power 的新词，它的中文反义词倒是现成——夭（en 平声）邦。古人有云：大曰邦，小曰国，邦之所居亦曰国；汉避高祖讳，

83

多以"国"易"邦"。既然如此，笔者认为，Great Power 的中文表述应弃"大国"取"权邦"；"大国"此后降低身段，仅用于表述地理、人口、经济、文化方面的傲视同侪国家。

其三，最为权威的证据，乃是《刘鼎传》所作暗示：规模巨大的淮海战役，由华北和东北送往前线的炮弹约有 1640 万发，远远超过了国民党方面的相应供应数量[104]。解放前后华北、东北两地每年生产的炮弹合起来才不过几十万发，这 1640 万发炮弹不是来自苏联库存，难道来自天上下雨？当时，千万发炮弹数对于中国人来说是个令人头晕目眩的数字，对于欧洲人来说却是小菜一碟：苏军攻打柏林，首日消耗炮弹、炸弹便达 9.8 万吨！美军南越溪山战役打了三个月，发出炮弹、投下炸弹便达 20 余万吨！

苏军参谋部只能单向配备四野美援火炮，不能多向配备一至四野美援火炮，其原因稍加分析就会清楚：若在关内设立炮兵训练基地，国军空军来炸、陆军来夺易如反掌；四野炮兵训练基地远设黑龙江牡丹江，国军鞭长莫及。显而易见，实为属于可供全军调用的四野炮兵远距离机动性，当时只有驻满苏军陆、海两部可以秘密提供。驻满苏军最多时 12 万人。此时苏共派驻西柏坡总顾问科瓦廖夫原是苏联铁道部长。卫国战争之中，科氏因为后勤供给得力，立了大功，深受斯大林赏识。派他来华，应是看重他组织运送武器尤其是重型武器的能力。

五、一索得炮二索得款功臣为谁

科氏此时必与驻满苏军总部高斯洛夫司令、四野军需部部长杨至成有着密切电报往来，形成了苏援共铁三角。将来寻出档案，应可证明这点。开国上将杨至成（1903—1967。时任四野后勤部政委、军需部部长，曾任中央红军总后勤部部长并且留苏居蒙七年），在和萧劲光一道前往满洲里，极力说服驻满苏军统帅马林诺夫斯基移交数以千计日制、美式后膛火炮予以四野一事之上，居功厥伟，堪称"上将中的元帅"。杨、萧二氏满洲里行值得党内外、国内外史家深入挖掘。据杨氏长子杨子江披露，当时苏方仅允杨、萧二人进入苏军仓库清点可被移交武器，连翻译、簿记都不让带。如果仅是移交战败国家日本被缴日制武器，有何必要搞得如此神秘？东北别处苏中两军移交日制武器，何曾做过如此遮掩？纯粹移交日制武器，何必将它们集中到满洲里，集中哈尔滨、北朝鲜岂不更加合适？因此笔者坚信这批武器之内，应有几千门驻满苏军曾经使用过的美国援苏后膛火炮，以及其他同源战争物资。后者举例：其一，国军第 25 师曾于 1947 年，在山东共区发现的大量用于制造炸药的美棉，以及配备美军北极地带部队的毛皮着装；其二，在欧缴获德制武器（曾克林、彭施鲁忆及）和少量苏制自动枪械曾部分给予四野攻坚部队）。

杨氏还从驻满苏军手中弄到大量饷助，应非仅以千万计，而是 9.07 亿卢布 [105]，合 4.8071 亿美元。对比：解放战争时期国方金库仅有合约五亿美元，而且其中 2/3 还是官僚私人假公济私存款。

解放后曾任武汉军区后勤部部长的姚醒吾将军，1940 年代后期就曾暂脱军装，担任大连某一钱庄老板，专门处理这笔巨额战费的分拨。

杨氏留苏之时，系统学习过战争学、后勤学等并参观过多处苏联军事院校、工厂企业等，记了几十本笔记。有段笔记料被杨氏铭记于心，如下："工事的发展……大大增加了进攻者突破防御阵地的困难，为此，要求大大增加炮兵的数量和品质。" [106] 毛孙毛新宇说过："在我军高级干部当中，杨至成同志是一位特殊人物，他与我们家关系十分密切。"除了托付杨氏赴苏之后照顾岸英、岸青兄弟，以及看望他们的母亲贺子珍之外，1957 年底，毛氏还设家宴招待杨氏夫妇，此为极为罕见的毛氏私人款待下属之举。可见毛深知杨索炮之功无人可比，但却不欲他人洞悉。1967 年初杨氏遭受文革冲击，毛氏未予援手，致其激愤而亡。

由此可见，四野彪炳战功贡献因素先后排序理应是：中央运筹英明，至成索炮索款，林彪指挥得当，将士攻守舍命。

补充两点：其一，苏援火炮包括苏援美式榴炮和苏援日制山炮（后者并非经由中共军队缴获）。其二，国军当时只有炮兵旅，没有炮兵师。阎锡山倒有一个，却是/竟是迫击炮师。射程极短的迫击炮难以用于预备炮火压制，宜以用于一线连排散用，阎氏甚蠢。其三，抗战期间，美国援助国军后膛炮一共 15450 门。其中管径 75mm 及以上的后膛炮才为 2557 门[107]；而且国军从没像对手那样，常将后膛火炮集中使用，而是到处撒胡椒面，犯了"炮家大忌"，亏得蒋介石还是炮科出身！日军本间雅晴中将在菲律宾克雷吉多尔岛，集中使用为数绝对不能说多的 100 门山炮，就将万二美军打得落花流水，可为蒋氏以及曾因担心志愿军炮不够而怯战的林彪的殷鉴。按比例问：四野千门苏援后膛火炮，曾于朝鲜一次消灭 12 万美军？

六、认援其实并不辱没中共形象

西班牙共产党立国之后，遭遇佛朗哥军进攻，苏联曾经给予前者足量饷械支援，其中枪支多达 40 万支，然而还是亡国。对比之下，中共还是能力高超。承认苏援饷械对于中共夺权固权胜利起过左右全域作用，并不辱没中共形象。西方学界还不是毕恭毕敬地尊毛泽东、武元甲为伟大战略家吗？同期美国给予国民党大量饷械援助，国民党仍然败走台湾一事，并不能反过来说明共产党不靠苏援饷械就能打赢敌手；何况事实之上，苏援饷械数量、品质大于、好于美援饷械。如前所述，仅就饷助苏援就是十亿卢布合 4.8 亿多美元[108]。

试问刘统先生，如果朝鲜、越南说他们没靠华援饷械就能打赢美国，您会作何评论？毛氏杜撰哲学定理"内因为主外因为辅"并不成立，本人 2013 年上半年发表在香港《开放》、国内"共识网"上的文章《刘少奇武功盖过毛泽东》已经做过说明，此不多赘。

由此可见，若没有苏援饷械，就没有四野、三野等部的暴兴乃至二次国内战争、抗美援朝战争的胜利。作为中共老营之后、四野遗族，我们理应饮水思源。这是本人治学基本观点之一。当然我比杨奎松走的更远，没有身不由己的临门一脚仍为吞吞吐吐的问题。

七、苏联军事奥援中共照片证据

左：四野近千门苏援榴炮（夹有日式山炮）向锦州发起总攻；右：国军在东北俘虏的在四野中充当炮兵技术骨干的苏军士兵。虽然其所穿乃为共军军服（因其配有中国式绑腿），但其腰间宽皮带应为苏军装备。

总攻锦州之前四野突击队队员手持苏制冲锋枪列队宣誓

原书此页上的英文说明（左上：Below……）的中译乃为："中共军队攻克某位反共军阀总部所在地时，得到图中所示苏联志愿军人援助。"

笔者认为，他们所戴所穿所系的疑似外蒙古边防军的棉衣、毛帽、腰带；援助攻克的是距外蒙古不远的太原。图中左二、左四二人疑似外蒙人或者中亚人。

八、苏援饷械输中共的华俄功臣

笔者辩解：国内党史专家以及——在前者影响之下——许多老营之后、普罗大众，一贯以来均对施特恩将军秉持否定态度，一是因为他派出、纵容布劳恩（李德）在中央苏区行"瞎指挥"，二是他本人身居上海，遥控红军，对于中央苏区第五次反围剿行"瞎指挥"。其实盖氏、施氏待在没有外汇管制，电讯零件易购，国际通讯便利，中共中央所在的上海，安排苏援饷械辗转输共，组织专家破译国军密码，说明上海中央开展工作，协调苏共中共统一行动，价值远较他们下放中央苏区为大，即使没"瞎指挥"。施氏曾经要求中央红军挥兵东进，攻克福建一二海口，以备接受海运而来苏援重型武器，此事亦可作他"安排苏援饷械辗转输共"有力佐证。国人不应以其"瞎指挥"之过，抵消其"输苏援"之功。同理，不应以驻满苏军"强奸民女"之过，抵消苏方"移交火炮"之功。修身要讲天地良心，谋国须戒恩将仇报；应驱逐义和团排外狂"鬼附身"。

苏援饷械输中共的华俄功臣计有：陈济棠、余汉谋、董其武、杨至成、张明远、何长工、鲍罗廷、盖利斯、施特恩、华西列夫斯基、科瓦廖夫、高斯洛夫（大连苏军司令）。

07. 牡丹江海浪兵营解放军大炮兵成军所

读者读完本文就会明白：正像十万名科举进士奠定了中国古代各朝的基础，8000 门苏援火炮、20 万吨苏援炮弹奠定了中共政权基础。

笔者于己《公班衙兵业隐为战败之始》一文说过："另外，关于到底是前苏联公班衙军工业的产出，抑或是同盟国公班黎军工业的产出，对于苏军战胜德军起了底定全域作用？这一问题，本人已于自撰马学证非一书的章节《杜列刘邓江. 问真》，对于盟国大量给予苏联的"租借"战争物资的品种、数量、品质、作用做过详细交待，此不多赘。"但是，由于最近接触到了一份新揭史料，觉得需要补充一个非常、非常重要的新揭数字——笔者像狙击手一样等了 20 年——和一组据此推算数字以飨读者，因此命笔写成此文。

一、从刘鼎传辨出苏援炮弹数字

吴殿尧于其新书《刘鼎传》中根据所得珍贵档案材料记载：

为了迎接解放战争决战时期的到来，刘鼎（时任华北人民政府下属公营企业部主管军工生产的副部长——笔者注）组织华北的七万兵工大军加紧军工生产，特别是攻坚炮火弹药的制造。1948 年三大战役之前，华北解放区各个兵工厂造的各种炮弹，年产量已达几十万发以上。这为大决战提供了重要的军火保障。规模巨大的淮海战役，由华北和东北军工送往前线的弹药约有 1640 万吨，远远超过了国民党方面的军火供应[109]。

显而易见，根据上下文来看，1640 万吨弹药应为 1640 万发炮弹之误。钢质炮弹尖头十分沉重，当时中国全国的钢年产量不过 60 万吨而已，"华北和东北军工"何来几十万吨钢材制造炮弹尖头？全国的铜年产量就更少了，根本不够制造相应数量 1%的铜材炮弹弹壳。即使是在弹药消耗强度方面，为历时仅为 65 天的淮海战役无法望其项背的历时长达 33 个月的抗美援朝战争中，中国军队消耗的各种物资也仅为 560 万吨，其中弹药 25 万吨（平均每月 0.76 万吨，三个月的消耗量就超过三大战役的统计弹药消耗数——两万吨）。美国在朝鲜战争中消耗的各种战争物资乃为 2300 万吨，其中弹药 330 万吨。由此可见淮海战役共方消耗弹药"约有 1640 万吨"纯属舛误。

"远远超过了国民党方面的军火供应"倒是事实，不过对此人们不禁起疑：为何据有沿海最富之地的国民党的弹药生产能力远远不如共产党？2013 年笔者曾在美国洛杉几和许家屯先生作过四日长谈。期间，曾经任过中共南京市委书记的许氏告诉笔者：生产出了"熊猫"牌电子管收音机的南京无线电厂、生产出了"跃进"牌两吨半轻型车的南京载重车制造厂的底子，分别是国民党政府下属的中央军电、军车修理厂；熊猫牌收音机、跃进牌轻型车都不是模仿苏联的。由此推论，国民党的弹药生产能力没有理由远远不如共产党——待查！当然不如联共（布）。

当时华北和东北军工炮弹年产量仅达几十万发而已，供应淮海战役，据国防大学教授徐焰透露，仅为 20 多万发[110]。从哪儿冒出了 1640-20=1620 万发？如果我们相信淮海战役共方仅仅消耗 20 多万发炮弹，那么，假设每门火炮（于淮海战役为时 65 天内的）50 天，每天发射炮弹 200 发——这是极为平常的炮战用量，共方就只有 20 多门火炮！以此类推，电视连续剧《亮剑》当中所说粟裕批准四个炮团发射五吨炮弹支援李云龙部夺回/固守赵庄阵地，也属舛误：15 分钟发射五吨炮弹约 300—400 发，仅用四个炮连就够了，哪里用得着四个炮团？所以，应是吴殿尧间接给出的数字 1640 万发合理、靠谱。多乎哉？不多也！1640 万发炮弹，只够 1640 门火炮激战 50 天，或者 3280 门火炮激战 25 天，6560 门火炮激战 12 天半。如前所述，苏军攻克柏林，第一天就用了 9.8 万吨炮弹和炸弹，假设平均每发炮弹和炸弹重十公斤，9.8万吨就是980万发，近1000万发了。

此外，如果相信1640万发全部属于自产，那就是比"大跃进"还要大跃进了。因此这1620万发炮弹，必然属于由驻满苏军将其原有美国租借法案予它的美制火炮以及炮弹，以及缴获的日制火炮以及炮弹交予中共之物。不会有其他有意义的来源如"大连建新工业公司"之类。笔者相信，"大连建新工业公司"只是为苏援炮弹装引信、做复装！

出于可以理解的的原因（联想"排除苏共干扰独立自主革命""农村包围城市武装夺取政权""小米加步枪打败了飞机加大炮""人心向背主浮沉，马列主义得人心"），这些苏援炮弹的来源、品种、规格、数量过去没被纳入正册，纳入正册的只是20万发自产炮弹一类的有关资料，后人惨被误导，真惨！

但是1640万发这一数字却被刘鼎或其领导之下的机构，本着对于历史负责的良心计入了另册，当时——极有可能——并将"发"字有意改成了"吨"字，以作保密（实为以淆视听）。63年后，吴殿尧将它找出来了；65年后，徐泽荣将它查明白了。刘鼎对于中华民族绵绵信史的贡献，远远超过了他对中共革命军工生产的贡献。没有他的这笔暗记、巧记，对于中共党史军史研究，我们势必还会被迫继续"在黑暗中摸索"许许多多年头。

二、推算苏援炮弹构成及其消耗

20万发炮弹，假设每发均重十公斤，那么总重约为2000吨。徐焰透露三大战役总共消耗弹药两万吨[11]，假设其中淮海战役消耗弹药最多，占50%为一万吨，那么不妨推论其余：8000吨应为轻武弹3000吨（一亿粒，粒重30克）；手榴弹、炸药包5000吨（手榴弹4500吨合900万颗，颗重0.5公斤。共方参战60万官兵，每人配发15颗；炸药包500吨合五万包，包重十公斤（约每连配发十包）。

苏援炮弹（撤除轻武弹、手榴弹、炸药包了）1620万发该是如何构成？中共中央文献研究室、中央档案馆公布的一份档案[112]透露：1950 年上半年由中国移交给北朝的朝鲜裔中国延边人师——第 15 独立师——装备得有：236 门火炮（100%），其中 132 门迫击炮（56%。炮弹每发重约五公斤），72 门战防炮（30%。炮弹每发重约 7.5 公斤）、32 门榴弹炮（14%。炮弹每发重约 15 公斤）。据此推算便可知道，这 1620 万发炮弹的构成应是：迫击炮炮弹 907.2 万发，重约 45360 吨；战防炮（应可包括日制山炮）炮弹 486 万发，重约 36450 吨；榴弹炮炮弹 226.8 万发，重约 34020 吨。总共重约 115830 吨。也许头两类炮弹没那么多，榴弹炮炮弹没那么少——这里只是提供一条正确的思路而非精确数字。

淮海战役 65 天用去炮弹 135830 吨，完全有这可能。淮海战役消耗自产炮弹与苏援炮弹之比乃为 1.2%：98.8%。假设淮海战役共方每门火炮每天发射炮弹 200 发，总共发射——如前所述——（65 天中的）50 天，那么，不难推算出来：淮海战场共军拥有三种火炮 1358 门。主要为美制原先租予苏军火炮以及日制苏军缴获火炮。中共军队全国战场自行缴获火炮此时仅以百计而已。

据此估计，三大战役消耗苏援炮弹应在 20 万吨或以上。

三、感激苏联支援粟裕投桃报李

对于苏援火炮以及炮弹对于淮海战役胜利所起的左右结局的作用，恐怕谁也没有粟裕和毛氏那般心知肚明。虽然在言语上，粟裕对"东北兵工厂"感恩，但是在行动上，他对"苏联老大哥"感恩——他将长江江防地图私赠给了苏军顾问，为此受到批判，"帽子"应是"里通外国"，而非网上芸芸众生所说的"教条主义"或者"独立王国"。其实当时苏军顾问业已遍布解放军中，啥不知道？这一冤案令本来应领元帅衔的他，异乎寻常地至死得不到平反。笔者猜想粟裕一生之中必曾多次扪心自问："如果没有苏援火炮、炮弹的充分供应，我方 60 万人赢得了敌方 80 万人么？我和毛泽东真有那份军事天才吗？"淮海战役结束后，粟裕曾说："我们除了没有飞机外，一切都有，我们的炮兵和坦克比敌人多。在全歼杜聿明集团时，我军炮火可完全压倒敌人"；"我们打杜聿明，几乎就是用炮火推平村庄，一个村子打几千颗炮弹和成千成万斤炸药。"[10]这是实实在在的"坦克加大炮"而非"小米加步枪"！

四、战锦林彪不知苏军顾问指点

辽沈战役1948年11月2日结束，淮海战役11月6日开始，前后只差四天。据此笔者怀疑，毛氏曾得苏联军方指点：辽沈战役先打锦州，后下长春，就可以将四野大量苏援火炮就近、及早通过辽宁大连→山东荣城、悝岛、石岛（由苏联海军提供运输船只）海路运往淮海战场，辽沈收拳淮海出拳，剑及履及一气呵成。旁证：其一，淮海战役，共方后勤竟然事先计算出了应该准备多少药品、血浆、病床、尸布，"土八路"这之前懂这个？其二，如今连军事科学院的人都在怀疑：从无大规模机械化运输史的四野几十万大军连同骡马（常需使用帆布带子吊装吊卸），若无苏军顾问参与组织，苏联火车参与运输，怎么可能在短短两三周内，就成功完成由北满向南满上千公里的转移？由此推论，对于东北，除了组织千里运兵，毛氏还应知道驻满苏军将会出动火炮、坦克助阵，林彪未必得到毛氏对于苏军此一意向的明示或者暗示。毛诗"战锦方是大问题"便藏此一玄机。开始不愿冒险先打锦州的林彪，原是被蒙在鼓里！"九一三事件"之后，他还因此被戴上了"干扰毛主席军事路线"的帽子。

由此得出结论，三大战役的参谋、后勤枢纽乃是大连苏军总部。大连距离沈阳、北平、徐州三地只有400、450、700公里。1948年4月，毛泽东曾经计划亲自进入东北，秘驻那儿指挥全域作战，命令杨成武部护送，后来不知何故——很有可能源自苏方婉拒——突然取消此行。笔者猜测，他或许想进入大连。

五、廿万吨苏援弹决定共胜国败

其真正高明的是俄国人的炮战传统，是斯大林的"你不懂炮，干脆我来"。迫击炮、榴弹炮、加农炮、火箭炮可都是俄国人发明的呀。毛利人亮战舞、义和团亮拳咒、法国人亮战马、英国人亮兵舰、俄国人亮火炮、德国人亮坦克、日本人亮航母、美国人亮军机，中国人亮什么？笔者看法：坑道！虽然有点寒碜（更有人说是"大刀"）。其实守住了上甘岭，功劳不在现场步兵坑道，而在远处炮兵炮窝。美机、美炮摧毁不了打完就连人带炮钻进炮窝的志愿军炮兵团，美国步兵就守不住或者夺不回四面招炮的上甘岭。机关枪、步骑枪、爆破筒、手榴弹打不退美国兵，炮弹如雨从天而降，他们才吃不消。怪不得电影《英雄儿女》中的王成用步话机急切呼唤师部的是"向我开炮"而非"上尖刀连"。反例：国人皆知金门炮战伊始，共方炮弹差点炸死胡琏这位抗战时期固守三峡名将，不知到了后来，美国支援蒋军自行火炮运到，此一阵地发射 15 分钟即可神速转移另一共方未知阵地或者退入别处隐蔽炮窝，据国方说：共方此后再难摧毁国方火炮，自己反被炸得人仰马翻，火炮阵地成了"一片火海"。

根据长期统计，已知现代战争当中，70%的伤亡乃由炮弹、炸弹造成。笔者推论，假设直至三大战役共方军队仍是枪战为主，而非炮战为主，而国方军队已是炮战为主，但其武器优势却被士气低下、军官腐败等等消极因素完全抵消，共方军队仍然战胜不了国方军队。原因乃是：共方军队每次消灭国方军队的速度，赶不上国方军队每次随后组建新军的速度，仗总打不完。训练新兵只需三个月；黄埔军校训练军官，头四期速成，每期为时仅为半年，学会连作战就行了。此时即使美援中断于一时，国方仍有大量收缴日军武器库存（国方直至播台都没来得及使用这些武器组建新军。美方此时也有大量缴获日军武器库存），且有大量自产武器能力。

另外，还有一个有趣推论：如果共方军队能够仅仅使用捡残炮、拼散件得来的数百二手日制火炮，就能在 32 个月内战胜国方军队，那为什么使用数千一手日制火炮的日军，却不能够在 1937 年后的 92

个月内战胜关内国方军队呢？1931 年在关外，关东军不是仅以一两万精锐之师，就可横扫 20 万东北军如卷席吗？真是奇了怪了！芸芸学者以前为何没有想到？据此看来，原为笔者首先提出的"中共苏援后膛火炮轰垮蒋家王朝"一说，完全能够成立。可见，苏援饷械对于中共成功夺取全国政权所起的作用权重应为 50%！将心比心，如果朝鲜、越南辩称他们战和、战胜美国，华援权重不到 50%，咱受得了吗？

斯大林才是解放军的运输大队长，什么时候轮到蒋介石？如前所述，斯氏派往西柏坡的苏共代表战时就是苏联铁道部部长。运送 115830 吨炮弹可要 8000 节车皮，何况还有大量其他种类弹药、其他种类战争物资，乃至粮食，四野官兵一日三餐吃的乃是寻常百姓常吃不起的小麦面，而非高粱米、玉米面，应为源自美国租予苏军，苏军未及吃完就会过期的粮食库存；至 1948 年，苏东粮食已可自产自足。

苏援火炮——据笔者初时保守估计——应为 4000 门以上，但是，如果没有充足数量相应炮弹供应，火炮门数本身，不足具有左右全域作用。这是笔者更上层楼的认识。

苏方公布援助中共武器数字，提供证据有三：首先，根据莫斯科电台"中国之声"于 1967 年 9 月 3 日和 10 月 2 日的两则广播，苏联红军在东北将缴获的日本关东军 70 万支步枪，1100 挺轻机枪，3000 挺重机枪，1800 门火炮，2500 门迫击炮和掷弹筒，700 辆坦克，900 架飞机，和 800 个弹药库交给中共军队 [114]；其次，当时的远东苏军总司令华西列夫斯基元帅后来透露："中国人民解放军得到了巨额的、缴来的武器装备。仅我们两个方面军转交给中国人民解放军的就有：3700 门大炮、迫击炮和掷弹筒，600 辆坦克，861 架飞机，约 12000 挺机枪，将近 680 个各种军用仓库，以及松花江分舰队的一些舰艇。苏军司令部还使全部武器保持完好以适于作战使用。" [115] 苏军进军东北，总共动用了三个方面军：后贝加尔方面军，远东第一、第二方面军以及两个舰队。三个方面军除各级配属炮、坦兵种之外，各含一个空军集团军、一个防空集团军；远东第一方面军另有一战役炮群。一个坦克集团军、一个蒙古骑兵建制单位编入后贝加尔方面军。华西列夫斯基元帅上述数字显然还没囊括全部移交数字；再次，1971

年 8 月 26 日，为莫斯科华语广播《苏军粉碎日本侵略军是中国革命取得最终胜利的保障》所提供的资料是：步枪约为 70 万支，机枪约为 1.万—1.4 万挺，各种炮约 4000 门，坦克约 600 辆，汽车约 2000 多辆，另有弹药库 679 座，800 余架飞机和炮艇若干 [116]。

六、牡丹江解放军大炮兵成军所

"百度．知道"透露：中共炮兵专家郑新潮回忆，1947 年在牡丹江畔收缴大量火炮，他曾经与中共炮兵之父——时任位于牡丹江的中共第一炮兵训练基地主任张志毅（不是张德江父亲）一道领导整修 [117] 这些火炮。

"1947 年在牡丹江畔收缴大量火炮"，岂非暗示苏方乃于 1947 年间于牡丹江大量移交自身先前缴获日制火炮以及租借美制火炮予中共？漫山遍野搜集日军遗弃火炮工作早于 1945—1946 年间就完成了啊，捡残炮，拼散件能弄出几千门炮来吗？为其所需要大量配件从哪儿来？

于抗战甫经结束的 1945 年 8—12 月，出任牡丹江市中共第一把手乃是金光侠，一位朝鲜国民、抗联军官；1946 年 1 月至 1947 年 12 月出任位于牡丹江的东北民主联军炮兵学校政治委员的邱创成（1955 年授中将），于 1946 年 3—6 月兼任中共牡丹江市委书记。军政双肩挑，已属怪任命；不仅仅如此，还更有甚者：原来会说英语，后来由于在苏学习、工作五年所以又会说俄语，原来担任中共总书记，后来担任中国驻苏大使的张闻天，1945—1947 年期间，被委任"中共中央派驻东北暨牡丹江代表"，"指挥和领导了这里的工作"。为什么在金光侠、邱创成之外又来了张闻天这位重量级人物？如此异乎寻常任命，岂非说明张氏来满的主要使命，就是与苏方密切沟通，以促成苏方大量援助中共火炮建设专业炮兵部队？他不仅是驻牡丹江代表，而且是驻东北暨牡丹江代表——东北解放区之价值决定于牡丹江地区。这正说明：牡丹江大炮兵成军所乃是中共确保自身生存进而取胜的至要条件：首先有牡丹江大炮兵成军，其次有东北解放区保全，再次有三个大战役连捷，复次有夺取全中国完胜！中共革命战争的后期逻辑就在于此，毛泽东竟不愿将它公布于世。仿元曲，有道是：他厚黑术不敌咱笔尖头，说什么"苦难辉煌"，说什么"人心向背"，说什么"独立自主"，说什么"小米步枪"！

笔者认为，这些武器当中，应该掺有美国租借法案给予苏联重炮，面对美英，苏联方面永远不便作此透露。进军满洲苏军总共携炮 2.6 万余门 118，苏军撤出满洲之时，将其中 10%强 3000 门美制火炮及其充足弹药留给四野，有何理由不可？咋会伤筋动骨？苏军战胜德、日两军之后班师回国，又能自产各种轻重武器，缘何还要成建制地保留、使用租借美制武器？社会主义制度的优越性从何体现？斯大林得瞒啊！回炉炼钢 vs 移交中共，哪个划算？斯大林会算啊！

结果：江泽民出任中共最高领导之后，俄中两国之间所签各种迫使中方割地的 19 个条约，都得中方承认。笔者并不认为此种承认有何错误：首先，它可消弭中俄之间军事紧张状态；其次，如果有何遗憾，今后可从"以土地换径流""中俄永结邦联"得到弥补。

七、踏察中共炮兵牡丹江成军所

笔者 2014 年 10 月专程去牡丹江环绕性踏察了当时的炮兵训练基地、第一航空学校（应该还有坦克、汽车驾校）的合用军营——现在仍是军营，不过早为航校独用。据说，军营历史可以追溯到薛仁贵还是薛丁山。

军营范围极大，据当地人云，贴墙行走一圈，得用四五个小时，机场尚不在内。可见铁路轨道入营。笔者估计，面积应达十余平方公里。光是装备苏援日制山炮，没有苏援美制榴炮、坦克以及汽车，要不了这么大训练营、成军所。当时航校教练机少，每期飞行学员估计最多不会超过 200，其余军营宿舍、场地，应为炮兵学员（以及坦克、汽车学员）所用，一期半年，至少可容 5000，至多可容一万。两年下来，至少训练了两万名炮兵，可以组建折合 40—50 个炮兵师！除了炮一师至炮八师，三大战役前夕中共应有 45 个军。以三三制计，则 45 个军共有折合 45 个炮兵师。连上炮一至炮八师，共有折合 45+8=53 个炮兵师。厉害着咧，蒋军咋比？

一野、二野、三野以及两个单列兵团可以派出炮兵学员前往牡丹江受训、接装。三野炮兵学员由山东荣城、悝岛、石岛上船到达大连之后，即可乘坐苏联经营中东铁路，安全到达牡丹江，一野、二野炮兵学员，则需先行进入鲁东南解放区，然后沿上述路线前往目的地。

解放军炮兵肯定不止两万，还应加上两万原关东军炮兵。以往众人皆知解放战争期间，曾有多达六万或以上的前日本关东军官兵留在四野服务，据说全为医务人员[119]。这也奇了怪了：四野80万人难道有多达 7.5%的日本医务人员，也就是说平均每个班摊到近一个？如今新揭史料表明，经由苏联人挑选出来的他们，乃是包括少量医务人员在内的技术兵种成员，其中当然少不了熟练操炮员、驾驶员、飞行员、坦克兵、工程兵、通讯兵等等。苏方将之交给中方前告诫他们：谁不好好干，谁就会被遣送到西伯利亚劳改，像其他关东军俘虏兵一个样。

这儿也许就是当年的牡丹江炮兵学校，位于牡丹江市宁远市海浪镇。

八、须得高评炮兵六杰和牡丹江

有了不同视角，笔者对于中共将领历史贡献所作评价，当然也就与传统党史评价很不一样。例如，庄田中将曾于 1947—1948 年间担任越共军队顾问之时，指挥越军接连战胜法军，因此庄田应被视作首位战胜西方军队的中共将领（日本其时不属西方，没有以夷变华威胁），是令世界对于中国"重睹芳华"的首位巨人。他的历史地位完全不同吧？

中共"以炮克蒋六杰"应为杨至成、邱创成、朱瑞、郑新潮、张志毅、匡裕民。萧劲光出任四野副司令员，没见重大战场突出表现，但是作为苏式兵学专家、俄语熟练之人，他和四野军需部部长、后勤部部长杨至成在东北的主要作用，应是"承苏启中"，从苏方争取大量兵器武装中共技术兵种，以及争取实战教员训练他们。其余四人朱、郑、张、匡情况，读者可从网上查得。六人均属功追元帅。

怪不得解放后，心里明白，嘴上不说的毛泽东，又要萧劲光负责利用苏援饷械组建另一技术兵种海军，特别是还曾罕有地深夜邀请杨至成夫妇来家吃饭——人们何时见过毛氏设家宴招待元帅、大将以及别的上将？可见，曾克林、何长工的游说苏联赠械故事，只是绿叶，萧劲光、杨至成的游说苏联赠械秘闻，才是红花。为什么苏军会将大量援共卢布专门交给杨至成，而非交给何长工？

笔者不禁感慨：拂去历史尘封，牡丹江应像井冈山、瑞金、延安、西柏坡一样，被冠以革命圣地之名，开辟红色旅游专线。牡丹江没像前三者那样产生伟大战略思想？非也，中共武装革命基本路线守时是毛泽东制订的"农村包围城市，小米步枪夺权"，攻时是斯大林制订的"三北威逼三南，以炮克蒋致胜"，相得益彰，双剑合璧。牡丹江，正是牡丹江扭转了前一"守思想"，贯彻了后一"攻思想"，闷声发大财。从这一意义上说，牡丹江要比井冈山、瑞金、延安、西柏坡伟大得多！没有牡丹江，笔者以及众多老营之后今日恐怕还在外蒙高原、西伯利亚终日以牛羊为伴，以泪水洗脸。

九、刘鼎冤案两个不为人知原因

刘鼎的故事还没有完。1953 年 7 月，抗美援朝战争胜利结束，中共军工老臣、重臣、忠臣、功臣刘鼎，反而受到撤职查办处分，罪名是因他之故，战争启动前夕，全国"兵工减产，延误军机"，直到文革结束，30 年后，冤案方得平反。考其背后原因——传主本人及其家属以及传记笔者必然万万没有想到，本人认为，应是毛泽东动念为其韩战爆发之前误信斯大林、金日成所言"美国只会派出日本地面部队而非自身地面部队入朝作战"，寻找替罪羊，以挽回自身"伟光正"无瑕疵形象所致——徐焰发现，抗美援朝战争胜利之后，始于 1943 年的毛泽东"一言堂"就变得不可动摇了[120]。

首先，一份题为《关于朝鲜战争（1950—1953）和停战谈判》的苏联档案，概括了金日成与毛泽东于 1950 年 5 月会谈的结果：

金日成于 1950 年 5 月访问北京期间，毛泽东在会谈中强调了他认为美国"不会为朝鲜这么小一块领土参战"的信念，并声明中国政府将派出一支部队到沈阳地区，以便在南韩将日军投入战斗时提供必要的援助。中国领导人是基于美国部队不会参加朝鲜战争这个事实来考虑的，他们不想派出大批部队入朝帮助朝鲜民主主义人民共和国。[121]

其次，两位俄国外交部官员巴贾诺夫和杰尼索夫同样证实，由于相信北朝领袖关于美国自身部队不会卷入冲突的分析，毛泽东赞成对于朝鲜统一问题采取迅速军事解决，并且坚信不会失手[123]。再次，志愿军 38 军 113 师师长江潮曾为志愿军第二次战役的胜利作过决定性贡献，后被尊为民族英雄，这种特殊地位无疑会让他知道更多关于中国在朝军事行动的内幕——在笔者对其面访中，江潮将军感慨地说：我们的最大失误，就在于没有估计到美国会出兵啊[124]！

斯大林确实是玩弄阴谋诡计的高手，竟然骗得毛泽东、金日成一愣一愣的，误信美国只会派出日本地面部队入朝参战。只懂"马克思主义阶级分析论"的中朝两共领袖不谙西方国际关系理论以及实践：此时美国岂会允许刚刚被己战败，曾对自身造成巨创的日本重新武装，"修正"（Revisionist undertaking）二战之后国际体系？中朝两国当时对于日本的情报工作亦属太差（不是还有日共窝里帮忙吗），美国在日哪有重组日军达到五六个野战师之多啊？没有经过重型武器装备、训练的员警部队能够摇身一变,成为有效野战部队吗?罗马尼亚齐奥塞斯库以为可以依靠只有轻型武器的内务部部队,结果不是落个夫妻双双被国防部部队抓获枪毙?事后看来,事前轻信美国只会派出日本地面部队入朝参战,真是不知从何谈起!几乎所有国内国外研究韩战学者,过去都不曾意识到此一误信对于中国参战决策起过严重误导作用。当然,笔者相信,即使估计到了美国地面部队入朝参战,好样儿的中国也会出兵,但是对苏索价就会更高,从而民族牺牲就会更小,亮的就不是同一把剑了!

因为此一误信,1949 年末以及 1950 年上半年,中央(而非刘鼎,他哪有那个权力啊)曾经下令全国兵工"关停并转",以致突然得知韩战爆发美军参战之后,恢复兵工研发制造措手不及。不找刘鼎替罪,还可找谁替罪?

笔者认为还有一个更为深层的政治斗争原因令得刘鼎无法避免身陷囹圄。

刘鼎于 1930 年留苏归来以后进入中央苏区,曾遵共产国际之命把在苏学得的密码破译技术传授给红军情报部门。从此以后,三大红军对于国军前线部队的密码电报,只要截获,就都能够破译,因而有了"共军的资讯化战胜了国军的机械化"一说[124]。苏联愿意予以共产党密码破译技术转移,美国却不愿意予以国民党密码破译技术转移[125]。毛泽东对于蒋介石"百战百胜",一大原因乃在于此!毛泽东将刘鼎莫名其妙地以延误军机为名撤职查办,有没籍此钳住刘鼎此"口"之意?过了两年,他不是又钳住潘汉年另"口"了吗?刘鼎知道密码破译术与毛氏成功关系之罪,在毛氏眼中,与潘汉年知道串联汪精卫与毛氏本人关系之罪,一正一负,乃可相提并论。

刘鼎之冤,较之窦娥六月飞雪之冤有过之而无不及!

最后,笔者想了半天还是按耐不住要说:这样研究中共党史、军史,才能得出信史,才能治出真学。咱们有些同仁介支个[126]不是白活了吗?

08. 苏联奥援中共后膛火炮七千九百余门 [127]

本文乃是《苏联奥援中共主战步枪明治三十年式》的姐妹篇，确切地说，属于妹篇。笔者未曾踏入社科领域之时，曾研习过机械学、统计学，因而面对枪啊炮啊什么的所涉技术问题、数字问题，心里不会发怵。文中"苏援火炮"乃指国共二次内战期间，苏联为中共军队提供的日本制、美国制、苏联制、捷克制、德国制火炮，分析重点在于苏援后膛炮（而非前膛炮）及其炮弹的来由、来源、产地、类型、性能、数目、配额、演变、运入、发出、效力、作用。

一、苏方中方公布移交四野前后膛炮数

笔者判断，诺门罕战役后，苏军曾将缴获的日制枪支、火炮移送给中共，开苏援中共后膛火炮之先河。

这边厢，莫斯科电台"中国之声"1967年9月3日和10月2日的两则广播披露，除了枪支、坦克、飞机、仓库之外，扫满苏军曾将缴获的日本关东军的1800门火炮、2500门迫击炮移交给中共军队 [128]；另外，当时的远东苏军司令华西列夫斯基元帅披露："中国人民解放军得到了巨额的、缴来的武器装备……苏军司令部还使全部武器保持完好以适于作战使用。" [129] 关于东北战场苏援火炮数目，有着多种版本，笔者于此采用苏方电台版本，乃是因为它已将后膛炮数目和前膛炮数目分离了；另外，它还将掷弹筒忽略不计：根据中共文献记载，1948年11月29日，东北解放军拥有2611管掷弹筒 [130]。掷弹筒若可算作火炮，那么，可发射枪榴弹的步枪是否也可算作火炮呢？以上两个分离，可以大大简化、理顺本文分析。《1962年米高扬致苏共中央主席团报告：回顾1949年1—2月的中国之行》揭示："1948

年底，中国共产党人的军事行动发展迅猛，胜利在望。在华北进行了决战。得到 70 万日本关东军的武器装备的中国革命军队（这些武器装备是我们一手交给中国的）开始向中国中心北京方向进军。"[131]

有人怀疑在中苏关系处于非常紧张的 1967 年，莫斯科电台等不是一个可靠的消息来源；认为苏方夸大了援助中共武器数字。但是，时任东北军区军械部部长的张明远，在笔者对他的一次面访中确认：扫满苏军在东北乃将几乎全部缴获自日本关东军的武器，而不仅是部分——枪支不是洋人讲的 15 万或者徐焰讲的 30 万支，而是 70 万支——移交给了中共军队。老人家对 15 万支说和 30 万支说表示愤慨，认为那是在贬低他的工作业绩。他还透露，抗战结束之后，周恩来曾经暗访斯大林，要求苏方速向中方大量、及时、完好、连弹转移武器，得到后者积极回应[132]。官方党史从未提及此事。何长工，时任东北军区军工部部长，于其回忆录中承认，苏联红军还将日本在东北的许多兵工机器、无数仓储军品移交给了中共[133]。既然 70 万步枪为真，600 座仓库为真，一同移交的其他类目有何理由为假？苏方已把整个东北解放出来完整还给中方，自己牺牲成百上千将士，后来进而援助中方数百工业项目，大真大度之下还有什么必要玩弄小假小气？中国朝野得讲天理良心啊！凭什么说苏方"夸大"呢？

夸大说者起码应将过硬的夸大根据列出，光说夸大乃无异于信口胡说。网上甚至有位"八卦舟"声称：辽沈战役之前东北共军就缴获国军各种火炮 6000 余门，何来杨奎松所说苏联临阵援助 4000 余门[134]？笔者认为：首先，无论是八卦舟还是杨奎松，都没将后膛炮和前膛炮分离开来，造成分析困难：譬如，如果八氏所说 6000 余门多是掷弹筒、迫击炮，杨氏所说 4000 余门多是榴弹炮、加农炮，双方可以如何争辩下去？其次，但更为重要，历次战斗缴获数字，有没可能掺假，即把苏援火炮数字摊入缴获火炮数字？四野各期装备记录均无"苏援火炮"类目，总得想办法将它们掖在别的类目里面啊。既然湘江战役的逃亡人数[135]，都可被掖进战斗减员人数，冠称"掉队人员"，"苏援火炮"曾被取消单独立项资格，掖进缴获、捡拾类目，就是必然发生过了的事。不过，时过境迁，掩饰色彩总会黯然褪去，历史真相总会破霾而出。这么难的课题，笔者不也做出来了吗？花的年头多些就是了。

那边厢，根据 2005 年出版的一种中共兵工史料披露，东北解放军所属的牡丹江炮兵工程处曾于此期"修复"了轻重迫击炮、步兵炮、战防炮、榴弹炮、加农炮、高射炮等 17911 门，数目惊人 136！这些火炮理应装备了属于全军的八个炮兵师和全军各军的附属炮兵。

笔者寻找这个数字——17911 门——长达 25 年之久（1991—2016），没想到于我对其惊鸿一瞥两年以前，它就逃出不见天日之地，默默等待我的目光了。

据中共炮兵专家郑新潮说，1947 年东北解放军在牡丹江畔收缴大量火炮之后，他与时任位于牡丹江的中共第一炮兵训练基地主任的张志毅一道，领导一众官兵"整修"好了这些火炮[137]。"1947 年在牡丹江畔收缴大量火炮"，"收缴"是说"捡拾"还是"接受"，语焉不详，岂非暗示苏方乃于 1947 年间，在牡丹江大量移交自身先前缴获的日制、德制、捷制火炮、租借美制火炮以及自产苏制火炮，予以中共军队？这些火炮，前后膛兼有之。

漫山遍野搜集日军遗弃火炮工作早于 1945—1946 年期间就完成了，总共拾得后膛炮 532 门、前膛炮约 300 门而已。后膛炮 532 门分类：加农炮、榴弹炮 49 门、野炮 97 门、山炮 108 门、步兵炮 141 门、高射炮（包括高射机关炮、飞机用机关炮）137 门[138]。捡残炮，拼散件能弄出 17911 门火炮来吗？那得需要多少配件啊，从哪儿弄呢？532+300=832 门，距 17911 门差 17911-832=17079 门。据中共文献记载，除牡丹江炮兵工程处，东北其他解放军兵工厂并无"修复""新制"什么后膛炮，但是制造了约 2300 门前膛炮，也就是迫击炮，其中 1860 门属于日式。

胡继成将军于其所著自传《吹角连营》（北京：解放军出版社，2010）504 页上说，出兵朝鲜之前："当时，我军每个军只编有各种火炮 300 余门（70 个军就是 21000 余门。由此可以得出缴自国军整修之后可用火炮数目乃为 3000 余门——笔者注），这个数目还不到美军一个师的火炮编制的二分之一。"300余门，算330门，按上涉比例"迫击炮5：后膛炮4"来算，迫击应为185门，后膛炮应为145门。

至于苏方迟至1947年才给中方，则为颇有道理，如果早给，共产党若在北满也站不住脚，不就等于给了国民党？另外，训练、组建中共炮兵需要时间啊。

华西列夫斯基元帅所说"苏军司令部还使全部武器保持完好以适应作战使用"，"保持完好"应在牡丹江而非佳木斯，更非苏境内进行，必有大量苏军工兵参与。运到苏联境内"保持完好"，属于劳民伤财啊，苏军统帅没有那么笨吧？

笔者认为这17911门前后膛兼有之苏援火炮，其火炮总数和炮弹总数、其分类及各类数目、其配发各型炮弹数目、其配发修理工具、零件数目，实应经过苏军参谋部、后勤部或其委托机构精心匡算得出，"以适应作战使用"，远非一个胡乱数目、胡乱安排。

二、可以推算出后膛炮前膛炮各自数字

上述苏联电台公布的2500门步兵用前膛炮，1800门炮兵用后膛炮，两者比率乃为：2500：1800，即为1.4：1。另外，笔者从《建国以来刘少奇文稿》当中得知，朝鲜战争爆发之前中共移交纯由朝鲜族人组成的第15独立师予北朝，除了枪支之外，全师装备得有：132门迫击炮、72门战防炮、32门105mm口径榴弹炮[139]。前膛炮和后膛炮的比率为132：104，即为1.3：1；战防炮和榴弹炮比率为2.3：1。我国城市旧时多有高大城墙，国共二次内战时期，为着消灭城墙上面以及后面墙根的敌人，解放军理应使用前膛炮（曲射炮）较多，因此笔者认为可将解放军中前膛炮和后膛炮的比率定为1.5：1。轰豁高大城墙，则往往有一门管径200mm的重型火炮即可。

中共中央军委后勤部于国共二次内战末期的1949年6月13日呈交给中央军委的一份报告表明：当时全军包括高射炮、战防炮在内的各种后膛炮乃在2500门以上，前膛炮约在13000门左右，共约

15500 门[140]。笔者理解,这 2500 门以上后膛炮应是需要中共兵工供应,且有能力供应炮弹的日式后膛火炮。由此推算,上述 17911 门火炮,内中前膛炮应为 13000—2300(自制)=10700 门(苏援),后膛炮应为 7211 门(苏援),前后膛炮比率乃为 10700:7211,即为 1.5:1,与前此估计相合。不妨假定:应有 1500 门后膛炮以及相应数目炮弹转交给了外蒙(外蒙军队参与苏军扫满),1500 门后膛炮以及相应数目炮弹转交给了北朝(蒋介石有意借道反攻大陆,危险)。

余下 7211—3000=4211 门后膛炮中[141],应有上述 1800 门属于日制,2411 门属于美制或者苏制,或者它们的混合。如果有人认为转交外蒙、北朝之事没有可能,那也没啥碍事,可将它们认作中央军委储备后膛火炮。储备理由:其一,要是出师连败,丢盔弃甲,就得再组新军,武器得靠库存;其二,当时不是说要防备美军华东登陆吗?

从 1936 年 10 月到 1938 年 8 月,近两年间,苏联向西班牙共和军提供了大量军事援助,计有:40 万各型枪支、648 架飞机、347 辆坦克和 1183 门火炮等,且更派出相当数量的苏军人员到共和国军中担任顾问,甚至直接参战(国际纵队多达 3000 余人);后因国际形势变化,撤除了武器援助,造成西班牙共和国亡国[142]。西班牙领土只有 50 余万平方公里,当时只有 3000 余万人口,分别是中国的 5.2%、7.5%;共和军人数只有 70 万左右;西班牙且不与苏联接壤。

对比之下,苏联于抗日战争时期支持旨在"武装保卫苏联"从而扰在东北(一线抗日联军),阻在华北(二线八路军),屯在陕北(三线八路军)、塞在新疆(四线盛家军、民族军、红八团)的中共、亲共 100 万上下部队 66 余万支步枪或以上,于国共二次内战时期支持中共两三百万部队 4211 门后膛火炮,就不是没有可能或者难以想像的事了。

二战欧洲战场,往往一次战役,双方就会使用上万门炮。相比之下,4211 门火炮,直是小菜一碟!华西列夫斯基元帅披露:东普鲁士战役第一阶段作战,苏军就缴获了德军 3560 门后膛炮、1440 门迫击炮。两者比率是 2.6:1;第二阶段作战,缴获后膛炮和迫击炮 3500 余门,如按 2.6:1 算,后膛炮应是 2535 门。苏军于哥尼斯堡一役即缴获德军后膛炮 3560+2535=6095 余门[143]，已是上述 4211 门后膛炮的 1.5 倍。送给中共武装部队六七千门后膛炮、上万门迫击炮，在苏联眼里算得了什么呢？他们的军歌《出发》竟是这样唱的："我们曾经走遍半个世界，如有需要我们就再重复！" 咱可不能以井蛙之心度海鳌之腹！

三、中共炮兵所用炮弹自产苏援二八开

光有火炮没有炮弹，火炮等于乌有。在进一步分析这些火炮前后膛比率之前，我们在此看看它们的炮弹有没可能全是中共自产。

17911 门苏援前后膛兼有之火炮，减去可能援助外蒙、北朝火炮 3000 门，仍余 14911 门，再加全军自产火炮 4545（迫击炮）+277（后膛炮）=4822 门[144]，得 19733 门前后膛兼有之火炮之数。若把解放军各部缴获国军火炮、零散接受苏援火炮之数，以及统计缺数列为逐渐战损之数不计入内，则根据国共二次内战期间中共兵工自产 9265784 发各型炮弹数字计算[145]，三年（1947—1949）配发 19733 门前后膛兼有之火炮，每门只得配弹 470 发——即为每年 157 发每月 13 发每日 0.4 发。若三年配发 4822 门前后膛自产火炮，每门可得 1922 发，即为每年 641 发每月 53 发每日 1.8 发。

中共兵工力争按照部队实际消耗统计数字来行制定生产计划，而非盲目生产，可由以下中共兵工文献得到证实：1948 年 1 月 10 日，《中共中央工委关于兵工会议情况致中央军委参谋部及邯郸、山东等中央局电》有这般说："军火产品应照前线实际要求，现已电询各野战军意见中，因此各区生产品种数量，还只能暂时规定，俟前方意见后再行调整。"[146]

1948 年 2 月 6 日《中央军委关于兵工生产致贺龙、习仲勋等电》指示："每月迫击炮配发炮弹应达 50—60 发" 之数[147]，恰好与上述每月 53 发仿佛。以此推算，取每门每月配发 60 发，19733 门前后膛兼有之火炮，每月应配 1183980 发炮弹，每年 14207760 发，三年42623280 发。

如前所述，中共军工此期自产炮弹 9265784 发，尚缺 42623280-9265784=33357496 发之巨！每门每天平均只可发射可怜兮兮的二发炮弹！若果不是苏联援助的日制炮弹、美制炮弹、苏制炮弹、捷制炮弹、德制炮弹，这 3300 多万发前后膛兼有火炮的各型炮弹，就是从天上掉下来的了！

9265784÷42623280=0.217=22%，这样，得出自产 22%，苏援 78% 的结论，不妨记作自产 20%，苏援 80%，二八开。

计算枪支数目，须得考虑对于地方部队以及民兵的配置，计算火炮数目，则不需要，尽管地方部队也可能有迫击炮，算入损耗可也。

也许有人会说，过了三大战役，炮弹消耗数量就应剧减了吧？非也！世界战争史表明，战地司令尝到大量发射炮弹甜头，又见炮弹供应没有问题，就会更加舍得发射炮弹，"发弹如雨"，这是人之常情。受到中共支援的泰共游击队，就曾对空大量发射枪弹玩儿，好像烧炮仗一样。你想想李云龙那样的主儿，会是省油的灯吗？

已知淮海战役期间，华东部队得到 16400000 发前后膛兼有之火炮各型炮弹[148]。如今可知此数占了上述 42623280 发前后膛兼有之火炮各型炮弹的 38%。比率很大，因而猜测它们并非仅仅用于淮海战役，应该还有用于济南战役、上海战役、渡江战役乃至炮击金门等；另外，其中还应包括通过陇海铁路前身转送二野、三野之数，比率应达 18%——1946 年 11 月 12 日的《中央军委关于派干部到大连组织兵工生产致黎玉、张云逸等电》指示：大连建新工业公司今后所产枪、弹，除华东自用外，"各解放区可以向其订货，随时也可偷运。"[149]

不妨这样猜测：此期一野、二野各自分得 42623280 发的 15%，均为 6393492 发；三野、四野各自分得 42623280 发的 25%，均为 10655820；余下 20%即 8524656 发，留作中央军委储备或者其他用途；华东部队淮海战役之前，业已获得 25%-（38%-18%）=25%-20%=5%。

四、驻满苏军及被俘日军中的炮兵参战

1947 年 9 月 10 日，时任晋冀鲁豫军区第二副司令的滕代远，在

一份呈交给上级的报告中,给出晋冀鲁豫军区参谋长李达算出的:四个纵队(一个纵队相当于一个军),假设一年要打八次战役,南下半年亦即六个月 180 天,应携自制迫击炮、山野炮炮弹的数目:72000+6000=78000 发[150]。笔者由此得出每个纵队平均每月配发炮弹3250 发。以此推算,当时全军约有 45 个纵队,每月供给前后膛兼有之火炮炮弹总数,应为 146250 发,每年 1755000 发,三年 5265000发。前述 42623280 发恰为 5265000 发的八倍。这次是用"以八乘法"了——在《苏联奥援中共主战步枪明治三十年式》里,笔者用到了"以八除法"。

以统计学视角来看,笔者认为,这说明:在关外始于 1948 年 3月 4 日四平收复战开打,关内始于 1948 年 9 月 16 日济南战役开打,关外关内终于 1950 年 10 月昌都战役结束这一个两年至两年半时段,中共军队的炮战能力比较上述分界的 1948 年 3 月(关外)以前、9月(关内)以前,提高了整整少则五倍多则七倍!没有驻满苏军被俘日军中的炮兵参战,尚自缺乏炮战经验的中共自家涉炮官兵,官包括林彪、朱瑞、郑新潮、张志毅,无论如何都无法达到这个能力级别所需的指挥、技术水准,且不说苏援火炮、炮弹的后勤保障了。

想想吧,苏德战争头一两年,苏军官兵学会大兵团机械化正规战,曾经付出损失上千万人的代价,而中共炮兵没吃啥亏就不仅初战告捷,而且连战皆捷,循序渐进全然不见,咋能令人不信苏联武力蓦然介入局部越俎代庖之说?

五、牡丹江海浪军营解放军大炮兵成军

牡丹江炮兵工程处应该是和牡丹江炮兵训练所在一起的。笔者曾经专程前去牡丹江市郊区,外绕踏察当时的"炮兵训练基地"和"第一航空学校"(应该还有坦克学部、汽车学部)合用的"海浪军营"。它现在仍是军营,不过已为航校独用。海浪军营范围极大,据当地人云,贴墙行走一圈,得用四五个小时,机场尚不在内。铁路轨道入营。估计面积应达十余平方公里。当时航校教练机少,每期飞行

学员估计最多不会超过 200，其余军营宿舍、场地，应为炮兵学员、坦克学员、汽车学员所用，一期半年，至少可容 5000，至多可容一万。两年下来，估计训练了两万名后膛炮炮兵。

除了炮一师至炮八师，如前所述，三大战役之前，中共约有 45 个军，每个军以三三制计，军有炮团，师有炮营，团有炮连，营有炮排，连有炮班；一个军有 81 个连，便有 81 个炮班合 27 个炮排，或九个炮连，或三个炮营，或一个炮团；一个军有 27 个营，便有 27 个炮排合九个炮连，或三个炮营，或一个炮团；一个军有九个团，便有九个炮连，或三个炮营，或一个炮团；一个军有三个师，便有三个炮营，或一个炮团；一个军有一个炮团；一个军总共折算有四个炮团，连级炮班单纯使用前膛炮不计，则有三个团或一个师主要配后膛炮炮兵部队。45 个军共有折算 45 个主要配后膛炮炮兵师。每师若含苏援后膛炮 72 门，缴获后膛炮 18 门，前膛炮不计入，则苏援后膛炮总数为 3240 门。八个单纯后膛炮的独立炮兵师，每师若含苏援后膛炮 100 门，则其总数为 1000 门。总共有专门、折算 45+8=53 个炮兵师，共有后膛炮 3240+1000=4240 门，前膛炮不计，已与上述 4211 门非常接近。53 个炮兵师每师应有 1000 余人，共五六万人。

一野、二野、三野以及两个单列兵团，可以派出炮兵学员前往牡丹江受训、接装。三野炮兵学员由山东荣城、悝岛、石岛上船到达大连之后，即可乘坐苏联人经营的东省铁路，安全抵达牡丹江。一野、二野炮兵学员，则需先行进入鲁东南解放区，然后沿上述路线前往目的地。

笔者又根据一位此期曾在北朝暂驻过的女老干部口述来作推断，三野所属三个独立炮兵师可能是在北朝最后成军的。联想：后来它们的炮弹来自大连。大连、北朝、三野所在纬度低，哈尔滨、牡丹江、四野所在纬度高。

根据这一口述，笔者推论：除三野之外，林彪也曾派出 20 万四野官兵进入北朝苏军基地接收装备，接受训练，全部换上北朝军服——所以三打四平失利，部队撤至北满，林彪仍可"有恃无恐"。后来这支部队回国参战，拦腰截断国军，初时没来得及换回四野军服，以

110

致美国中情局当时所撰一份报告《苏联在华战略目标之贯彻》（1992年解密），专设一章描述这支"北朝军队"入华参战情形。后来好些美国朝鲜战争战史学者，于其书中都言之凿凿沿用这一说法。笔者原来以为美方情报有错，误以为延边兵是北朝兵。现在醒悟：美方虽没弄错军装，但没验明人身。据潘龙海和池宽容的《并肩征战五万里：在中国人民解放军中的朝鲜族》[181]披露，二次国共内战，延边地区朝鲜族人入伍人数仅为六万多些，远远未达 20 万。中国出兵朝鲜之时为头批 20 万入朝部队发下的北朝军装，料应来自这批由朝回国部队身上。北朝当时兵荒马乱，哪里顾得上为头批中国入朝部队缝制几十万套（一人两套总得有吧）北朝军装？蹊跷的是，金日成似乎也不知道苏军基地里头曾经有过这股巨大"暗涌"，傀儡就是傀儡。于其回忆录中，他只是说到：北朝曾经派出一个炮团支援四野，一直打到海南，言下之意似乎还有如果没了这个炮团，中共便断难取胜之意。又一个密码被破解了！

解放军炮兵人数（大于受训人数）还应加上两万原关东军炮兵以及数以千计的苏军炮兵教练、骨干。以往众人皆知国共二次内战期间，曾有多达六万前日本关东军官兵留在四野服务，据说全为医务人员[182]。这也奇了怪了：四野 80 万人难道有多达 7.5%的日本医务人员，也就是说平均每个班摊到近一个？如今新揭史料表明，经由苏联人挑选出来的他们，乃是包括部分医务人员在内的技术兵种成员，其中当然少不了熟练操炮员、驾驶员、飞行员、坦克兵、工程兵、通讯兵等。关于这些日军俘虏为何心甘情愿协助共军作战，网上有着几种不合逻辑的解释。笔者认为，必是苏方将之交给中方前告诫他们：谁不好好干，谁就会被遣送到西伯利亚劳改，像其他关东军俘虏兵一个样。

不过，光是接装千余门苏援日制山炮、野炮，没有接装数千门苏援苏制、美制、捷制、德制榴弹炮、加农炮、高射炮、坦克车以及载重车等，要不了这么大训练营、接装所。海浪军营另一职能，显而易见就是：集中接收→整修调校→按需分配上述 17911 门火炮。堆放 17911 门火炮，其中有数千门大体型后膛炮，该要多大平地面积！

原来会说英语，后来由于曾在苏学习、工作五年，所以又会说俄语的前中共总书记，时任中共中央政治局委员的张闻天，于 1945—1947 年期间曾经担任"中共派驻东北暨牡丹江代表"，"指挥和领导了这里的工作。"当时牡丹江地区中共党委书记乃是金光侠，一位朝鲜国民、抗联军官。为什么在金光侠之外又来了个张闻天？如此奇怪的任命，岂非说明张氏来此担任"代表"或曰"特使"的主要使命，就是与苏方密切沟通协作，促成大量使用苏援火炮建设中共专业炮兵部队？

六、牡丹江理应被推崇为中国革命圣地

走笔至此，笔者不禁感慨：拂去历史尘封，牡丹江应像井冈山、瑞金、延安、西柏坡一样，被共产党人冠以革命圣地之名，开辟红色旅游专线。牡丹江没像前四地那样产生伟大战略思想？非也，笔者认为：中共武装革命基本路线，守时是毛泽东制订的"农村包围城市，小米步枪自保"，攻时是斯大林制订的"三北威逼三南，以炮克蒋致胜"，相得益彰，双剑合璧。三北即是西北、华北、东北，三南即是东南、华南、西南。牡丹江，正是牡丹江扭转了前一"守思想"，贯彻了后一"攻思想"，"闷声发大财"，智取全中国（而非仅仅威虎山）。从这一意义上说，在共产党人心目中，牡丹江（以及大青山）应比井冈山、瑞金、延安、西柏坡伟大得多！

蹊跷的是，在其 1947 年所总结的十大军事原则（593 个字而已。精髓：柿子先捡软的捏）中，毛泽东压根儿就没提到炮兵，后来修改也没提到；解放军炮兵史则至今未能面世。面对毛泽东一贯的"炮盲"秉性，斯大林终于忍不住了，遽尔改采"你不懂炮，干脆我来"方针（精髓：胡桃专挑硬的砸）。而毛泽东直至中国倾力支持缅甸、泰国、菲律宾、马来亚，印度、拉美、非洲等国等地共产党，实施武装斗争夺取政权高峰的 1960、1970 年代，此时中国已经可以自制多种火炮，却仍没有想到应为他们配备后膛山炮、野炮，组建专业炮兵部队，最终导致他们当中绝大多数沦于失败，导致中国人民勒紧裤带

省下外援财富"打了水漂"。越南连同老挝除外。

若做仔细分析，就可得出这一结论：国共二次内战当中，苏联工农红军参谋部为中共军队设计的基本战略，乃为：先容枪战为主示弱，吸引国军百万麇集在南满华东，遽改炮战为主示强，致使国军主力被歼于两大平原[153]。牡丹江正是贯彻这一伟大战略思想的轴枢！

遥想当年，若果日军也用此种战略，吸引国军倾力决战京广线以东，无意西遁川滇，并且多用千门大口径橡胶轮后膛炮，当时没有台湾可逃的中华民国不早就呜呼哀哉了吗？

七、美租借予苏武器咋没榴弹炮加农炮

笔者遍查美国公开文献，发现除了 8281 门高射炮（到埠 7909门）[154]、5800 余门战防炮（即反坦克炮）[155]、成千上万门自行炮、坦克车、装甲车，二战期间，字面之上，美国似乎并没租借任何山炮、野炮、榴弹炮、加农炮、平射炮、步兵炮等予苏联。

可能苏联觉着自产后膛火炮优于美国所产后膛火炮，从而无需向美国榴弹炮、加农炮。笔者由此得出以下四个推论：

推论一：扫满苏军极有可能将随军携带的部分美国租借法案的美制高射炮（因用处少而少）、战防炮（因用处多而多）等移交给了中共，并且向中共，尤其是在国共二次内战前期，提供苏军库存美制炮弹。迟至 1948 年 1 月，也许苏援相应美制炮弹将近用完，中共兵工方才开始试制仿美战防炮、高射炮炮弹，中共中央工委对此指示如下："……山东进行反坦克炮及防空武器弹药的研究试验工作，各区均应抽干部去东北学习。"[156] "各区均应抽干部去东北学习"一语，笔者理解，乃可说明：（一）中共部队接受苏援美制战防炮、高射炮数量很多，配发很广；（二）东北中共兵工业已仿制苏式战防炮、高射炮炮弹成功。

推论二：苏联亦有可能供给中共苏联自产仿美制仿英制的迫击炮、榴弹炮、加农炮及其炮弹，相关机床、图纸、量具、金属当然来自美国。论据四则如下：

其一，二战期间，美国提供给苏联生产枪炮的特种金属切削机床乃为38100台，价值6.07亿美元。美国金属切削机床全用英制而非公制，电压也与苏联不同。苏方若要利用美援英制特种金属切削机床生产公制武器，必得更换机械、电气部件，得不偿失[157]。美国租借法案予以苏联大量金属（包括装甲钢锭、复铜钢板）、炸药。已知苏联使用上述金属生产坦克，推测苏联也用上述金属生产榴加炮及其炮弹。

其二，本国军队使用美制火炮、坦克的加拿大，曾供应苏联近100万颗炮弹[158]，当时它们没有可能是公制苏式炮弹。不过它们未必是榴弹炮、加农炮炮弹，而可能是用于供给美国租借法案给予苏联的美国高射炮、战防炮的炮弹。

其三，国共二次内战期间，苏方曾向中方承诺：如果你们需要用于制造三英寸（合76.2mm）口径迫击炮的炮弹，或者122mm口径加农炮（高射炮也属加农炮——笔者注）炮弹的机床，我们可以提供[159]。另据中共文献记载，1949年6月，东北军区军工部曾经下令属下23厂"着手生产装配76.2mm野炮榴弹的准备工作"[160]。经过书查、网查，笔者确认三英寸口径火炮乃是英制迫击炮且为英国所独有。英国战时也有租借武器予苏联；76.2mm加农炮（被誉为"万能火炮"）和122mm加农炮（被誉为"红色炮神"），乃是苏制火炮且为苏联所独有。由此可以判断：（一）美国援助苏联的特种英制金属切削机床，苏方没改公制；（二）苏援中共前膛火炮当中，当有英制迫击炮。以下还会回到苏制76.2mm和122mm火炮。

其四，1948年11月29日的《中央军委关于增产迫击炮弹致华东局、华东军区电》，提到对方需要的"美式山野重炮弹已电东北设法"供应[161]。这个"设法"，当是与苏方交涉，向苏方索要，因为根据书查，当时东北兵工只生产日式山野炮炮弹，没生产美式山野炮炮弹。此时辽沈战役结束仅过27天，淮海战役启动才过23天。此一华东方面请求表明中共华东部队已在大量使用美制较大口径山炮、野炮。即使它们全部来自缴获而非苏联，炮弹却得向苏索要，说明美国确实曾对苏联转让制造美式山炮、野炮的技术，以及租借予苏相关工业设备乃至相关金属材料。

推论三：苏军总共随军携带了 2.6 万余门各型苏联自产为主火炮入满。因此苏联亦有可能拨出 2.6 万的 10%即 2600 门的苏制榴弹炮、加农炮、山炮、野炮等予中共。

俄国学者列多夫斯基披露：林彪在东北的军队从苏联指挥部得到的武器不仅有缴获的日式武器，同时还有捷克制和苏联制的武器。出于可以理解的原因，中国共产党的领导人不愿外界知道这一点。在 1949 年 2 月 5 日的会谈中，毛泽东对米高扬说："当国民党将军傅作义率部起义之后，林彪部队进入北平之时，他们所使用的苏制武器将全部被上缴，并以美式装备取而代之。"毛泽东又说："中国共产党想以此证明，是蒋介石用美国的技术装备了中国人民解放军……"[162]

当然，中共军队极有可能在北京、上海等大城市以外继续使用捷克制、苏联制武器。以美制火炮全面代替苏制火炮自 1949 年春以后已是完全可行：根据中共文献记载，至 1950 年年中内战结束，共方缴获国方火炮多达五万门。不过笔者怀疑这五万门里头包括掷弹筒。国军不擅集中用炮，所以虽然拥有火炮较多，但却不能抗衡共军。你看国军攻打腾冲，竟然没向美军申请调集数门大口径后膛炮来轰。近年有的媒体如"凤凰卫视"曾经夸耀此战国军的火焰喷射器如何如何厉害，便属离题万里。

根据"推论二. 其三"，便可得出结论：此期苏援中共后膛火炮 4211 门，除了借花献佛的日制后膛炮、美制战防炮和高射炮，还有苏联自产的 A19 系列 122mm 加农炮、122mm 榴弹炮、122mm 高射炮及它们的后型，以及 ZIS 系列 76.2mm 加农炮。以前述之战防炮和榴弹炮之比率 2.3：1，（美制）战防炮、高射炮数目不妨认作 2935 门，（苏制）榴弹炮、加农炮数目不妨认作 1276 门。粗算，则可分别认作美制 3000 门和苏制 1300 门。中共且有可能向大连苏军借调苏制自行火炮、牵引火炮、中型坦克助战。

当然，还有一种可能，即是英联邦国家中工业发达国家不列颠、爱尔兰、加拿大、纽西兰、澳大利亚为苏联提供了绝大部分大口径榴

115

弹炮、加农炮、迫击炮以及所需炮弹。所以美国就不用提供多少了。
这个还得细查。

八、三野所得大炮弹应是苏制或仿苏弹

中共文献明载，于 1947—1950 年的四年时间里，除了别的产品，
中共最大兵工企业"大连建新工业公司"主要生产仿日 94 式 75mm
口径山炮炮弹，总共产出 54 余万发。绝大部分经由海路送到山东半
岛东端荣城、俚岛、石岛，再由山东支前民工用成千上万辆人动力独
轮车、双轮车运往华东前线。1949 年 1 月，华东野战军副司令员粟
裕写信给建新工业公司经理朱毅：非常感谢你们做的威力很大的炮
弹，保证了我军取得淮海战役的胜利；华东的解放，一是离不开山东
的小推车，二是离不开大连的炮弹[163]。粟裕说的是"大炮弹"，而非
"小炮弹"。读者自己判断一下：下左图苏军士兵手中所捧的 94 式
75mm 口径山炮炮弹，算大还是算小？大小跟猫似的，真不能说是大
炮弹。下右图才是大炮弹。

在中共兵工用语中，50mm 弹径迫击炮炮弹、62mm 弹径迫击炮
炮弹，均属"小炮弹"[164]，以此类推，75mm 弹径山炮炮弹充其数也
只能称作"中炮弹"。该型山炮炮弹颗重 6.34 公斤即 12.68 斤；A19
122mm 炮炮弹颗重 43.5 公斤即 87 斤，是前者颗重的 6.86 倍，若连
包装重量，则可说是重七倍。笔者据此怀疑：粟裕所说的"大炮弹"，
不是大连建新工业公司所产的仿日 94 式 75mm 山炮炮弹，而是主要

来自苏联境内，由大连苏军负责从满洲里中经旅顺口、北朝鲜运送到山东半岛荣城、悝岛、石岛的苏制 A19 122mm 系列火炮炮弹。淮海战役乃于 1949 年 1 月 10 日结束。1949 年初，贺龙视察大连建新工业公司时称赞"你们榴弹炮炮弹都造出来了，真了不起呀！"[165]如果贺龙所说榴弹炮炮弹乃属仿苏炮弹，那么据此判断，粟裕所说的"大炮弹"许有部分出自大连建新工业公司大量利用苏军提供的二战遗留大炮弹空弹壳复装。

莘莘后学今后若能找到相关苏联或中国档案证据，则可令此处三个立论散发板上钉钉气场。

图中的双轮拉车（也归入小推车类）疑似载着两箱（每箱一颗）苏制 A19-122mm 火炮或其后型的大炮弹。

九、"提供了 40 亿美元的美式武器"辨

网上盛传[166]：1976 年苏联出版的《苏联军事百科全书. 军事历史卷》，于其"中国人民解放战争"条目中这样写道：

苏联的援助是人民解放军力量壮大的一个极其重要，甚至是决定性的因素。苏军指挥部把缴获原日本关东军的武器和军事技术装备转交给人民解放军……尔后，苏联又向人民解放军提供了 40 亿美元的美式武器，以及大量苏制武器和军事技术装备。

注意：美式武器 vs 苏制武器，一个用"式"，一个用"制"，是否隐藏了本文所猜的"苏联伊热夫斯克兵工厂曾为中共仿造日式三零以及日式三八"？

开始笔者乃是这样想的；当时苏联接受美国租借法案武器价值才是 160 亿美元，打完这么惨烈的一次大战，还能剩价值 40 亿美元的美国租借法案武器吗？40 亿美元价值武器之说，许是苏联笔者或者编者由此数字扭曲生发的。多位网民还曾指出引文所说火炮 37000 门应是 3700 门之误。若以平均每门苏援苏制、美制后膛火炮价值三万美元，或者每辆苏援苏制、美制主战坦克价值 30 万美元计，40 亿美元应可涵盖 133333 门后膛火炮，或者 13333 辆主战坦克；换个说法，应可涵盖 66666 门后膛火炮，6666 辆主战坦克——这太多了！若是四亿美元，则才可涵盖 6666 门后膛火炮，666 辆主战坦克——这才靠谱！

东北解放军曾从驻满苏军手中弄到大量现金饷助，达到 9.07 亿卢布 [167]，合 1.89 亿美元。但是这应是流水战费，而非武器折价之数。

必须强调：这部 1976 年苏联出版的《苏联军事百科全书.军事历史卷》的以上叙述，足可充当笔者"苏联曾将美国租借法案予其的□制武器部分转交中共四野、三野"论点的雄辩论据。

至本书纽约版出版之前若干年，笔者从潘佐夫答凤凰网问得知中共中央在 1949 年 10 月之前，从苏联方面得到一亿美元以上的现金援助。运用统计学技术估算，加上前述苏联为了中共前期派往苏联学习的文武人员所花培训费用一亿美元的 20 倍的近一半，假设为 9.11 亿美元，加上上述的 1.89 亿美元，就是 12 亿美元。给现金饷助便达到 12 亿美元，折合 40.8 亿银圆。现在这个还是一个参考数据。平均每年 0.54 亿银圆。

事到如今，笔者琢磨支援中共价值 40 亿美元的美式武器，可能为真。"大量苏制武器和军事技术装备"，大量苏军缴获日制武器和军事技术装备，都得折一次价，笔者暂时估算乃为 10+20=30 亿美元。四年二次国共内战苏援饷械折算金额达到 72.1 亿美元，折合 245 亿银圆。四年平均每年为 61.25 亿银圆。国府 1927 至 1936 年十年间的军费支出是 83.5 亿银圆，平均每年为 8.35 亿银圆。得出结论：国共一次内战期间，国府每年平均军费 8.35 亿银圆，要比共二次内战期间，共方每年平均所得苏援军费（械已折钱）61.25 亿银圆（未算自筹）少近 53 亿银圆。

最新初步发现：1947 年，国府军费预算乃为 80 亿法币。法币战前发行初始之时为 100 元兑换 30 元美元。至 1947 年时，笔者算其贬值到了六分之一，100 元法币兑换 5 元美元，80 亿法币等于 4.0 亿美元。而据《苏联军事百科全书》披露，战后苏联将所得价值 109 亿的美国租借法案物资中的价值 40 亿美元物资移交给了中共；四年，每年分摊，就是 10 亿美元。至 1947 年底，国府前后只得到价值 15.407 亿美元的美援物资；其中从抗战结束后到 1947 年底得到价值 6.947 亿美元的美援物资。1947 年，10 亿美元，就与国府当年军事预算 4.0 亿+6.947 亿=11 亿美元相当。而这 10 亿美元，只是中共当年军费中的外援部分的美式军事物资价值，甚至还不包括外援军事物资中的日式、苏制军事物资价值。战后美国给予国府的军事物资，多是该国遗留亚洲未曾用完的辅战物资，而非主战武器。相反，苏联给予中共军事物资大多是主战武器。国军焉得不败？蒋介石当年若无拒绝将军事指挥权交史迪威，怎会落得个播迁台湾，不忘在莒的可悲下场啊！

十、苏联武力直接介入了国共二次内战

何长工于其所著《东北的军事工业》中回忆道："修复的 15 辆日军坦克也按时开到锦州前线参加了会战。这些坦克在锦州街上一出现，据一个俘虏说，范汉杰就惊呼："这个仗有苏军参加，我没法打了！"我军原来没有坦克，所以当坦克出现在锦州时，他们认为是苏军的坦克参战了[168]。"

时任国民党东北"剿总"副总司令兼锦州指挥所主任的范汉杰，乃是一位抗日名将，入过测量军校、黄埔军校，还曾游学德国、日本，专习军事，这样一个知日军事通才，怎会误将日式坦克认作苏式坦

克？两式坦克外观极为不同的啊。

出现在锦州街头的苏联坦克，当然是由旅顺来苏军坦克兵操作。

1949 年 9 月 17 日，业已率兵起义投共的原国民党华北"剿总"司令傅作义，对前来"规劝回头"的国方说客说道："美国人帮我们一分，必宣扬成十分。苏联帮中共总在暗处努力。如现在中共好的火炮射手，都是俄国人。彼等不但穿中国衣服，而且也不进城，不像美国人，每须为之开辟跳舞场 [169]。"

真相迟早都会找到假言的破绽，潘佐夫于其所着《毛泽东传》（下）中首次披露：

1967 年 1 月下旬，在与苏共中央社会主义国家部的官员谈话时，王明曾建议苏联领导人对中国的事务进行武装干涉！"对社会主义阵营和国际共产主义运动来说，中国目前的形势甚至比 1956 年的匈牙利事件更危险。"王说，"……我们（必须）诉诸武力，或派遣一支有某些适合的中亚民族的军人和蒙古人民共和国的军人组成的武装部队，不仅给他们 [170] 提供政治支援，也提供物质支援。王甚至准备与他认为暗地里支援他的内蒙和新疆的领导人举行秘密会谈 [171]。

显而易见，如果没有国共二次内战时期苏联曾经成规模的地派遣中亚、外蒙炮兵部队潜入中国北部作战，以及苏联曾经暗中单独支持内蒙、新疆、西藏亲苏势力成党成军的先例 [172]，王明咋会做出上述建议？俄国"士兵"网站所载《20 世纪战争中的俄国/苏联阵亡军人．中国国内战争（1946—1950）》披露：

我国政府……后来又向中共方面转交了一部分苏联武器……在苏联顾问和教官的帮助下，中共建立了一支英勇顽强、能征善战的军队，使它能成功实施现代化作战……1946—1950 年期间，苏联军人、苏联专家在中国……共有 936 人牺牲或因伤病而死，其中包括：军官 155 人，军士 216 人，士兵 521 人，文职专家 44 人 [173]。

1946—1950 年间来华支援作战苏军将士战死者 892 人，那么估计战伤者应为 892×3=2676 人，合起来为 3568 人。若伤亡率为 25%，则以此推算参战苏军总数应为 14272 人！不妨称万五人。

上图注释：一位国军俘虏"被迫踏着死尸攀上城墙头，一路上惊奇地看到许多穿着共军军服的苏联和东欧士兵尸体。"笔者怀疑文中所说东欧士兵仍是苏联士兵，可能由于苏军各部军服有别造成错觉。那位国军俘虏咋能凭尸识别苏军人和东欧军呢？

以上系网文下载，可从上面复印件注释得到证实。

1948 年 11 月 10 日，四野司令林彪指示属下炮纵首长："北平城有三丈高，城墙甚厚，能平行两辆汽车，因此，对北平的炮兵攻击，须作充分准备，此次仍应设法将二四榴运来参加作战，其他攻城炮弹，亦须大量准备，并望研究能否以坦克送大量炸药，进行对城门的爆破[174]。"

文中所说二四榴，多数史家、网友认为应是日制明治四十五年式 240mm 榴炮；从"仍"字看来之前也曾用于作战，尤其是用于攻城。日式二四榴作战时需要固定在地面，并非得心应手之物。

有一种说法：二战期间，苏联、英国、德国均没使用过俗称"攻城锤"的 240mm 火炮，只有日本、美国使用过。美国的二四榴称作M1 型 240mm 榴弹炮。笔者认为，林彪所说二四榴，也有可能是美国先租借给苏联，苏联后借调给中共的牵引式或者自走式 M1 型

240mm 榴弹炮。诚然，美国二战结束之前就将业已研制成功的 M1
型 240mm 自行火炮束之高阁，但这并不意味着它的几门样炮，不会
随着雅尔达会议之后，美国添租加借给予苏联的那批专门用来摧毁
日本关东军，尤其是其各处边防要塞的武器一道，曾在符拉迪沃斯托
克登陆。

图中火炮疑为日本造"二四榴"。

华西列夫斯基元帅于其回忆录中，提供了另外一种说法——攻
克柏林前："大本营从最高统帅部预备队中抽调了最强大的压制兵器
来补充方面军。到强攻开始时，方面军有 5000 门火炮和迫击炮，其
中 47%是重炮，其次是大威力和特大威力火炮——口径从 203mm 到
305mm……[175]"当然，这些大威力和特大威力火炮，也有可能是美国
租借法案武器。

十一、苏军欧洲缴获德捷武器曾大批运来

中共文献披露，林彪曾于 1947 年 6 月 25 日和 12 月 28 日两次
通过电报向斯大林求援，要求对方从苏军所缴获的日本武器或者德
国武器中，拨出 20 万支步枪，15000 万挺轻机枪，7000 挺重机枪，
700 门重迫击炮，1000 门轻迫击炮，100 门高射炮，200 门山炮，以
及较大数量的相应弹药和 20 个师用的通信器材给他的东北部队[176]。

合共索要 2000 门炮。不久，斯大林便指示苏军从缴获的日军武器和德军武器中拨出部分给解放军。

时任苏军驻佳木斯卫戍副司令的彭施鲁披露，苏联曾将大量德国制和捷制武器交给了东北的中共部队，这批武器是二战后运送到并存放在北朝的。最繁忙时，东北车站里面德制武器、捷制武器堆积如山，往往是前车刚刚完卸开出月台，后车就急急开进月台启卸[17]。这批武器是二战后运送到并存放在北朝的"，彭氏此语暗示斯氏对于苏联支持中共夺取全国政权，支持北朝南侵威胁日本，早就有所准备。

上述苏援德捷武器里面有没后膛火炮及其炮弹，所得资料没有明说。笔者估计，战防炮、山野炮、步兵炮以及迫击炮肯定有，榴弹炮、加农炮、高射炮、"攻城锤"未必有。炮弹后续供应方面，东德、捷克都可配型生产。

最近网上有传四野部队攻打锦州配水池子时，使用了数辆德国俘虏操纵的虎式坦克。读者敲入电脑"锦州战役，虎式坦克"即可见到此项消息。曾经现场踏察过配水池子景点的笔者，认为此事不能坐实：其一，1949 年时，香港没有《苹果日报》；其二，国军并没参加诺曼地登陆；其三，苏军瓦图京大将早已战死，没有可能签署命令；其四，配水池子争夺战斗，不懂工业的共军司令，显然由于害怕摧毁水罐导致锦州断水，且不知道可以很快修复，所以没有使用重型武器：配水池子四周墙壁没被轰塌，至今仍然屹立，虽布满子弹坑洞，却未见炮轰缺口。由于此一认知错误，共军步兵惨了，小小目标建筑不过占地一亩，阵前竟然横尸八百！当时四野攻打锦州，后膛火炮很多，若是司令认知正确，根本无需动用虎式坦克，只要调来战防炮、山野炮轰击即可。

有位懵然不知斯氏已对林彪上述求援给予积极回应的军迷网民，出于洗脑偏见冤枉斯氏：

"一次次的教训表明，苏联的援助是靠不住的。要取得解放战争的最后胜利，还是要依靠自己的力量。因此，东北局决定大力加强军工生产体系的建设。李富春说，过去靠日本留下的炮弹打，现在需要自己来造了。"苏联真的靠不住吗？靠不住的话，开始几乎赤手空拳的中共，还能发展壮大，"取得解放战争的最后胜利"吗？

十二、足炮足弹乃属克蒋致胜二必要条件

由上可见，如果其他条件相仿，国共双方谁赢谁输，其必要条件便为：谁的后膛火炮、重炮炮弹、优秀炮手、运炮能力更多更好。中共部队得到大量苏援火炮、炮弹、炮手、炮车（役马）之后，战胜对手便如探囊取物，攻下城论月计变成论时计。以下五例可资证明：

例一：这边厢，缺炮缺弹之时，攻克临汾竟花费 72 天；那边厢，足炮足弹之时，扫清周边外城之后，仅花费 72 数字倒过来的 27 小时，即可攻克济南内城；

例二：缺炮缺弹之时，四平保卫战、四平攻坚战均告失败；四平收复战，足炮足弹，扫清周边之后，十个小时即克；

例三：缺炮缺弹之时，攻打太原六月不下；足炮足弹之时，攻打太原五小时即克。中共文献记载："我军 1300 多门大炮，顷刻间摧毁了阎锡山 2000 多个钢筋水泥碉堡……重型炮弹，落在城墙上，城崩墙塌，落在碉堡中，堡碎人亡。"[178]

例四：攻打锦州，扫清周边之后，足炮足弹，八个小时即克；

例五：攻打天津，扫清周边之后，足炮足弹，五个小时即克。

平均时针转至一圈便可攻下一城，媲美"关羽温酒斩华雄"呀。

共产党人明乎此事，想必会呼：苏援我大口径后膛炮万岁！国民党人明乎此事，想必会叹：我方失败终极原因在这啊！

在笔者来说，发现 17911 门火炮数字日期乃为 2016 年 7 月 28 日。40 年前此日，发生唐山地震。笔者相信拙著《苏联奥援中共主战步枪明治三十年式》《苏联奥援中共后膛火炮七千九百余门》的内容和方法，将在"中共军事历史""中苏两党关系"研究领域引发学术地震。不谈苏援饷械，何谈中共夺权历史？何谈中苏两党关系？费正清、谢伟思、万尼斯、亚胡达等人当年并不知晓此种内情啊。

可以毫不夸张地说，笔者以一口与国内、国际万口争，单枪匹马地、华洋未附地解决了中国共产党史，乃至中国近现代史研究领域中，最为纲举目张，但却最受闪烁其词的课题：中共武装斗争夺取政权缘何成功？秘诀何在？一言以概之：岂是缴获枪杆子里面出政权，而是苏援炮筒子里面出政权！岂是"得人心者得天下——马列主义得人心"，而是"得苏援者得天下——赤党红军得苏援"！

当然，本文以及《苏联奥援中共主战步枪明治三十年式》里的推算所得数字，全为概数，绝非确数。但这绝不是玩弄数字游戏，而是使用逼近演算法，它属于学术探讨、统计分析、科学研究的认可方法。更高阶等的逼近演算，乃至用到微积分（若得到年月报表档案），留给别的学者以及后代学者去完成吧。笔者业已年逾花甲，有生之年也应告别这一 25 年的探索，转向别的课题了啊。

前遗陈寅恪氏诗史互证，今出海归博士数史双析，乃知"史湮，便须转求于野"良有以也。

09. 美援苏后膛炮不见簿记之谜终得破解

一、夏威夷四日游发现了新大陆

2018 年春节过后一个星期，笔者受到友人赞助，独自前往美国的夏威夷岛旅游了四日。由于以前曾经参观过珍珠港事件纪念馆，这次就没再去，而是参观了一个军事博物馆和一处军人公墓园，到书店和二手书店掏了七八本政治学、军事学书籍。海水还不够暖，没去游泳；火山远在别岛，未能观火。结果这次旅游仍是一次军事历史踏察。军事博物馆强调，二战期间夏威夷日裔人军事效忠美国事迹：有5000 余人接受情报搜集、密码破译训练，被派往太平洋战区和亚细亚战区；有万余人参军后给集中组成一支建制部队，被派往欧罗巴战区与德、意等国军队作战，伤亡率高于美国白人、黑人部队。后来还

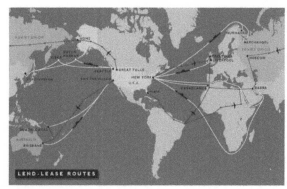

有夏威夷日裔人士兵被派往朝鲜、越南作战。但是此行的最大收获，还不是出自军事博物馆，而是笔者在军人公墓地壁画廊发现了"新大陆"——一张地图照片。

该地图最上首白线条有标识文：Neutral Supply Line to U.S.S.R.。译成中文是：通往苏联的中立航线。由于壁画高挂，照片无法清楚还原标识文字，笔者便从谷歌上下载一幅二战美国输往盟国租借物资

航线全图，清楚而且简练。左方由 Seattle 到 Vladivostok 那条航线就是"通往苏联的中立航线"。

二、美国租借法案物资输俄路线

笔者以往饱览群书，从没看到强调这条航线乃为日军不犯中立航线的述说。美国装载输苏租借物资的货船沿着这条航线航行，在快到苏联海参崴港之前，先要经过当时属于日本的北方四岛（又称南千岛群岛。日本袭击美珍珠港航母舰队即由此出发）海域，后要经过当时属于日本的库页岛和北海道之间的宗谷海峡。我一下明白了苏联—俄国绝不可能放弃南千岛群岛以及库页岛的一个前未判明的最重要原因：这条航线这段航线对于苏联—俄国的作用就像抗战时期的滇缅公路以及中印公路对于中国的作用一样！前人曾总结出两条原因——其实较为次要：其一，南千岛群岛既是俄罗斯在太平洋地区的岛链防御的其中一环，又是进入太平洋的门户，对俄罗斯来说战略地位的重要性无容置疑。其二，南千岛群岛有着丰富的矿产。此说可谓搔不着痒处。

进阶网查得知，二战期间美国租借法案物资输往苏联的主要路线有着以下五条：

（一）北冰洋路线。租借物资从美国东部海港集中之后，一起出发，经过冰岛，越过斯堪得纳维亚半岛北部，到达苏联北冰洋海港摩尔曼斯克港。这条线路援助总量占 22.7%。这条路线的危险：1. 德军潜艇出击大西洋也走这条航线；2. 斯堪得纳维亚半岛的挪威被德军占领，虽然北部只有少量驻军，但是部分航线处于德军轰炸机作战半径内。

（二）黑海路线。从埃及出发，直接北上，经过中立国土耳其，进入黑海，到达苏联黑海海港新罗西斯克等。黑海线路只在 1945 年苏联控制黑海后，才开始运输物资，所以只运输了 68 万吨，占美国运输总量的 3.9%。

（三）太平洋路线。美国货轮悬挂苏联国旗，经过日本海登陆苏联西伯利亚地区，然后经过西伯利亚大铁路运到苏联欧洲地区。这条线路运送物资占美英等盟国援助苏联总量的 47.1%

（四）北极路线。从 1942 年就开始运输了，但只能在夏天苏联北部的北冰洋解冻之后才能运输，运输量太少，到战争结束只运输了 45 万吨，占总量的 2.5%。注意北极线路不是北冰洋路线。

（五）伊朗路线。走印度洋，进入波斯湾，在伊朗上岸，然后从伊朗运送到苏联。这条线路占盟军援助苏联总量的 23.8%。

上述五条路线之中第一、第三、第五的运输量为 22.7%+47.1%+23.8%=93.6%。第三又是 1/2 弱，还没敌舰、敌机袭击，显属五条航线当中的最为重要、最为安全的一条。"美国货轮悬挂苏联国旗"，两国船舶外形、发报语言极为不同，怎么也骗不过日本海军啊。

进阶网查得知，所谓"中立"，就是日军不攻击美轮，美轮不装载武器。不装武器还能装啥呢？可以装载粮食、药物、服装、燃油；还可装载专用金属切削机床以及设备、金属块锭、金属型材以及铁路机车、车厢、路轨、吊车等等这些"民用物资"呀。

笔者以往辨识美国输俄租借物资，竟然没有发现榴弹炮、加农炮类目，只有高射炮 8800 门——"战争之神"不知去向，令已困惑多年。经此夏威夷行，方才恍然大悟：利用这条中立航线，美方变换方式，将为制造后膛火炮所需的专用机床以及设备、金属块锭以及型材，还有全套图纸以及辅助工具运给苏方，让其自行生产。高，实在是高！那边厢，俄罗斯人/斯拉夫人的造炮技术、用炮战术于世 Second to none：迫击炮、榴弹炮、加农炮、火箭炮都是他们发明的呀！俄苏炮兵曾经打得法国人、德国人、关东军、东北军满地找牙；四野迭克东北、华北、中南、海南，又何尝不是来自苏军的炮兵顾问、炮班骨干的杰作？

1947 年，苏联给了四野一万门迫击炮，8000 门后膛炮，蘧然根本改变了中共军队的作战样式——斯大林想对毛泽东说的是："你不懂炮，干脆我来；别再执迷'枪杆子里面出政权'了，炮筒子里面出政权才是真的哟！"毛泽东终究也没弄明白这道理——他总结的"十大军事原则"压根儿就没一句提炮，解放后出《毛选》也没加。关于这点，笔者可为读者提供一个有力旁证：前述之列多夫斯基于其所著之书《斯大林与中国》中记述：史氏曾对毛氏传授经验（页184）："我们就是用炮弹把德军压下去的。我们的炮射程为2000公尺，而德军的炮射程为1000公尺。炮是件大事。"

三、日本不犯航线实为背叛德意

《苏日中立条约》乃是苏联与日本于1941年4月13日签订的在战争中相互保证中立的条约。日本偷袭珍珠港发生于1941年12月7日。美国租借法案政策，正名为《促进美国国防的法案》（An Act to Promote the Defense of the United States），是指美国无偿或者有偿提供给法国，英国，中华民国，以及后来的苏联和其他同盟国粮食，军火以及1941年至1945年期间提供的武器装备。它于1941年3月11日签署成为法律，并结束于1945年9月。大部分援助是免费的，只有一些物资如船只在战后被归还。作为回报，美国获得了战争期间在盟军领土上的陆军和海军基地的租借权。共计价值501亿美元（相当于今天的6670亿美元）的物资运抵了同盟国。价值314亿美元（相当于今天的4180亿美元）的物资运达英国，价值113亿美元（相当于今天的1500亿美元）的物资运达苏联，价值32亿美元（相当于今天的426亿美元）的物资运达法国，价值16亿美元（相当于今天的213亿美元）的物资运达中国，而剩下的价值26亿美元的物资运达其他同盟国。

美国发布租借法案乃于1941年3月11日，之前，《苏日中立条约》签署乃于1941年4月13日，在后，两项事件的间隔仅仅为32天，显而易见，《苏日中立条约》正是苏方为了美国租借法案物资能够安全运达苏联远东，而与生怕苏军攻击满洲的日本签署的，条约必然会有另一秘密附件规定此事——等待后世学人挖掘出来，而不是仅有以下表面文章，总得"又好看又好吃"（毛泽东语）才行：

第一条：签约双方承诺双方保持和平友好关系，互相尊重对方领土完整和不可侵犯。

第二条：一旦签约的一方与一个或多个协力厂商势力有敌对冲突，条约的另一方将在整个冲突期间保持中立。

第三条：本条约自双方批准之日起生效，并保持五年有效期。如果条约双方都未能在条约到期一年前宣布无效，则视为自动再延长五年。

显而易见，苏联在条约1946年4月13日到期之后的1945年8月8日宣布对日作战，即为符合该条约第三条，并无国人仇苏人士所声称的撕毁条约之嫌。

日本与苏联签署中立条约，乃为违反1940年9月27日签署的有效期为十年的《德日意军事同盟条约》以及背叛德意两国之举。该条约的主要内容是：

日本承认并尊重德意在欧洲建立新秩序的领导权，德意承认并尊重日本在大东亚建立新秩序的领导权；三国保证如缔约国一方受到目前未参与欧战或中日冲突中的一国攻击时，应以一切政治、经济和军事手段相援助；上述条款毫不影响各缔约国与苏联现存的政治地位。1940年，美国尚未对日对德对意宣战，因而也无租借法案、太平洋线之事发生。正像意大利曾于第一次世界大战背叛德国一样，日本国又于第二次世界大战背叛德国。

四、俄日曾签中立密约多达六个

与苏联签订上述《苏日中立条约》以及下述《苏日互不侵犯条约》，并非日本改弦易辙之举，而是旧调重弹。云继洲于其所著《论日俄四次密约与俄国的远东政策》[载于栾景和主编《中俄关系的历史与现实》（郑州：河南大学出版社，2004）]中追溯，十月革命以前，俄国政府和日本政府先后签订过四个中立密约。以往史家宣称，八国联军占领京津之后，曾经开会议定：各干涉国对于中国不做鲸吞之想，互行门户开放，利益均沾政策，却少但书：俄日两国暗中从未放弃"两家分华"之想。两国先后于 1907 年 7 月 30 日，1910 年 7 月 4 日，1911 年 7 月 8 日，1916 年 7 月 3 日签订了四个日俄划分在中国、在东亚的势力范围，合作对抗美国染指中国东北等内容的密约。民族国家间的国际政治，有其固有规律；意识形态对立国家间的关系亦逃脱不了这些规律。怪不得日本政府临近战败之时想到的救命稻草，乃是敦请苏联政府出面调停战争，保全日本尊严。

五、苏日互不侵犯密约救我中华

由此笔者生发猜测：1939 年底签署的《苏日互不侵犯条约》（并不同于上述《苏日中立条约》）除了互不侵犯对方领土条款，必然还有互不侵犯对方在华占领区域和势力范围内容。满洲、外蒙固然包括在内，但是除了它们之外，双方怎会没有基于全域层面，划分各自在华占领区域和势力范围？苏联本土和日本本土并不接壤，接壤的是在华占领区域和势力范围，怎会不谈，怎会没约？苏德互不侵犯条约难道没有武力瓜分波兰密约吗？笔者猜测苏日双方必有以下关于在华占领区域或者势力范围划分的密约或曰谅解：苏方可领矿产丰富的新疆、甘肃、内蒙古中西部、青海、西藏；日方可领较为富庶的东北、内蒙古东部、华北、华东、华南。留下陕西、四川、云南、贵州给中方，充当苏日占领区域和势力范围之间缓冲地带。

由此看来，抗战八年，国方能够偏安川云贵；共方能够偏安陕甘宁，不致被日虽远必诛，犁庭扫穴，端赖有着《苏日互不侵犯条约》所附上述密约存在，并非独为蒋百里宣导，蒋介石实施的取由东向西弃由北向南，节节返身抵抗谋略之功。如前所述，二次内战爆发之后，胡宗南率大军守西南，共军对其加以歼灭之速，可谓摧枯拉朽，怎么解释？川云贵真个有土地爷保佑？

我们必须老老实实面对现实：近代以来，清朝、北洋、蒋氏先后三个政权都没踏上正确的建国道路，尤其是死守兵工官营，结果对外战争屡战屡败，可怜兮兮。如今历史描述、文艺刻画，均将本国独自抵抗外敌入侵致胜权重无限夸大，严重违背事实，毒害全民。毛氏政权借苏制日、借苏灭甯、借苏抗美、借苏一五成功，但是建政27年，内政惨烈仍然无出先朝之右，国富无门，民穷更甚。直至邓氏改开国运方才出现转机，但是如今又现返旧之虞，魔鬼刽华之手，再次伸出。

1938年12月6日，日本陆军省、参谋本部颁发《1938年秋以后对华处理办法》，规定："如无特别重大必要时，不企图扩大占领地区，而将占领地区划分为以确保治安为主的治安地区，和以消灭抗日势力为主的作战地区。"

综上所述，可知经过张鼓峰、诺门罕战败，日本早有避免与苏作战之意。

另外"百度百科"写道：

石牌保卫战是指1943年5月至6月间，发生在湖北宜昌的一场中国军队对日本军队以弱胜强、并最终以较小的代价取得较大胜利的一次著名战役。石牌保卫战的意义极其重大，是抗战的重大军事转捩点，西方军事家誉之为"东方斯大林格勒保卫战"，甚至可以说对中国抗日战争的最后结局产生了深远影响。

笔者留学美英多年，从未见过西方军史学家将石牌保卫战誉之为"东方斯大林格勒保卫战"，国人有好事者，能吹则吹。日军从没设定此役目标乃为进攻重庆，它的十万兵力也不足以此作为作战目标。可见胡琏——仅一个师长而已——虽然战功卓著，却也浪得虚名。1944年日军狗急跳墙，曾经设想进攻陕甘宁、云贵川，以对冲北太平洋军事颓势，计划旋即胎死腹中。主攻路线乃为经由陕晋南下秦岭而非经由三峡西突成渝（那是分散国军兵力分支战场）。人家经度西移，还是采取由北向南主攻路线，没上二蒋"由东向西"的钩。

六、大陆学者对此划分也有觉察

中国社科院研究员黄道炫于其所撰大师级别巨著《张力与界限：

中央苏区的革命（1933—1934 ）》当中揭示：于中央红军紧锣密鼓准备撤出苏区，向西突围之时，抱着"围城必阙，任其西窜"想法的蒋介石兀自离开江西前线，出巡西北、华北。然后黄氏"一切尽在不言"式地轻轻点睛："而此时蒋的西北之行，当然不会和对日关系没有关系，也不会不落入背靠（应为东邻——笔者注）西北，正和日本相互提防的苏俄眼中。考虑到当时蒋介石正和苏俄寻求更紧密关系，西北之行传达的意思，对中苏、中日乃至国共关系，都透着历史深处一言难尽的微妙[179]。"

黄氏是否暗示读者：蒋氏欲将中央红军引到西北，让其得到苏俄近距支持，来对抗日军，减轻国军压力？地缘政治秘术哟！当初鲍罗廷为孙中山制定的中国革命方针乃是：先实施"临时计划"利用人脉割据华南，后实施"长远计划"背靠苏蒙割据西北。蒋介石不可能不知道这计划，因此才有"兀自离开江西前线"前往西北未雨绸缪之举。

怎么防共？驱使非嫡系的东北军、西北军剿共，令其两败俱伤。形成中央军主抗日守土，杂牌军主灭共弱己态势。就连"皖南事变"国方主将上官云相所率部队中的不少军官，都和他本人一样，原是孙传芳旧羽啊。

10. 初揭陈济棠之协苏济共武库：疑窦丛生 [180]

一、红军武器咋会全靠缴获

大陆官修党史向持以下观点：红军时期武器装备非常简陋，主要武器是步枪、机枪、手榴弹和少量小膛径火炮，某些部队还需使用部分大刀、长矛等冷兵器作战。子弹严重不足，作战之时，往往每个战士临战只有几发子弹。红军时期武器装备的来源主要有三：一是取之于敌，二是农民自卫队带着武器参加红军或收编地方武装，三是建立小型兵工厂制配少量枪支，复装有限子弹。在最早期，红军所需要的武器装备弹药几乎完全取之于作战缴获，全靠蒋介石这个"运输大队长"供应。当打胜仗了，队伍壮大了，所拥有的武器装备数量就会多一些；而当受到敌人围剿而没有取得胜利时，就会损失一定数量的武器装备。例如红军进行长征之时，为了轻装简行，许多不便携带的重型武器沿途被迫放弃。

真相是否如此？

二、卅万苏援步枪匿藏粤北

1927 年国方宁汉合流后，中共"八七会议"前，共产国际派驻中国特使罗易、中共中央总书记陈独秀、武汉政府（跨党）农业部部长谭平山，曾在武汉召开一次三人秘密会议。会上，谭氏力主鄂湘赣三省工农革命群众，跟随中共秘掌军队返回广东，和当地工农革命群众一道再组新军，重作北伐，夺取政权，一统天下，因为据俄国近年方才公开的该会会议记录记载："收复广东很有必要。那里有 30 万支步枪，有同国外联系的港口，有财政资源……"谭氏如是说[181]。

根据谭氏此语，读者可以明白无误推出：共产国际对于国共分裂之后即行武装中共一事早有安排，以往中共官修党史向称斯大林、鲍罗廷、陈独秀、张国焘等于宁汉合流之后几个月内奉行退却主义，全为不确。共产国际的策略应是，先行缓兵之计，一俟重兵返粤，沉着首启广州起义（而非毛躁首启南昌起义）；广州有港可接火炮、甲车等（枪支已有），可行重拳出击；而赣鄂湘没有一处临海。

斯大林凭什么要对十倍弱于自己的蒋介石实行退却政策呢？此时英美德日并无介入，且对蒋氏秉持敌对、观望态度，并无针对苏联的制衡操作出现。

而据时任广州政府炮兵总监的邓演存（邓演达胞兄）等人合著的记述，北伐发动之前，苏联曾经几次派船秘运军火到穗，其中规模最大一次，接援方面征用了"四五十艘大驳船转运了四五天才运完"[182]。

当时航行珠江的大驳船

北伐军出广东之后，笔者相信，应当仍有苏船运送军火来穗，但是这些军火，必然既有明供北伐军的，也有暗供共产党的。笔者猜测，李之龙被苏联顾问推荐为海军局政委，许与秘运苏援饷械有关，但他已将此一秘密带进了坟墓。

根据淡水叶挺将军纪念馆和南昌八一起义纪念馆陈列的北伐军以及起义军的主战步枪复制展品不约而同都是捷克产 VZ.24 步枪、骑枪来看，苏联于 1923 年下半年至 1927 年上半年这三年半中为华南国民革命军和西北国民军提供的主战步枪、骑枪，还不是后来为中共部队提供的日本产明治三十年式步枪、骑枪，而上述是捷克产 VZ.24 步枪、骑枪。如图。

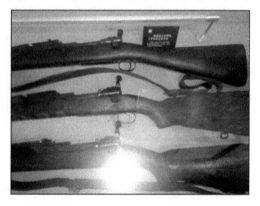

谭氏所云 30 万枪虽然来自苏联，但并非俄制，而是全为日制，属于一战时期沙皇政府向日采购之物及苏联仿制之物。苏联此举目的在于"掩人耳目"和"废物利用"。此一原则一直贯彻至 1940 年代末[183]。

这 30 万枪抵粤之后，藏于何处，流向何处，一直未有档案——包括俄国近年开放的苏联政府档案——揭秘，看来它们属于不可告人之档。本文试图从"事后迹象"来对其进行逻辑揭秘。

在接受、转运、储藏、看守这批枪械的负责人中，应当有人知道它们是储备步枪且预设藏留在广东。但从现有旧有、新揭史料中，我们找不到他们的踪影；如今可以确定的知情者，仅为罗易、谭平山、陈独秀三人，而据有现有文献记载判断，三人以后均没透露这批储备枪械藏于何处。笔者首先怀疑，中共方面最早的知情者，乃是叶挺。叶正大将军能回想起什么吗？

三、陈济棠在苏联接受委托

北伐军出广东之后，粤军师长陈济棠奉命负责留守广东，以及后续供应前线所需军火。于"四一二政变"之前月余，他即率团离粤访苏，与苏洽谈后续供应苏援军火问题；在"四一二政变"之后月余，他方率团离苏返粤,前后在苏逗留近三月之久。非常奇怪的是,依其自传所说,他是租下一艘邮船独自一人乘船经符拉迪沃斯托克赴莫斯科的,花了三万港币;而所有其他团员,则是合乘火车经满洲里赴莫斯科的[184]。笔者猜测,于船独处期间,可能已被谭平山或者周恩来初步策反的陈济棠,应像后来的盛世才一样,续被苏联特使完成策反。与新疆盛世才相仿,抵苏之后,陈氏许被苏共接纳入党,成为领有党证的苏共党员,并获斯氏秘密接见。陈氏承诺将为中共秘藏秘运苏援饷械,苏联承诺将为陈氏南粤称霸提供支援,另外再以重金相赠。再推下去就是:陈氏后来部署亲信(应有余汉谋,或有李汉魂),将苏联援助中共的械弹分批秘运粤北,寻洞秘藏,然后派兵把守,对蒋秘而不宣。及至中共建立(井冈山→)赣闽粤、鄂豫皖、湘鄂西三大苏区之后,又与中共密切合作,秘派辎重车船,秘雇挑夫船夫,将粤北秘藏械弹,分期分批经由新开公路、偏僻山道、冷僻水路直接、间接秘运三处,持续时间应有四五年(1930—1934)。红军长征途经粤北,陈军不仅是朝天放枪,而且履约最后一次补给红军十万发子弹[185]。

陈氏还有可能接受苏联指示、资金,在粤省清远设厂,进口全套设备,为中共制造榴弹炮[186]。不过制成之时,中央红军已经离南赴北,功亏一篑。

中共建政之后,由于陈济棠不肯应叶剑英之邀起义回归,陈氏家乡政府曾经毫不留情清算陈氏家族家产;改革开放之后,改弦更张,又予陈氏好评,发还陈氏物业;甚至在穗举办陈氏生平事迹展览;1980 年 9 月,邓小平在接见陈氏儿子、美籍华人电子学家陈树柏时说:"令尊治粤八年,确有建树。有些老一辈的广东人还怀念他。"千恩万谢尽在不言之中[187]。

四、南线五项协定让路千里

众所周知:于江西红军长征前夕,1934 年 10 月初,中共代表与粤军代表在江西省寻乌县罗塘镇,秘密签订了"南线五项协定"。其中最为重要的一项,乃是粤军愿意将其驻守的师管区开三道,俾使红军此途无损西撤。笔者考证出来,此期红军损失人数基本乃属"掉队",即离散乃至逃亡。其实当时正值对于红军的第五次围剿即将获胜前夕,蒋氏并且毫无趁机剿灭粤军之意,陈氏既不必惧怕共军入粤也不必惧怕蒋军入粤,本无什么主动示好红军动机。因此笔者认为,陈氏必是接到苏方关于红军即将西撤通报,从而要求粤军让路的"指示"(当然有偿),才予红军让路。切盼后学能够找到这份苏方致陈氏信函档案。

据载,粤军代表还曾转达陈济棠邀请红军"留下来一起反蒋介石"的口信。红军此次转移乃是遵循苏共以及共产国际的既定方针,从实施在华南割据这一"权宜计划",向实施在西北割据这一"长远计划"过渡,所以没有可能留下来和陈氏一起反蒋介石。"权宜计划""长远计划"原先是苏联为孙中山武装割据中国而制定的方针,红军只是萧规曹随。

毛泽东注:"1934 年,形势危急,准备长征,心情又是郁闷的。这一首清平乐,如前面那首菩萨蛮一样,表露了同一心情。"诗如下:

东方欲晓,莫道君行早。

踏遍青山人未老,风景这边独好。

会昌城外高峰,颠连直接东溟。

战士指看南粤,更加郁郁葱葱。

既是心情郁闷(笔者看不出来有何郁闷。那首菩萨蛮也没郁闷成份),为何还写"战士指看南粤,更加郁郁葱葱"呢?这肯定跟粤北有着陈济棠协苏济共武库有着极大关系。

有人会说,红一方面军原本不是计划到湘鄂黔边与红二方面军会合,重建中央苏区的吗?应邀留在粤桂湘边便可徐图此项目标,有啥不好?

笔者的看法却是,即使红一、红二会合成功,不久之后也会设法一同渡过长江,经由鄂西、陕南、陇东、宁南,进入后来称作陕甘宁边区的地域,背靠苏蒙接饷接械,割据西北觊觎中原。

五、顺带说说长征伊始目标

红军长征伊始，绝非官修党史一向所说那样，由于王明路线作祟，没有目标。此前斯大林已继鲍罗廷提出"西北革命中心论"之后，非常热衷地提出了"四川革命中心论"。斯氏阐发四川革命中心论的演说文字，笔者曾于中山大学图书馆一部藏书读到过，印象深刻。但是以后百般寻找，不见踪影。笔者怀疑中共、毛氏曾下令全面搜索毁灭此一斯氏演说文字？希望后学继续求索。为什么是四川？笔者认为，这是因为苏联运输军机可以从新疆哈密苏军基地起飞，经由青海高原无人——亦即无防——地区（可以事先设置几个油站，以便以后军机中途落地加油）飞抵川西，运送饷械（包含炮械、炮弹）接济中共；同时川西的北、西、南三个方面，都不存在威胁红军强大之敌。中共长征之前绝无可能没有得到传达这一斯氏意图，否则张国焘不会率兵先舍陕南而入川北，后下位于四川西南的天全、芦山——此地靠近设有苏联驻蓉总领事馆的成都，近得就像翁源、曲江靠近广州一样，张氏亦曾指望苏方就近向他秘密输饷。他必派过亲信前去成都苏总领馆求饷，但是想必未得积极回应，四方面军只得重新北上。也许未克百丈被迫北上，红四战败只是藉口，苏方拒饷才是真因。如果蓉城苏领事馆得到苏共中央指示，答应分拨饷械予以红四，笔者相信张氏定会重整旗鼓再战，川军未必能够再赢。军事方面，据一位四方面军之后阐述：当时川军坚壁清野，筹粮极其不易，红军战士饿得头晕眼花，无力长时作战，遂有张氏强军反而不敌四川弱旅之百丈战役。不过，天全、芦山本是鱼米之乡，并非中央谴责张氏南下电报里面所说"川康藏区贫瘠之地"。张氏绝不至于傻到那个程度。

南京高级步校陈忠龙教授研究档案之后发现：中共公布抗美援朝档案之时，目标没有实现的军事、外交行动，有关档案通常均被隐去。以此观之，张氏既然惨遭失败兼且分裂红军，中共不愿承认长征初始目标乃为实现斯氏四川威逼东方学说而行挺近川西另行割据，便属必然，将之隐去可挽"英明"嘛。偌大的军事行动没有初始目标，纯属天方夜谭！

2017 年 1 月 18 日，网络登出一篇文章《王明历史若干问题探究》，该文根据苏联有关档案以及王明谈话笔录，首次披露：

关于中央红军撤离苏区的决策。过去只知长征是经过共产国际批准的，但是怎么决策的不清楚。王明说，这个电报是他参加起草的。他说：为了避免红军遭受蒋介石军队从东北两线逼来的包围，为了保存红军有生力量，1934 年夏，根据苏军参谋部第四局（侦察局）局长的提议，由这位局长和王明、康生等共同起草了一个放弃中央苏区，转移到四川地区建立新根据地的电报。后来中央红军的长征，就是根据这个电报进行的。[188]

美国陶涵学者（Jayson Taylor），于其《蒋介石与现代中国》（林添贵译。北京：中信出版社，2012，078 页）一书中，赫然提到："终于斯大林借由短波无线电指示中共突围，寻找新的基地，或许接近外蒙古。"这就雄辩地证明长征决定并非来自李德、博古二人，而是一项"最高指示"其次充分证实了笔者关于中央红军持有短波电台，长征之时没有可能一度没法联络苏共中央/共产国际的观点。

人们由此可以判断出来：毛氏对西北革命中心学说感兴趣，对川西革命中心学说不热心，但是张国焘热心。也许潘汉年站到了张国焘一边：他于 1934 年 10 月中旬在莫斯科向苏联中央/共产国际作汇报时，建议对方设法派人建立和"川南苏区"——张国焘 10 月上旬分兵南下，中旬已抵川南——的人力联络渠道。这又似说明此时四方面军与共产国际有着电报联系，苏方已告知潘汉年张国焘最新消息。回国以后，潘汉年也许又选边站站到了王明一边。笔者猜测就是潘汉年三番两次站错队，导致了他于解放后被囚，而不是因为私下见了汪精卫被囚，后者只是借口。潘汉年乃是苏中双轨特务，按照各国例行间谍守则，他完全可以不经请示会见汪精卫，联络岩公馆。

六、武库枪弹如何运往苏区

笔者经过推算，得出以下判断：苏联秘运 30 万支枪、三亿发弹

（若每枪配弹 1000 发）来穗，木箱包装，仅用一艘载重量 5000 吨左右的海船就绰绰有余了，还可在枪弹之上覆盖原木，以作遮掩——苏联担心港英政府海上截查[189]。该船抵穗，停泊在黄埔岛段珠江河口（其时尚无黄埔新港），使用自备桅吊，便可将全数枪弹卸予来驳珠江常见 10～20 吨帆橹木船，每天若来驳船 50 艘，十天便可完卸；最后一艘驶至韶关，应是开卸之后 15 天左右。此后改用肩挑牛驮运上——初时我猜——南雄油山。

若用水运，粤北武库守备部队只需每天使用一艘载重量仅为二吨的木船或者竹排，装枪 100 支、弹十万发，一年 300 天就可向三处苏区（直接或者间接）运枪 30000 支、弹 0.3 亿发。四五年（1930—1934）之中最多当可运枪 15 万支，弹 1.5 亿发，已与三处苏区中共兵力总量超匹配；其后，应余枪 15 万支、弹 1.5 亿发。每天只出一船或者一排载运两吨货物，是个多么不易被敌发现的动作！遍布中央苏区的赣江水系，可以轻而易举地将粤北来枪来弹，经由长江

黄埔军校遗画中的苏联来校海船与此相仿

干流及其一级支流浠水、沅江，运往另外两处苏区。

若用陆路，新揭史科表明，当年由陈军占领区南雄东出，通往红军占领区于都的穿越崇山峻岭的挑夫小道、牛驮小道，乃始于乌迳，途经（广东）沧浪、铜锣湾、赵岭、井石，（江西）信平、赣县。地下党曾经利用此径，向中央苏区秘运被服等物，途中布有秘密武装人员保障安全[190]。1929 年 1 月和 6 月，毛泽东和彭德怀先后率部从井冈山向赣闽边转移之时，都曾南下绕道南雄。据载出动过"竹排兵"（电影《闪闪的红星》内有曲折写照），运走包括军服在内大量的军需。虽然迄今无人透露另外还有枪支弹药（军服难道不能就在苏区制造吗？），但是此事足以表明：陈氏确曾经暗中巧为安排南雄来作中央红军白区秘密综合后勤基地。

文革发生之前担任广东省军区政委一职的陈德，现被誉为"潮汕地区唯一走完长征的开国少将"，原为陈济棠部士兵，后来加入红军，而非属于参军的海陆丰农会会员（好像根本没有会员参加红军）。据载，其时他曾驻守梅关、油山。虽为普通士兵，陈德当时也许略知油山武库性质为何，甚至担任过守库卫兵。可惜他已驾鹤西游，笔者无从对他进行面访。

笔者猜测，极有可能按照陈氏原与苏方达成的协议，改变"在粤举事"此一原定方针之后的苏方，一再劝阻中共勿在广东"闹红"。于是，导致：其一，彭湃领导的海丰陆丰农民军、古大存领导的粤东地区农民军，都未能够按照原定计划，得到长足发展，竟至双双自生自灭，彭氏、古氏最后几成孤家寡人，引起笑谈——共产国际认为，支持几乎带不出一个"对内抱团对外排斥"恶习格外严重的海陆丰潮汕籍预备兵员的彭湃，属于犯了"战略性的错误"；其二，中共建政之后，粤籍将领政要十分稀少。后来，彭氏只身前往上海（为何不是苏区？）不幸被捕遭到国民党枪决；古氏则投奔延安充当毛氏"整风石头"。

七、为啥弃井冈山取赣闽边

中央红军从井冈山移往赣闽边的目的，无疑乃为该地接近汕头、厦门两处海口，便于接受苏援重型武器——此应源自苏军顾问事先制定的A计划。南昌起义部队逼近潮梅之时，曾有二艘"吃水颇深"的苏联货轮游弋汕头海面[191]，后来不知所踪。笔者猜测：后来它们必是接令启动B计划，转而驶向珠江河口；上面装载的，极有可能就是谭氏所云之30万枪。卸下之后，即被陈氏秘密运往粤北。另外，据罗瑞卿长女点点于其所著《非凡的岁月》当中透露，1932年初，毛氏率领中央红军占领漳州，从当地工商业主"筹得"大洋200万[192]。但是笔者怀疑"筹得"之款大部，实为苏联派出小船驶入九龙江河口现属漳州市龙海区的小型海港石码镇，送予中共之苏款。毛氏领军攻克漳州之后专派罗瑞卿、杨成武率兵驻扎石码，应是为了秘接此款[193]。

非常奇怪，笔者在已经翻译出版的有关苏联档案中，没有见着一件描述实施漳州战役的过程、结果的档案！貌似因为极为绝密，不愿公开。俄方藏着掖着的档案看来还是不少。

又据《毛泽东年谱》收入的当时报纸报导，由于料想中央红军下一步必将占领厦门以便取得苏援重型武器，列强立即派出泊沪军舰多艘封堵厦门海面[194]。

苏联、中共从此知道，应急计划倚重之海口已塞，必须启用长远计划，移师北上陕北，转而倚重众多通向苏蒙道路之陆口。不过，共产国际仍然认为，1934 年秋，红军若行北撤，尚属为时过早，因为"动员新的武装力量，这在中央苏区并无枯竭"[195]——此语表明：其一，苏联早为建立更加强大红军而行储备武器弹药——应包括油山所余 12 万支枪、1.5 亿发弹；其二，陈济棠引进瑞典榴炮工厂即将开工。

八、鲍氏预为中共踏察地形

鲜有人知，广州政府迁往武汉，鲍罗廷说服汪精卫，车至韶关，弃陆就水，一行人经赣江而非湘江入长江西溯武汉——其时粤汉铁路韶关至衡阳段还未铺轨。笔者认为，鲍氏及其苏联军事顾问，实为利用此行来为中共今后实行应急计划，踏察陈济棠协苏济共武库周边地形。前此苏联飞机曾从粤境起飞，侦察——当然还有航拍——赣南及其周边地形，后有一架因为出了机械故障迫降赣南，曾被敌方掳去两名飞行员（后被无损放回）[196]。

据此笔者相信，粤北秘密武库选址和设计，也应出自苏联军事顾问之手。由此推之，早在北伐之前或者之初（蒋介石势力脱华南入华东），苏联便开始开始为中共武装夺取全国政权殚精竭地做准备、部署。有人后来反咬苏联一口，诬其不准中共革命，真是不知从何谈起！

九、猜测东库之外还有西库

鉴于战略武库通常应当分作两处或者以上，笔者起先猜测，陈氏还有可能遵照苏联指示，在粤北绥江（西江支流）和连江（北江支流）河道趋近之处，设有一个备用秘密武库[197]。广州起义残余部队的北撤、张云逸、邓小平的百色起义、离桂境红七军的粤北徘徊、红二方面军的乌蒙回旋、陈济棠的"两广事变"、叶挺的独来宝安任职"东江游击总指挥"、八路军办事处的进驻桂林、二王第一梯队的遂行南下粤北（据始兴县方志办说：终点乃为始兴）、文（年生）张（启龙）第二梯队的准备南下粤北（还有第三梯队，由古大存率兵五万！）、粟裕的曾被中央命令率部挺进江南、中南等等，均应与此粤北第一、第二秘密武库及珠江水系有关。

尤其需要指出：其一，中央红军北上之后，陈毅受命率领一团人马秘留油山，除了保护武库余存，哪有别的合理解释？在"南方三年游击战争时期"，陈部一直保持着神秘的静默，政治上从未闹过红，军事上从未进过攻。陈氏于此时期，曾作《梅岭三章》，中有"此去泉台招旧部，旌旗十万斩阎罗"之句，笔者认为，"泉台"乃指该库代号"矿泉"——此名洋味儿十分浓，必是苏联人起的，"十万"乃指余存枪弹可供至少十万将士之用。其二，1960 年代，在中国能够自产各种轻型武器之后，两处秘密武库的余存应悉数被毁：金属件回炉，木质件付炬，火药末引燃，标准件择留，不留一丝苏援痕迹。执行回炉任务的机构应是"北江钢铁厂"，又称广东省"第八钢铁厂"或者"特种钢铁厂"。韶关本来已有较大的钢铁厂，如果不是为了秘密销毁上述两处秘密武库余存，以及其他来源的报废武器，本无理由又在无铁无煤的韶关地区阳山县小江镇，再建一个钢铁厂。

笔者曾作猜想，叶挺部队的甲车——它既可走铁轨（拆去胶轮），又可走土路（装上胶轮之后）——后来可能也被藏在第二秘密武库里面，怎么它们忽然就完全不知所踪了？如果答案为是，那么它们后来也会遭到拆解回炉的命运，可惜之至！据此推理，叶挺最有可能一早就知道那些枪弹藏在哪里。

油山　　　　　　　　　《梅岭三章》诗碑

十、佐尔格系统钳制陈济棠

苏联先后在中国建立过七个亲苏系统：国民党系统、共产党系统、陈济棠系统、邓演达系统、马占山系统、盛世才系统，以及佐尔格系统。佐尔格原为德共党员，后入苏军情报系统[198]；但对于加入佐尔格系统的中国人而言，亦是一个亲苏系统。

二战爆发之前，由于同属凡尔赛—华盛顿体系的受害国，德苏两国曾作秘密"军事挂钩"，并且协调外交行动。在此背景之下，佐尔格持德国护照，受德国驻华使领馆保护，借用农业专家名义，足迹踏遍半个中国。佐氏在华为苏联从而为中共建起、运转了一个庞大兼且有效的情报系统，这个系统对于中共内战取胜，理应做出了极大贡献。中共自己不能破译的敌方密码系统，必然交由佐氏下属住在上海租界宋庆龄宅阁楼的密码破译专家破译，或者经由他们发回苏军情报部门破译。

佐氏还应从旁帮助过陈济棠系统的有关运作，例如，撮合"合步楼"（缩写 HPL 谐音。德国对华贸易专门机构）与陈济棠之间的合作，如进口德国机器、出口江西钨矿之类，不过佐氏似无直接露面[199]。佐氏及其下属，以及之前的苏军顾问，还应买通了多个德国或者欧洲别国在华天主教堂、德国私人诊所，暗中为转送输共款项、治疗共干伤病服务。例一，俄国近年公布的斯氏统治时期苏中两党关系档案，其中有份中方交给苏方的工作汇报，内中提到井冈山周边一处外国教士主持的天主教堂，已经变成了白区通向苏区的秘密中转站[200]。例二，王稼祥夫人朱仲丽于其回忆录中，记述了丈夫受伤之后曾被送到闽西一处德国医生开的诊所开刀的经过[201]。手眼通天的佐氏的触爪甚至可能伸向了德国驻华外交官员：近年广州市荔湾区旅游局发现，邓颖超曾于1927年"四一二政变"之后，带着身孕乘坐德国驻穗领馆的汽船前往香港，逃过蒋氏政变灭共一劫[202]。中共其实理应为左氏树高碑立大传。附带说明，根据《粤海关档案》[203]记载，当时广州被杀共党即过1000，"全国仅有数百被杀"之说不确。

中央红军北撤之后，为了防止陈济棠擅自启用备用秘密武库，佐尔格甚至可能（从日遥控）布置了一个骗局：他给陈氏派来的军事顾问下了飞机之后，陈氏空军人员发现他们竟然是一拨叽哩哇啦互说日语的日本男子[204]！他们也许实为藏身满铁研究部门的日共成员。本来陈氏发动"两广事变"，标榜的就是反对南京政府的"攘外必先安内"方针，如今自己反倒冒出勾结日本之嫌，其下空军司令黄光锐本于民族大义，马上率领机群悉数升空归顺南京，陆军司令余汉谋人以类聚，随后统一下属意见宣布起义，谴责陈氏"阴结外寇"。陈氏失势，只好主动下台，自我放洋。根据民间传，苏方事先可能馈以陈母重金，晓以陈氏利害，诱其通家反蒋。

延河属黄河水系，南湖属长江水系，如今看来，珠江水系，尤其是浈水（上图），才是中共及其武装力量的最最正宗的母亲河！这一定位乃为源于 1920 年代中期苏联派粤军事顾问的周密策划。当时苏联首席军事顾问巴甫洛夫将军，甚至在踏察珠江航道之时不慎落水牺牲。

11. 二揭陈济棠协苏济共武库：证据不孤

　　"岭南大儒"袁伟时教授，文革结束以前曾与笔者楼上楼下为邻20年，两家稔熟。2015年再度见面，他认为这一为我发掘出来的"谭平山30万枪说"十分重要，证据解释发人深省，逻辑推理亦为合理，但却仍为孤证，仅为一个直接证据，需要寻出更多直接证据，钩联成证据链条。于是，2016年上半年，笔者再度细读撰写"初揭"时多次引用的联共（布）、共产国际档案，得到五个新的结果如下。

一、盖利斯给别尔津的报告

　　这次首得的直接证据，称直接证据二——竟然又与"30万枪"相遇：在呈于1930年11月30日的《盖利斯给别尔津的书面报告：对中国红军部队的总的评述（截止1930年11月15日）》中，盖利斯确认：红军官兵总数为54000，步枪总数为305000，机枪总数为7000，迫击炮总数为13，山炮总数为二[205]。

　　中国社会科学院黄修荣主编的《共产国际、联共（布）与中国革命档案资料丛书》，翻译工作乃由中共党史研究室"译审兼译校"马贵凡主持。连他一共五位翻译此书专家，有没可能两处译错数字？这得由马氏来做回答。查清途径只有两种选择：一是再度查阅复印原文件，二是再度询问俄方档案管理机构。笔者认为两处齐齐译错没有可能，黄修荣自己打过保票：

　　为了保证翻译品质，我们决定对这套丛书的译文采取双校制，即请高水准翻译家把俄文档案资料译成中文后，由中央编译局的宋洪训译审和中央党史研究室的马贵凡译审先进行文字审校，确保译文符合俄文原意，随后由著名学者北京大学张注洪教授和清华大学刘

148

桂生教授进行学术审校，确保译文中人名地名和事件名称符合当时称谓[206]。

54000 官兵即有步枪 305000，枪数乃是人数的 5.6 倍，若无巨大仓储，可以做何解释？难道人数尚不足六万的红军此前消灭了 240 万白军？没有此数，缴获不出来 240÷8=30 万[207]。有此胜绩垫底，已可直捣南京了，还要什么五反围剿、万里长征？

有此 30 万枪，除了 1927 年首打潮梅之外，不难推出，以后二打三打潮梅，因为枪支已足，目的应是占领汕头海港，接收苏援重型武器，如山野炮及其炮弹、重机枪及其子弹以及电台、钱款。但是二打三打四打都跟一打一样落败。对手仅是小小地方军阀，红军四破围剿的好运，在此不知何故竟然不见。

二、瓦西里耶夫拟劝组军书

次得直接证据三：1925 年 7 月 21 日——此时距"中山舰事件"发生还有八月之遥——在莫斯科，曾于 1925 至 1926 年间任共产国际执委会东方部政治秘书，1926 年任东方部副部长，1929 年任东方部组织部部长的瓦西里耶夫，郑重其事地写信予中共中央，"谈谈我们对组织中国革命武装力量的看法"。现将瓦氏"劝组军书"要言摘录如下：

现在运动的减弱必然孕育着在将来同外国帝国主义者和中国军阀的更顽强的武装斗争，因此要求中国共产党在组织中国民族解放运动武装力量方面要有特别认真的态度和坚持不懈地做工作……战斗队夺取武器库，将武器分配给重新组建的的队伍……首先还是要武装革命组织的成员。/中国共产党不得不在较为困难的（半公开或完全秘密的）条件下开展武装民族解放运动的工作。党应当表现出最大限度的谨慎和耐心，同时有条不紊地坚持做工作，不在巨大困难、不可避免的失败等情况面前止步……/革命军队的军政干部都将从工人队伍中选拔。最好按企业组织工人部队，以便使每个企业都拥有独立完整的战斗单位。在城区和市内，应当把部队联合成更大的由秘密信号、动员计划等联系起来的战斗单位/……部队的指挥人员应当从特别可靠的人中，当然最好是从共产党员中挑选……/另一方面，建立农民革命军……千方百计争取使党的领导机构同农民部队的指挥员和政工人员建立密切的个人联系。部队的内部组织、其动员、训练和作战计划应当由党委仔细研究制定/部队自然不可能是很臃肿的。每支部队的人数及其内部组织应当适合于现有武器的数量和准确估计的秘密工作条件。每支部队应当是尽可能完备的战斗单位（有起码的辎重、卫生服务部门等）。同时每支部队都应当拥有可以用于补充和扩大队伍的预备队[208]。

这已不是地下民兵而是地下军队了！

俄共（布）中央政治局中国委员会会议第四号记录（1925 年 7 月 28 日于莫斯科）记下了对于瓦议的答覆："决定：关于红色部队的问题眼下不做决定，将来不放弃加以实现。为了详细研究组织地下军队的总计划，成立由彼得罗夫、特里利谢尔、别尔津、韦诺夫、隆格瓦等同志组成的专门委员会[209]。"

《共产国际执委会东方部关于中国共产党军事工作的指示草案》（早于 1925 年 8 月 21 日于莫斯科）要求："中共各级委员会都要组织军事部；这些军事部的领导人一定要设法成相应国民党军事部的领导人，争取掌握国民党各部队的实际领导权；绝不忽视建立农村游击队、城市战斗队；瓦解敌方部队并且使之转化成为革命军队；甚至分化瓦解外国驻华军队！"指示草案还详细规定了军事部的组织结构、功用职能[210]。显然这份指示草案仍为出自瓦氏之手，不过可能没有发给中共，因为第一，只是称作草案；第二，没有签字在上。

顺带说说：其一，由上可见苏方思维此时仍囿于雾月政变、里昂起义、维也纳起义、彼得堡起义的那种通过街巷战事夺取政权的欧洲模式。至于农村包围城市武装夺取政权思维，苏方也不是一点没有，由上也可看出苏方也较重视组建农民军队。例见：苏共建国初期，为减轻日军干涉，曾于俄国东部成立表面没被染红的远东共和国。其不足两万人军队，竟然能用游击战、迂回战逼迫七万日军撤退回国。谁说老毛子只是城市中心论者呢？林彪于其 1960 年代发表的《人民战争胜利万岁》中提出的"世界农村包围世界城市"战略，乃为拾布哈林于 1930 年代在共产国际会议上所作报告中的牙慧。

其二，根据这套苏联档案可以看出，联共（布）、共产国际于 1927—1937 年期间，其实并无压制，反而力举毛泽东。他们清楚知道王明、博古、洛甫、稼祥等人不是统帅之才。已逝北京大学教授向青就曾写过《共产国际压制过毛泽东吗？》；俄方中共党史研究专家基于档案材料，也不承认这一点。斯大林与毛泽东的尖锐矛盾，本是源于 1941—1942 两年交替时期，毛氏坚拒斯氏对他所发出的要求中方派其全军（约 20 多万人）进入苏联后贝加尔区，换上苏式军服、装备，然后挺近南满阻止日军侵苏的指示，按兵不动，见死不救一事。这事毛氏本来可以仅派三五万官兵前去，然后得索取更多苏援饷械，两全其美，他却走了一步错棋！得罪了斯大林的毛泽东不知为何后来得到斯大林的原谅进而力挺；得罪了史迪威→马歇尔→罗斯福的蒋介石就被种瓜得瓜种豆得豆地被后者抛弃，"维护主权"维护到败退台湾。

三、计划武装中共 15 万人

瓦西里耶夫的建议两年半以后就被接纳、被实施了。

再得直接证据四。1927 年 3 月 3 日——此时北伐军已经远离广州港，国民军已经远离天津港，两军接受苏援饷械已够，在当天召开的联共（布）中央政治局听取中国问题报告的秘密会议上，斯大林等对于支援中共秘密建军，做出下述决定：

其一，禁止今后通过国家机关向中国运送武器。

其二，责成（政治局属下的——笔者补）中国委员会为此目的组织私营公司。

其三，向在中国接收武器的人极为秘密地通报本决定[211]。

"在中国接收武器的人"除了陈济棠、余汉谋，还能有谁哟？中共有此能力？

1928 年 4 月 6 日，时任共产国际执委会远东局书记的米夫致信时任该执委会委员的布哈林，建议采取十条措施应对中国局势，建议中共中央："占领能够作为运动根据地的某个地区并在那里巩固下来，最好是东江地区，并首先向湖南边境扩大……我方军事主管部门：采取措施立即将军事装备运往暴动地区……拨给 100 万中国圆，由中共中央用来进行上述地区的军事及政治工作[212]……"

又得直接证据五：在呈于 1934 年 2 月 13 日的埃韦特在上海写给皮亚特尼茨基的信中，埃维特说道："不带多余的悲观主义应该承认，包围圈越来越小，敌人的兵力在接近向我地区突破的一些地方，广东的积极活动现在威胁着我们最重要的"贸易路线"，敌人的兵力在增多，而我们的兵力至少相对而言在减少[213]。"

"贸易路线"原文就打了双引号，应是武库军火运往苏区的秘密路线![214]

四、粟裕回忆又现上帝之口

卒得直接证据七——竟然又与"上帝之口"相遇。《粟裕回忆录》透露，1929 年末，毛泽东反对上海中央指示二打潮梅，南下东江[215]。毛氏亲口对粟裕说，如果那样行动，就会威胁粤北南雄、始兴。对于白军，毛氏认为红军的方针应该是"攻赣，防湘，不惹粤。"[216]威胁南雄、始兴，惹了何方，惹了又会如何？毛氏没有说，粟氏没有想过要问。对于笔者今日在此所揭之秘，毛氏当然心知肚明，但却守口如瓶。粟氏当时没有资格知道这一秘密，所以毛氏欲言又止。白军不是东南西北都在威胁苏区吗？为何只有南、始二县需要谨防白军入内？只有一个解释，那儿有着苏援饷械秘密仓库。红军若去那一地区活动，就会引诱蒋介石的中央军来，导致陈济棠的广东军去，秘密武库赖此一来一去，便有可能被中央军发现、捣毁。红军丧失武器弹药补给基地，就会很快被敌击溃。

粟裕这段回忆真是一字可值千金！它不仅证实了始兴、南雄秘密武库的存在，而且令笔者瞬间明白：第二秘密战略武库，不在三连一阳，而在始兴！从韶关东去，先到始兴，后到南雄；北江上游浈水连贯二县，黄埔出发帆橹木船可达二县码头。

红军长征到达陕北以后，苏联通过下述路线对其供应武器：苏联伊尔库茨克→上乌金斯克→恰克图（即特洛伊茨科萨夫斯克）→外蒙乌尔嘎（即乌兰巴托）→内蒙满都拉口岸→百灵庙→大青山包头[217]段→后套黄河；此后，一支线去往陕西绥德（陕北交通枢纽，陕甘宁边区后期北大门。由此转运华北、华东中共部队）以及河防部队；一支线去往内蒙伊克昭盟（今鄂尔多斯市）西部桃力民（当时或含如今鄂托克前旗西部）→鄂托克前旗→陕西三边地区的靖边→延安地区。满都拉是呼、包、鄂三市距离外蒙首都乌兰巴托最近的口岸，历史上是内蒙古与外蒙古、俄罗斯的主要贸易通道。

中共曾经派出精锐部队建立大青山游击区，暗中保护紧靠陕甘宁边区北部的此线内蒙区段。毛泽东明确指示，此线内蒙区段只能建立游击区，不能建立根据地。用意亦和"如果那样行动，就会威胁粤北南雄、始兴"导致中央军开进粤北相同。不宜打走晋绥军，否则必会招来中央军。后人没弄明白此一战略顾虑，还是成立了一个"大青山抗日游击根据地纪念馆"。

顺带说说，其实，"攻赣，防湘，不惹粤"还应加上"不惹闽"，因为根据同样道理，"惹闽"也会招来较为强大的国民党中央军。这样，红军通过福建沿海接收苏援饷械，甚或乘坐苏联舰船北上符拉迪沃斯托克绕道外蒙古南下陕甘宁的前景就会丧失。明乎此，也就不难明白中央红军为何不愿和19路军积极合作的深层原因了——苏军总参档案应有此一说明，依赖后学去找。1934年初，"福建事变"平息，国民党中央军掌控了以前为19路军掌控的福建全省，中央苏区腹背受敌，九个月后，中央红军就得离赣西撤，万里长征。

五、回忆永定首遇上帝之口

命运一再眷顾笔者。本人治学"苏联奥援中共饷械",首遇上帝之口,乃于 2012 年 6 月 29 日。那天笔者偕友由广东梅县松口梅教中村(笔者母亲故乡)出发,前往东北方向几十公里外的福建省永定县仙师乡务田村,寻找中共党史之上唯一成功罢免毛泽东的战死烈士刘安恭的坟茔。

刘氏联合在德在法结识的朱德、陈毅,三位四川老乡实行了对于毛氏的此次罢免,并且得到了上海中央的支援。双方分歧在于:四川人认为军队姓军,政治指导员必须听命于军事指挥员;军队必须专做军事工作,不应旁骛民政工作。湖南人认为军队姓党,"党才是领导一切的"。笔者揣测,刘安恭之所以于 1930 年主张中共军队应当模仿苏联红军样式正规建军,理应与以此准备迎接苏援炮械大量到来有关,游击队是建不起炮兵队的呀。

皇天不负有心人,到后,果然发现,有位顾姓老人知道这位"红军大官"的坟茔所在,且愿带路,好让我们临墓拜祭。笔者以水代酒,洒到充作坟茔记号的石砖上面,心中默念如下语句,告慰三尺黄土之下刘氏:"在您中枪咽气之后短暂停灵的顾家祠堂,据顾兴香老人家回忆,刻有一副楹联,上书"纪念宗亲光垂百世,公余视泽荣耀千秋"——下联赫然嵌有我名"泽荣"二字。此事表明上帝早已属意于我不远万里来寻贵体,来纠党史……汝坟既出,河清有日,您安息吧!"

但是一丝顾虑蓦然涌上心头:一旦完成上帝交付给我的任务,他会让我回到生前世界向他汇报吗?看过香港电影《拆弹专家》之后,我方醒悟,两次幸遇上帝之口,说明我被上帝选来纠正党史,正像刘德华饰演的拆弹专家章在山所说,他是被上帝选来从事拆弹这份险活儿的。险活儿呀!义无反顾吧义无反顾!

　　莫斯科新圣女公墓里唯一的中国人是中共早期领导人王明。他是当时极受苏联器重的共产国际执行委员会委员、书记处候补书记，"正宗的"马克思主义者。但是"洋包子"最终不敌"土包子"，他成为中共1930年代初教条主义、"左"倾冒险主义的代表人物。1956年偕全家去苏联治病不归，得以善终，下场却是远比彭德怀、刘少奇、陶铸、林彪等幸运。古代中国曾有多次农民起义能够夺得半壁河山乃致无缺金瓯，反观古代俄国，仅有两次的较大规模农民起义——领袖分别为拉辛、普加乔夫——都告失败。洋包子们跟风苏共"城市中心主义"，确属必成南橘北枳。

12. 三揭陈济棠之协苏济共武库：储运主管

一、余汉谋进入了作笔者视野

笔者曾在自己先前发表的一篇文章中，基于陈济棠联苏通共，没有可能绕过亲信而行单干推断，提出曾经做过国民党陆军总司令的余汉谋，有无追随陈氏协苏济共的疑问，不过未作展开讨论。最近得到新的史料，足可佐证上述"没有可能"的推断，因此命笔揭示，以为后人开启沿此深入探究的大门。将来若有人在苏共中央、苏军总参、共产国际所遗俄文档案中找到"卷宗 X. 陈济棠—余汉谋"笔者绝对不会感到惊奇。

余汉谋（1896—1981），字幄奇，广东省高要县人。1910 年考入黄埔陆军小学，1919 年毕业于保定陆军军官学校。从军后，历任排长、连长、营长、团长、师长、军长、战区司令；1948 年被委任为国民政府陆军总司令，授予一级陆军上将；曾被选为国民党第四、第五届中央执行委员会委员；陈济棠 1936 年下野之前，已担任广东省政府陆军司令多年。

二、余汉谋不愿与中共翻脸

北伐期间，余汉谋所率第 11 师随李济深留守广州。蒋介石发动"四一二"政变之后，4 月 17 日，驻守高要地区的余氏接到广东当局发来密电，令其在高要地区实行"清党"，逮捕"赤色份子"。电报列出一黑名单，其上之人均为协助高要当局工作的进步人士。余氏觉得若按这份名单实行抓捕，未免大伤情谊，便将电报交给某团政治指导员梁应能，让他秘密通知中共负责人黄学增等立即离开城镇。第二天，余氏方才派人实施抓捕名单上人，查封各地农会、工会以及工人纠察队，以此敷衍上级。

1932年春，蒋氏再次对中央苏区进行围剿，要求陈济棠部由粤出兵入赣。余氏奉命率第一军两个师、一个独立旅外加桂军一个师进驻赣南；同时接受蒋氏任命，兼任江西绥靖区司令。余氏入赣以后，表面上执行蒋氏剿共政策，实际上并不卖力围剿红军，以"不求有功，但求无过"的态度敷衍蒋氏。余部在赣三年，基本未向红军发动大战。除了在水口曾与红军彭德怀、林彪所率部队发生过一次大的战斗，其余都是小接触。1934年10月，红军北上长征，途经南岭，余氏不仅不行堵截追击，反而先行率部退到韶关地区以南。余氏若非追随陈氏协苏济共，会让己方仅做朝空开枪，以让红军无损通过千里南岭吗？何况，他还遵照陈氏命令，续交一批苏援饷（？）械（！）予以企图挺近西南另行割据的中央红军。须知，若果光是广东空军——当时地方政府只有广东当局有钱建有规模空军——出动数十架军机针对一字长蛇行于狭窄山路的红军，实施逐日轮番轰炸扫射，后者十有八九就会魂断仁化。粤军由东向西第二个师管区设在仁化而非南雄、始兴，也恐怕是不予中央军进入二地口实缘故，目的乃是为了对陈库保密。

1929年底，余氏遭到诬告，陈氏曾以通敌（桂系）罪名关押余氏。后经部将强烈要求，陈氏释放氏余，然后令其奔赴前方指挥对桂作战。大获全胜之后，氏余深得陈氏赏识。笔者推测，陈氏此后便将其协苏联济共武库储运操作交给余氏具体负责。

三、叶挺来找余氏开仓放械

红军长征之后两年，经由苏联秘密斡旋"西安事变"，国共实行二次合作。叶挺出任新四军军长。有史记说，1938年10月——此时已距新四军成军六个月之后，因与政委项英"不和"，叶氏曾经只身南下广东省宝安县，得余汉谋委任为"东江游击总指挥"，自行设站"招募官兵"。由于后来叶氏从无由东江率领新募官兵北上，共、国双方也从无公开同意叶挺离开新四军来粤打游击，所以笔者断定叶氏此行的真实目的，乃为继续启运一批藏于陈济棠协苏济共武库的枪弹，用以装备新成立的新四军各部队；甚至用于装备 1938 年 10 月成立的实为尹林平领导的华南抗日游击队。省党史办、东纵后人整理"纵故"从没想到这个可能吧？逻辑推理一番可好？此时曾与叶氏同学（保定军校）的余氏似为心有灵犀一点通，竟然积极协助叶氏"招募官兵"，后遭蒋氏严厉斥止，方才作罢。如无心照不宣、"同出一门"，叶氏缘何专门来找余氏？不过必须指出，笔者认为：是否开仓放械，得有苏方指示，陈氏才能经办，不由中共自主决定。

笔者猜测后成新四军军部特务营的湘南红军游击队，于 1938 年春北上浙江开化各部汇合地点，途经粤北之时，曾经接收经由苏方、叶挺通知后，余氏开启陈济棠协苏济共武库取出的一批枪支弹药，然后利用粤军车辆运至赣县，在此分给几乎同时北上的另外三四支红军游击队——网上有图显示它们的活动区域，以新换旧，再雇挑夫，运至浙江开化，武装新四军各部队。笔者猜想，叶挺从广东澳门前往浙江开化途经广州或者韶关时，必曾与余氏见了面，秘密安排取出始兴或者南雄武库里的大批明治三十年式步枪，用以武装新成立的新四军、华南抗日游击队的事情。

四、余氏必曾主管钨砂贸易

二战爆发之前，苏德两国由于皆是凡尔赛和约弃儿，因此同病相怜，曾于 1920、1930 年代实行秘密经贸合作以及"军事挂钩"。此种"军事挂钩"，还曾溢入另一凡尔赛体系弃儿中国：广州起义失败之后，身怀六甲的邓颖超由穗撤港，乘坐的就是一艘德国驻穗总领事馆的交通艇；王稼祥微服潜往闽西疗伤，主治医生竟是一位深入不毛的德国医生；上海中央转送井冈苏区共产国际拨出经费的一处中转环节，乃是一座靠近井冈苏区的瑞士"黄坳镇天主堂"，等等。

曾有媒体文章揭示《陈济棠为钨砂抗蒋联红》。[218] 不能排除此期德国、广东两造大量买卖粤北赣南两地钨砂，乃为苏联居中牵线：

陈氏秘密购买中央苏区钨砂，转手卖给德国得到外汇，再与中共分享，等于共产国际暗为中央苏区输饷。粤方应由余汉谋，共方确由毛泽民主管此项贸易具体操作。既由余氏安排车辆将武库枪弹运往苏区，必由余氏安排这些车辆将苏区钨砂载回广州——此乃事理不得不然。所以应为"陈济棠协苏济共而买卖钨砂"，上述文章实属倒果为因。

陈氏所得钨款，应被用来建设韶关南湲江口兵工厂。此地水路可通赣南苏区南沿。将来出产枪炮，未必不是主要供应中共。可惜竣工之时红军已经北上。中共文献表明，中央苏区内河航运组织严密，特别发达；陕北苏区大车运输组织严密，特别发达。前者乃由刘少奇主持，后者乃由朱理治主持。朱氏后来还从北朝弄回了 2000 车皮军用物资充实四野呢。

五、疑苏方暗指使余反陈

1936 年中，陈氏企图起兵倒蒋，名义乃为反对蒋氏放弃抵抗日本入侵，旋因内讧失败。缘何失败？笔者以前所见一份资料，说是陈部空军司令黄光锐得到天河机场值班军官惊人报告：陈氏所请外国军事顾问已经乘机到达。下机之后，机场守军发现他们竟是一班叽哩哇啦口说日语之人。黄氏马上报告余氏等人。原先一致拥戴陈氏举兵反蒋的他们据此认定陈氏阳说抗日，"阴结外寇"（余氏反陈檄文中句），于是决定哗变，归顺南京中央。[219]黄光锐首先率领空军，驾驶 40 架军机北飞投蒋；随后余氏陈兵赣粤边界，欲行南下兵谏；陈氏另一大将李汉魂弃职赴港。陈氏众叛亲离走投无路，只好黯然宣布下野，然后自行放洋，大权交予余氏。

"一班叽哩哇啦口说日语之人"，笔者认为，应是苏联存心掉德国顾问的包所致。也许他们乃是受到苏联支配的秘为日共党员的东北满铁研究部成员。苏联此时极不愿意看到中国内部分裂，削弱抵抗日本力量，就连中共，苏联都在说服他们联蒋抗日，调转枪口。苏联出此毛招，同时也就清除了一位觊觎粤北协苏济共武库的摘桃派，为中共消除了一个隐患。陈氏此时，乃是哑巴吃黄连——有苦说不出！他能明说，这回是上了苏联人的当，受了苏联人的骗吗？以后一辈子都没敢说一个字啊！民间有人传说，作为补偿，事后苏联方面给了陈氏妓女从良夫人莫秀英大笔金钱。笔者认为，准备哗变之时，余氏理应先行征求过苏联方面意见，甚或倒过来先行受到过后者指使。广州沙面就有苏联总领事馆。粤北协苏济共武库"治权"，得以从陈氏手上安全转移到余氏手上。

六、中共帮助余氏夫人出港

1939 年，余氏大意失守广州，受到舆论强烈谴责。中共广东省委向他献策：招收共产党员或其周边份子，进入他的部队充任政工人员以振战力。余氏不仅爽快答应，而且迅速实施。虽然其时乃为国共合作比较顺利时期，但是国方任何其他部队岂有见过此种容共行为？当时一位此种政工女性，于其自费出版自述当中记载了这桩"怪事"。[220]

1942 年 1 月中旬，东江纵队执行上级命令，成功救出被困在港的兼做商人的余汉谋夫人上官德贤，及其 100 余担库存商品[221]。国方同时被救出港的还有参议刘璟、南京市长马俊超的夫人和妹妹。100 余担物资，莫非余氏夫妇也为中共在港暗中购买战略物资？同时被救的影星蝴蝶才有 30 担细软啊！

上官德贤胞兄上官云相一年以前，指挥国军十余万人实施"皖南事变"中的军事行动，歼灭新四军军部近万人，血债累累。扣其胞妹以示报复，中共却无此意，因为上官德贤的属性更多地是余汉谋夫人。

从历史照片上可以看到，东江纵队等粤省中共武装也有不少明治三十年式步枪。至抗战时，他们要买，日本此时也没存货了呀。不是余氏开仓济共，这些枪弹会从天上掉下来吗？

如果说抗战期间，出于国共合作动机，余汉谋就像海南岛韩练成没有大肆清剿琼崖纵队那般，没有大肆清剿华南抗日游击队（主力俗称东江纵队），那么到了解放战争期间，他的表现如何？众所周知，对于解放军南下入粤，他采取的对策是"不力战、不主和、不投降，只选走"。东纵北撤之后，粤省中共重振武装斗争，按照中共中央移师粤北指示，成立了粤赣湘边纵队，且将原来东江纵队活跃的珠三角地区划归粤赣湘边纵队管辖。笔者认为，此举凸显了中共中央对于保全始兴、南雄秘密武库的意图。《战斗在北江——中国人民解放军粤赣湘边纵队北江第一支队史》（广东省、韶关市、清远市以及北江第一支队老战士联谊会合编印行，2001）一书收集各种回忆录、表图照、档案件等百余篇，基本没有谴责余汉谋的，而以谴责宋子文、第N军代之。咋回事？

七、黄光锐旧居焚纸炉之谜

笔者小时曾经随父住在广州市东山区保安前街 11 号。此屋据说原为黄光锐氏物业，对比左近富商住宅，不算豪华。后门左侧，有一穹顶留孔焚纸砖炉，似为大量毁灭秘密档案所设——当时已有市政车辆收集各家尤其是大户垃圾，此屋前院已有一垃圾池。众所周知，公家秘密档案，通常都是上交之后集中处理，或存或烧。黄氏哪来那么多的见不得光的档案需要私自焚毁？没想到几十年后，研究当代中国涉外军事，我这新的屋主儿子，竟在故纸堆中迎头撞上旧屋主人本人，兼且上心琢磨那个神秘穹顶留口焚纸砖炉的真实用途：难道广东当局和中央苏区之间还有空中秘密通道——一份共产国际1933年10月的电报披露，协助中央红军"购买飞机不可能。我们有个同志在机场，可以利用他。"[222]

161

13. 四揭陈济棠协苏济共武库：两地踏察

一、实地踏察纠正官修军史

我的治学特点，有人曾作总结，就是不仅广做文献检索，善用统计方法，而且常行实地踏察。有位中央党校女教授问我，您做田野调查，可有机构接待？我说我是独立男性学者，既没资格，也没必要要求他们接待、呵护，何况从来没有风餐露宿。有时反而得避开他们接待：一经接待，许受误导：2016 年 7 月，我到瑞金市石城县踏察当年苏区秘密金库，当地百姓告诉我说，其实那些党史办、博物馆工作人员，并没找到金库所在山洞。后来就在山下道路入口，放置一块刻有碑文巨石，虚称脚下就是当年金库所在。全国党史研究权威来过，题词一幅，虚言就可摇身一变，成为实事。

二、南雄钟鼓岩做过军火库

2012 年 11 月 10 日上午，笔者由广州乘坐高速火车到韶关。下午即入珠玑巷，冒着倾盆大雨，到仅为斗室的曾氏祠堂，以及堂有三进的徐氏祠堂，烧香点烛祭拜先人——我母姓曾，我父姓徐，以及更为重要的，默祈不虚此行。傍晚回到南雄县城即买水靴，换下已经湿透的胶鞋。次日起个大早，到梅岭关下钟鼓岩踏察。原来以为来到南雄寻找陈济棠协苏济共武库，目标应是较高的油山，不过既然依照先近后远的原则，先游览县城近处的梅岭关，便只有先踏察紧邻该岭的甚矮小钟鼓岩，此一选择由于天雨地滑更形必要。谁知此一临时决定带来以下所述阴差阳错意外收获，看来真是祖先显灵了！

在钟鼓岩"洞真古观"遇一年轻道士，法号圆真子；人言其本来姓刘，自言其姓高名彬。他的年逾 70 的师傅此时正在辟谷，因而无法与我相见。高彬听明来意，便主动领我踏察道观旁边改革开放之后方才允许参观的一大溶洞。据他所知，国共相争时期，此洞曾被国方辟为武库，洞外石壁曾受迫击炮轰——余信昌文《梅岭洞真古观》提及"1938 年之后，钟鼓岩占作战区仓库。1946 年，国民党一个连驻在洞真古观及钟鼓岩内"[223]；但是显而易见，圆真子和余信昌都不知道陈济棠主粤时，曾经利用此洞为红军储藏苏援饷械。苏联档案记载，首次国共合作破裂前后，苏联曾经秘密海运 30 万枪来粤。据我考证，陈济棠（也许还有余汉谋、李汉魂）应当像盛世才一样，曾被苏联策反，或许拥有苏共党证。

主洞极大，据我目测，储藏上万箱枪支（十支一箱）以及上万箱子弹（千发一箱）毫无问题；除两三处较狭平坦进出口外，主洞还有一处显然经过扩挖的斜坡进出口（现已被用网封），可供马车、牛车甚至汽车上下——因此苏援日制"有阪成章"野炮、俄制"罗森贝尔"山炮等重型武器，不用拆卸便可进出溶洞；不过主洞地面和洞口地面只有一米左右高差，炮击洞口即有可能造成主洞所储弹药爆炸，因此枪支弹药必是藏于主洞侧后数条支洞而非藏于主洞。红军长征路过此地，极有可能将其不便携带的重型武器、工业机器托付给了陈氏，藏于此洞；北伐前叶周所率铁甲车团重型卡车改装甲车，也有可能移藏此洞主洞——因为它们后来不知去向。

站在洞外坡阶之上，可以清楚看到梅岭古道南段，因此洞外守库卫兵——据高彬说，此处曾经设了望哨——可以随时侦知江西来犯之敌逼近武库情况。据梅岭之上六祖寺一年轻和尚（黑龙江人，法号顿勤）说，梅岭关旁红军所挖战壕围绕岭头一圈，态势似主防江西而非广东来犯之敌。

耐人寻味的是，据高彬说，解放后，政府曾经募集大量民工，挑石担土，将溶洞之中几条支洞从头到尾填埋，不留痕迹。我猜这些支洞内有人工开凿地段、出口以及工事、机关；我的一位韶关籍贯锺姓熟人曾经入过支洞，对我描述：支洞乃有人工坑道连接天然洞穴、地

163

下暗河。因此我做推测：为了永远掩盖苏援饷械曾经藏此真相，中共高层核心人物必曾下令"毁洞灭迹"。

溶洞旁边有一地下较大暗河较小支流露头石隙，称"龙王洞"。据高彬说，这条暗河竟然可通韶关。支洞深处应有接通此河孔道。

因为至此已经几可肯定：此处最似陈济棠协苏济共武库，我便决定此次踏察有关历史遗迹，可以不必再去油山。钟鼓岩大溶洞应为"东库"，藏枪数目应为 15 万，应当早被运往赣闽粤、鄂豫皖、湘鄂西三大苏区，武装前后共 16 万众。兵员配枪比率标准 75%。日运百支，年运 300 天，四年即为 12 万支。

苏援饷械秘库应当至少分二处，故我当时推测，应当还有一座类似功能的"西库"，位于三连一阳某大溶洞——联想现已开放的"连州地下河"大溶洞，同样藏枪 15 万。三连一阳即京广铁路以西连州、连山、连南、阳山三县[224]。料想文革当中甚至之前，二库所余枪支弹药应被全部销毁——枪支钢件运到阳山县小山镇广东省第八钢铁厂（又称广东省特种钢铁厂）回炉熔化。熔化的当然还有其他来源枪炮钢件。重得的钢材，据说被建于当地的兵工厂又用来生产半自动步枪以及木柄手榴弹。林彪坠机后，当地人曾误称小山镇兵工厂为林彪政变枪厂。

推理证据择要：其一，陈济棠 1927 年带团赴俄洽谈苏俄后续供应北伐所需武器，行踪非常蹊跷：他花了三万港圆包租一艘苏俄邮船，只身搭乘到符拉迪沃斯托克，再只身转乘火车到莫斯科，其余团员却是乘坐火车直达莫斯科。他没被苏联单独策反才怪！

其二，1929 年 1 月、4 月，毛泽东、朱德曾率红四军一打、二打南雄，1930 年 4 月，陈毅、彭德怀曾率红五军三打南雄，1932 年 7 月四打（水口战役），料应均与开粤北仓取苏联械有关。1934 年 9 月，朱德致信陈济棠，提出共同反蒋五项建议。其中第五条为"请代购军火，并经筹门岭迅速运输。"见诸孙国权主录：《粤系军事史大事记》[载于《广东文史资料》第 49 辑（1986）。笔者理解，"代购军火"即为"再输苏械"——见诸该书页 35、38、108-109、159。陈济棠一边暗中协苏济共，一边公开助蒋反共，目的在于一装样子，二领军饷。笔者曾经估计北伐战费，广东宋子文、上海虞洽卿各自筹集到了一亿银圆。苏联因为反对"过早"北伐，没有出钱。现在查阅到了，广东实际出钱 1.9 亿银圆——见诸上述孙书，页 128。广东其时税收净额：1924 年为 865 万银圆，1925 年 1650 万银圆，1926 年 6900 万银圆，1927 年 9650 万银圆。见诸秦庆钧著《北伐战争时期的广东省财政》[载于《广州文史资料》第 27 辑（1982），161-193 页]。陈氏得偿还 1.9 银圆中的债务啊！

其三，红军计划长征，共产国际曾有异议，来电指出"华南资源尚未用完"；其四，红军长路过南岭，陈济棠不仅明拦暗放，而且转交许多弹药予后者，应被解释为履行苏联与其所签协议；其五，三年游击战争期间，陈毅率部驻守北山（南缘在始兴、南雄）、梅岭、油山（靠近通往中央苏区秘道起点南雄市乌迳镇），应与暗中保卫东西两处溶洞武库直接相关。梅岭属于南岭，根据梅岭本身并非高大（其虽海拔 500 余米，但是南雄地台本高），不像井冈山、大别山、太行山、沂蒙山那般险峻，以及岭北岭南皆为平原的梅岭关，绝不像黄洋界那样可被称为咽喉之地的事实，人们可以领悟：毛诗"五岭逶迤腾细浪"乃为实景描写而非艺术虚构。由此不难推知：中央命令陈毅率兵秘密留守梅岭一带南岭，目的不是开展游击战争——事实上也没有，而是暗中保卫武库。只能如此，岂有其他需要保护？其六，叶挺曾与项英不和，一度来到宝安以新四军名义招兵买马，意欲另起炉灶，先得余汉谋支持，后被蒋介石阻止。此事合理解释只有：曾被共产国际点将领导南昌起义、广州起义的叶挺，必知南岭武库仍存大量军火，因而起意加以利用。共产国际表态支持，中共中央只得服从，未能及时阻止叶挺离队；其七，抗日战争末期，二王部队 5000 余众万里迢迢重返粤湘赣边（一说终点本在始兴），粤共武将邬强率部北上会师，目的应当就在利用西库秘藏苏援饷械，扩大中共武装力量，形成南北呼应之势。

当日是全世界光棍节。不过，11 月 11 日的四条 1，既像光棍（当时本人当时离婚十年有五，仍为光棍），也像枪支。对我来说，当日便是全世界共运史、中共史研究者的一大节日！所以回到县城旅社，我便饮下一小瓶近处购得的北京产红星牌二锅头，热烈庆祝十年以来我的陈寅恪式文献考证、裴文中式

钟鼓岩溶洞口

野外踏察，终于有了某种实证结果，尽管尚需学界一致认可。至少，我得到了这么一个结果：如果我是陈济棠，必会藏枪储弹在钟鼓岩。

三、始兴玲珑岩被毁洞灭迹

粟裕回忆录将好奇的我引到始兴，刺激啊，不可阻挡地刺激！始兴县有马市镇，旧时必多役马；马市镇有"联俄村"，僻壤咋沾友苏？

2017 年 1 月 25 日下午 3 点 45 分到达始兴县城太平镇，住入车站附近 7 天连锁酒店之后，笔者即去县政府史志办，见到了单小红、李干正、副二主任。单主任说靠近南雄的堂阁村出土过军训器材，武库有可能在那儿，提出明天陪我前去踏察。26 日，单氏有事没来，李氏驱车来接。堂阁村一马平川，无秘可库。李氏持否定意见。归途中参观了联俄村外"红沙漠"。李氏引证始兴地名词典说道，联俄村乃为联合上鹅颈村、下鹅颈村成一行政村之后所出冠名，而非联俄容共之谓也。下午雇车到始兴北山——1935 年的"北山事件"（龚楚叛变带队杀人）就发生此山北麓，项英、陈毅差点被龚氏所害——深处的奇心洞，见到韶韵北山泉饮用品厂董事长董志恒。对于北山史地了解颇多的董氏认为，其一，陈氏武库不可能设在北山：路途遥、骡马众定会造成泄密，招引土匪来抢；其二，应到隘子镇方向（有墨江通往浈水）的客家大屋寻找。27 日中午 12 点 10 分，笔者乘车前往

隘子镇，下午 2 点 10 分到达，住入"好日子宾馆"。随即步行前往两三公里外的"满堂围"。分别向两家官姓七代屋主询问：此屋有无藏枪可能，均遭断然否定。年夜饭我和同伴应邀在官自光家吃饭。饭后官自光的太太用摩托将我们送回镇上宾馆。28 日，晨起曾先向张发奎故居，后向张九龄祠堂走去，后均发现来回时间过长恐会误车，于是半途而返。在一路边杂货铺休息时，听一青年人李永红说，去年他和朋友在张发奎故居附近一座秃山上发现一堵三合土墙，上有国民党徽，不像墓葬，而像洞藏。他留了手机号码给我。我后来将李氏的口述发现和手机号码转告给了单小红，嘱其尽快会同本县此洞文管所、公安局、人武部发掘，防止内藏物品，尤其是很可能有的枪支弹药流入民间。

下午 12 点半回到始兴县城，马上前往城东郊城南镇玲珑岩踏察。难以置信，捶胸顿足地发现：玲珑岩已被当地一家水泥公司，为了开采蕴藏量并不多的石灰岩而破坏殆尽！

玲珑岩原为始兴十景之首，且有宋代苏轼、舒坦和明代释今无各一首摩崖题诗，依次如下，各人一首：

——何年僵立两苍龙，瘦骨盘盘尚倚空。翠浪舞翻红罢亚，白云穿破碧玲珑。三休亭上工延月，九折岩前巧储风。脚力尽时山更好，莫将有限趁无穷。

——诡形迥与万山殊，空洞由来一物无。直恐虚心自天意，人间穿凿枉工夫。巉岩支挂逼层空，矫矫真看奋玉龙。只见石连诸洞口，不知人在几天中。

——鼎烟尚染仙云冷，僧米空悬布袋穷。四海一瓢休未得，青骡谁可借凌风。

在县水泥厂北侧的一座石灰岩洞里，有一面积约 40 平方米的新石器时代早期遗址。1958 年发现，1975 年发掘。遗址堆积之中含有动物碎骨、螺壳，出土了红褐色夹砂陶片和局部磨制石锛。

自 1980 年始，始兴县兴达资产管理有限公司以 17.7 万元人民币将玲珑岩风景区买下，建起其隶下石灰岩露天矿。矿区面积为

0.0461 平方公里；矿体长 300 米，宽 206 米，均厚 30 米。可采储量为 29.48 万立方米。初始设计：产量为五万立方米/年，产值为 90 万元/年。只够开采六七年而已！

为了那么一丁点儿蕴藏量的建筑用石灰矿及其衍生利益 90 万元/年，就不惜破坏这么一处著名风景区、古人类遗址、苏东坡诗刻，地价仅为 17.7 万元，这不是暴殄天物吗？这不是触犯刑法吗？然而，光是为了开采石灰岩矿而毁坏玲珑岩诸溶洞，1980 年代的始兴政府有没有这个胆子？如果乃是奉命"毁洞灭迹"，笔者猜测，原因许是找出大部集放藏枪储弹并加销毁之后，无法找出部分剩下散放藏枪储弹（数量也许仍大）所在之洞之嚩，有关当局便想出毁灭整个区域石灰岩层这一下策。当地百姓盛传玲珑岩石灰矿曾于开采时发生过一次剧烈爆炸，死了好几个人。我猜就是经过挖掘发现原藏大量子弹，于是就地秘密引爆。炸死数人一说应是对外掩饰之词，既是"事故"，就得谎称死了数人。

"百度．文库"中有《记忆中的玲珑岩》[225]，文中历数岩区溶洞，乃有十处：南瓜岩、仙羊岩、灵龟岩、戏台岩（穴空既高且大）、漏米岩、送子岩、炼丹岩（葛洪曾设丹炉）、风车岩、九曲岩（据说可通韶关）、酒罈岩（据说多洞相叠）。经过排除堂阁村、北山南、满堂围，笔者估计玲珑岩最有可能是陈济棠协苏济共第二武库遗址：靠浈水，近公路，地下本有连续岩洞——如果我是陈济棠，必会选择玲珑岩溶洞藏枪储弹。人同此心，解放以后中革军委建设军械仓库的主导思想就是："建筑洞库为主、地面库为辅，并对毛洞库进行被覆和改造。"李副主任建议笔者："1940 年首任中共始兴县县委书记，乃是现已 97 岁的温盛湘，斯人如今长住省人民医院东病区。您可向他打听打听。"

2017 年 3 月 5 日，笔者到医院面访温盛湘，他想不起在始兴从事地下工作时，曾有听闻玲珑岩做过粤军武库。这个线索又断了。

下午三点乘车前往韶关，结束此次因读了粟裕回忆录而起的寻找陈济棠协苏济共始兴武库踏察。在车上，笔者想：毛泽东曾预言"星星之火，可以燎原"。一个巴掌拍不出响，一块燧石敲不出火。

这团星星之火的 Logo，一向都是"井冈山"，然而，如今——若得确证的话理应改为"井冈山＋钟鼓岩＋玲珑岩"。马克思不是说过，"物质的力量只有物质的力量才能摧毁"么？这个三峰并峙 Logo 的实事求是性质，不是更加彻底么？

被毁之前的玲珑岩一峰，可见两处洞口。

玲珑岩石灰岩矿坑，尽头之处凹地、陷地应是某溶洞残壁、残底。

14.五揭陈济棠协苏济共武库：张余默契

七绝·哀悼传奇先烈张文彬氏

惘然东纵昧相玉：谜样玉含张文彬。

护库未捷身先死，长使红后泪满襟。

注：玉含，即为玉璞内之玉核，并非所有疑似玉璞都有玉核。此诗为本文作者有感而发。

张文彬南来广东工作五年（1937—1942），其角色其实主为特使，辅为主政。张文彬、余汉谋一"共"一"国"配合默契，暗中保护、利用陈济棠协苏济共武库谜一般的故事——事过70余年方才得见天日——即在全世界军事史上也可以称为绝无仅有，戏剧性强极了。如果有谁将它写成剧本、拍成电影，肯定要比《明月几时有》《香港大营救》票房好得多，口碑强得多。顺便说一句，张氏遗孀李琼英（籍贯海南。结婚生子后1939年去延安）后来嫁给薄一波，改名胡明。生下薄熙来等七个儿女，文革当中被迫害致死。薄氏深爱胡氏，复出之后绝口不提续弦。李琼英和张文彬原来育有一子（真能生啊），战争年代迫于环境恶劣，只好送给老乡抚养，后来没能找回。由此看来，薄熙来和张文彬虽然没有血缘关系，却有胎缘联系——张文彬后代和薄一波后代同出一母。看在这个份上，笔者爱屋及乌，希望当局能够给予薄熙来特赦：张氏地下有知爱妻后嫁所出能够提早出监重获自由，会为爱妻感到欣慰。华南民众——不分党派政见——以及岭南历史，亏欠既是玉碎英雄又是无名英雄的张氏太多。

自2017年初以来，笔者愈发认定：1937年8月，"卢沟桥事变"后仅一月，毛泽东便钦点张文彬南来广东领导中共中央南方工作

委员会（以下简称南委），开展主对余汉谋⑳的统战，发动有限规模
武装斗争，重点在于"文武双管齐下，暗护粤北武库"。为什么是"有
限规模武装斗争"？因为如果规模大了，譬如歼敌规模达到一团或以
上，广东军余汉谋部、张发奎部抵挡不住，国民党中央军就有理由开
进广东，必驻粤北，反而对保全该处武库不利。始兴、南雄两处武库
当时应还存有 15—20 万枪，15—20 亿弹。藏得好，既可武装共军，
藏不好，也可武装国军，都是 30—40 万人，一个方面军了。1948 年
彭德怀第一野战军为近 35 万人；1940 年日本华南方面军为 25 万人。
若藏不好，还会受到苏方怪罪，乃至受到减少饷械援助责罚。当然，
开仓取械，得由苏方同意并给余氏秘密通知，不由中共自主其事。但
是前提乃是武库秘密没有外泄，重庆方面、日本方面、汪伪方面全被
蒙在鼓里。以下对于此事逐一举证，尽管还需俄中两国军方有关档案
解密，才能得到最后确证。

解放后曾任北京航空学院党委副书记、新华社香港分社副社长
的陈达明，抗战时期担任东江纵队下属港九大队政委，生前交代过东
江纵队杰出后代、香港东江纵队研究会副会长吴军捷："你要设法弄
清关于东纵历史的一些悬案。"是啥悬案，他没说清。不过笔者听过
吴氏转述之后，还是倍感庆幸：东纵历史研究队伍，毕竟有过问题导
向的当事人、聪慧人！怎么不会有悬案？例如，黄作梅"替死"得不
明不白，就是不折不扣东纵一大悬案。欧美各国当代中国研究专家无
一不对此案感到困惑。

以下举证据即是解悬案，不过破不了黄作梅替死案，只是提出一
个假说。

遗憾的是，今日粤省党史研究本末倒置，不爱武装爱儒装，过多
强调了 1941 年 12 月东纵从日军封锁中，把数百名爱国文化人士以
及数十名美英等国友人通过陆路、水路分批接回内地之事。其实东纵
的"断广九路""西海大捷""百花洞战斗""沙鱼涌战斗"都是比
较"营救文化人"更胜一筹的抗战成果。"发现波雷部队潜伏"反而
不是多大成果：美军登陆，波雷部队仅一个师团前来抗击，正好为美
军提供聚歼日军机会；美舰巨型大炮助战，一弹可以击毙敌方密集部

队两人，重伤三人，轻伤一人。十门舰炮，一天各打 200 发，理论上说就可消灭波雷师团 12000 日军。美军绝对不会因为害怕日军一个师团前来抗击而放弃登陆。蒋氏不愿配合在华东发动佯攻才是主因。另外，粤省党史研究人员从来没有人问过：为何要派曾任毛泽东大秘书以及党中央秘书长的张氏这么个最高领袖亲信，来粤主持军、地、外（事。方针：宣传出去，争取过来）工作？若无重大隐情，岂非重视过头？东北抗联领袖周保中、冯仲云还都是解放后才见着毛泽东的。

为着叙事方便，本文将中共属下华南抗日游击队的广东中部、东部各支原本自有其名的游击队，统称东江纵队（最盛时达三万人。七年对日作战 1400 次），南路人民抗日解放军、海南琼崖纵队以及各"边"游击队等，则不入其列。后来中共中央所发文告，都是将以东江纵队、琼崖纵队为主体的华南抗日游击队与八路军、新四军并列的。活跃于其他各地的共产党游击队，譬如东北抗日联军（最盛时也是三万人。14 年对日作战十万次。即以七年计五万次，也是东纵的 3.57 倍），并无享有此种地位，至今也没有。

一、毛泽东钦点爱将张文彬南来粤北护库

如前所述，1937 年 7 月"卢沟桥事变"后，8 月，毛氏即派出文化程度高中，职务早达军级，并且曾任毛泽东大秘书以及中共中央秘书长的的张氏，到粤成立中共南方工作委员会并担任书记。关于张氏早被毛氏视为心腹才俊的证据，仅举二例便称足够。其一，有着陈敦德于其所著《八路军驻香港办事处纪实》一书当中的如下记述：

"1936 年……经过红军大学学习后，他被调到毛泽东身边工作……毛泽东很爱才，认为文彬年轻而堪大任，不忍将他留在身边做秘书工作，于是，他调到毛泽东身边不到一年，1936 年 8 月毛泽东就提议，让在保安的中共中央派张文彬到西安领导西北地方的中共党组织，并负责开展对于西北军的统战工作。"[227]

其二，更为重要的，有身为中共东广东省委党史研究室（正厅级单位）研究员的叶文益于其所著《张文彬传》当中的如下述评：

翻看张文彬的个人职务履历表，他从没进入过中共中央政治局，就连中共中央委员都不是……然而，在出席（1937 年 8 月下旬头几天召开的——笔者注）洛川会议的 20 多位中共领导人的名单中，张文彬的名字也赫然出现其间，可见张文彬当时在党内的声望有了明显提高。尽管这次政治局会议是扩大会议，但毕竟是中国共产党最高领导决策层召开的会议，能进入这"扩大的"的名单之列，也不一般。这说明中共中央对张文彬的斗争经历和工作业绩已充分肯定。[228]

据官修党史称，来粤之后，张氏就"肩负起领导广东人民抗日斗争的重任"。其实张氏不仅擅长武装斗争，而且擅长上层统战。张氏曾经罕有地被从毛氏口中知其统一战线贡献的斯诺夫人福斯特以及美国记者威尔斯称作"中共第一流青年政治家"——张氏现场领导了中共当地分支处理"西安事变"。他的这番陕西经历自然极有助于他和广东余氏打交道。笔者并不同意官修党史上述定性，而是认为：张氏来粤，更主要地应是肩负起对于余氏的默契工作、统战工作。

沿其说法，官修党史细述：其一，抵粤之后，张氏马上将武装斗争提上议事日程。省委之下，成立军委，指示各地党的组织须把建立民众抗日武装作为党的中心任务，提出"党员军事化"口号。这比廖氏 1938 年年底日军登陆大亚湾，攻下广州城以后，发动粤省中共拿起武器早了半年。其二，1939 年春，张氏从延安参加党的六届六中全会返回广东时（笔者相信张氏必然还带回了一笔较大数额苏饷），向中共中央请调了一批红军干部到粤充实广东抗日武装军事领导力量。其三，后来他还亲自到东江纵队实地调查了三个月，同时督促东纵建立起与延安联络的电台。其四，1940 年 10 月以后，张文彬与复建南委正书记方方（应属周恩来派系——后来反地方主义恐与此有关）一道领导粤北、粤南、闽西、闽南、潮梅、广西、江西、琼崖、湘南等广大地区的抗日斗争。此期张氏还曾亲临琼崖纵队和东江纵队具体指导游击队的工作。

　　1938 年 4 月，成立不到半年南委就被撤销，代之以广东省委，张氏担任书记。1939 年 1 月，中共中央南方局在重庆成立，周恩来出任书记。1940 年 6 月，根据中共中央指示，广东省委划为粤北和粤南两个省委。张氏担任粤北省委书记，一度秘密驻在始兴（陈济棠协苏济共武库西库所在）。当年 10 月，复建南委，轮到了周恩来亲自抓。由资格比张氏还老的方氏出任正书记，张氏仅任副书记。粤南中共武装部队听命于南委，而非粤南省委。粤南省委不受重视，据该省省委书记梁广记述，上级甚至不给它发经费，真是怪事/悬案一桩！

　　1942 年 6 月，由于叛徒郭潜（复建南委组织部长。曾经留苏、长征）出卖，张氏被捕，1944 年 8 月，因入狱前传染上的肺结核病恶化，逝于江西省泰和县马家洲松山村国民党集中营。1944 年，中共中央书记处在延安举行有毛泽东、周恩来等中央领导人参加的小范围悼念张氏的活动。1945 年 6 月，中共"七大"通过了《关于死难烈士追悼大会的决议》，当大会主持人周恩来念到张文彬的名字时，与会代表肃立默哀，表达对这位革命英烈的深切哀思。赖此"倍享哀荣"，南委、东纵怀疑张氏所行乃属"百分之百王明路线"的人才降低了调门。

　　加插一句：他若没死，解放后广东党未必遭遇反地方主义这一飞来横祸。笔者直觉认为：在这事上，毛氏会听他的爱将张氏而不会听勋将林彪的；不用说，叶剑英必然会敲边鼓。而周恩来系的方氏则无此能量，甚至自身难保。出卖张氏的叛徒郭潜真是贻害无穷啊！

　　毛泽东可以向斯大林表白："抗战开始不久，我就派了自己身边秘书前去广东领导保全粤北武库、利用库藏军火工作；抗战结束前夕，我又派二王部队南下粤北加强这项重要工作。双保险呀，够尽心尽力执行您的意旨了吧！"

　　笔者猜测：其一，东江纵队成军，乃为共产国际/苏共中央/苏军总部特别交代，继而中共中央特别授意之下产物，如前所述，旨在文武双管齐下保全始兴、南雄陈济棠协苏济共武库，以备将来利用其中库藏（武库里面还剩巨量军火，可不是鸡肋啊），或者不让敌人破坏武库，利用其中库藏。其二，陈济棠协苏济共武库乃是苏方策划产

174

物，陈余二氏，必然得过苏方丰厚钱物回报和支持他们反蒋承诺。有
鉴于此，只要条件允许，他们没有理由始乱终弃。

于此转看文的方面。电脑输入"张文彬"，即可见到，来粤之后：
"张文彬对统一战线工作给予了极大的关注和重视。他利用国民党
第十二集团军（余汉谋为司令）等地方军与蒋介石的中央势力之间的
矛盾，积极争取该部多做有利于团结抗战的事。"从中可以窥见：毛
氏针对保全、利用秘藏粤北陈济棠协苏济共武库一事，可谓择人得
当；"中共第一流青年政治家"并非浪得虚名。

顺便说说，毛氏二对国际友人说起这个，是想通过他们将张氏此
种名声外传，好让英美政客找他联系中共中央吧？这评价这做法怎
么看都有寓意在内。

确保粤省+粤军首领余汉谋继续履约，保全武库、输送库藏，乃
是张文彬来粤工作重中之重。这就是文的方面，显而易见，它比武的
方面要重要得多。这方面张氏具体做了啥事，如张氏与余氏密谈了几
次、谈了些啥，如何实施，结果如何，经办为谁等等，还有待进一步
挖掘出来，笔者肯定：应可挖掘出来可致党史研究乃至中苏关系研究
发生巨变之史料。

有两件事可以证明张氏来粤其实并无官修党史所说，计划如火
如荼地开展武装斗争，他计划开展的仅是有限规模武装斗争，也是仅
举二例便称足够：

其一，规定不发军装给东纵官兵，仅发公费民装。东北抗联都发
军装。因为这点，抗战结束之后，东纵北撤之前，参与三方调停的国
民政府代表开始不愿承认东纵属于军队，认作土匪。

其二，1941 年 8 月，张氏以粤北省委名义，下令立即停止广西
合浦白石水地区（当时合浦属于广东）由中共南路特委 16 个月前发
动的，以张世聪（后于 1945 年 5 月牺牲）为领导的武装斗争。张氏
认为在国民党统治区搞武装斗争对统战工作有影响，对自身的生存
也不利，应把军事斗争变为政治斗争。[29]网上有着如下记述：

正当白石水武装斗争进展顺利时，党内一些受王明右倾机会主

义影响较深的人认为这场斗争是不合法的，触犯国民党，影响统战。因此，要张世聪他们停止斗争。遭到张世聪拒绝后，他们就把何世权、王克、卢文等领导骨干调走，并使张世聪和农民武装处于孤立无援地步。国民党反动派乘机调来一个保安团进行围剿。张世聪等带领农民武装上山，经过一年多的艰苦日子，终于被迫解散。1941 年 11 月张世聪被调到遂溪县界炮镇老马村，当小学教员。[230]

当时国方主政广东的是余氏，不用说，张氏此举定是因应余氏之请而为。一年以前的 1940 年 8 月，笔者认为，在刚从延安返回广东的张氏交涉下，余氏巧为阻止了顽军再次对于西归东纵大事围剿。以往官修党史对于顽军攻势前紧后松没做任何解释，予人印象乃是：顽军突然不约而同放下屠刀立地成佛。张余之间互相让步，何其默契！发人深省的是，叶文益于其所著《张文彬传》有关章节之中说明：张氏此举乃是"根据中共中央的指示"做出的，张氏贯彻执行的是"党中央的路线"[231]。取消一支小小游击队，犯得着惊动万里之外的延安吗？认为张氏"受王明右倾机会主义影响较深"的广东党故人，笔者相信，他们心中涌起的不仅是责难，而且可能更多的是困惑。困惑终极起源就是他们过去一直被蒙在鼓里的关于粤北武库的"张余默契"，或称"共产党—余汉谋默契"。"东江纵队再三延误北上→未能及早廓清始兴南雄→未能及时会师二王部队"必然也是起于相似困惑："为什么要我们打生打死改到五岭割据呢？"二王部队势必也有同类困惑，所以他们南来途中曾经企图违反命令，止步不前就在鄂湘割据。可是毛氏怎可能向北、南两军领导挑明其中奥秘？两军领导只能都被他蒙在鼓里。叶希夷不死，北边，派他领导六万南下部队（古大存第三梯队拥兵五万，前两支队合共一万）；廖承志早放，南边，派他领导万余东江纵队，这一内藏不可告人秘密的"北南两军会师，据库割据五岭"的伟大计划，才有可能实现。时耶命耶？现在看来，当初应请叶挺来粤领导中共华南抗日游击队，而非北上担任虚有其名的新四军军长。

二、叶挺来粤表为组军抗日实为新四取械

叶挺乃是中共最早高级军官党员，经历过两次东征、北伐战争，领导过南昌、广州起义，熟知中共、苏共纪律、规矩，笔者认为：他绝没可能不经中共中央允许，于 1938 年 11 月张氏已经来粤一年、自身移驻皖南新四军新总部开始与项英共事仅数月之际，擅来珠三角组军，私求余汉谋合作。真相应是：假借难与项英共事（虽然确有其事，然可利用其事），根据中共中央意图（八路军由苏联人经外蒙内蒙一线供应军火，新四军由余汉谋开始兴—南雄仓供应军火），南来暗取武库军火，充实新四、东纵装备。《中国共产党深圳历史. 第一卷》载："11 月，新四军军长叶挺到香港为部队筹集经费物资，与八路军驻香港办事处主任廖承志等会面。"[232] 一个多月后，由于蒋介石坚拒，周恩来让步，叶挺于是经渝返回安徽云岭新四总部。那武库的军火呢，笔者猜是取到了。下面将会谈到。保定军校学制二年，总共才两个年级，是个中专；叶氏和余氏、上官云相原为同学，但叶氏高他俩一级，在校，叶余二人乃属小同乡，友情甚笃。北伐初期，两人都是团长。后来叶氏又上过苏联红军学校，粗通俄文。共产国际应当没有瞒他粤北武库秘密。笔者甚至认为，当初苏联筹划海运军火来粤秘藏，叶氏应还做过共产国际+苏军总部 vs.陈济棠+余汉谋之间的的仲介。

叶希夷（只有他可以暗示廖承志）之外，除了张文彬，南委、省委、东纵、新四必是无人知道这个秘密。延安那边，笔者猜测，除了毛泽东、周恩来、朱德、陈毅，其他的人也一概不知，高度机密。再到广东场合，余汉谋不说，张文彬不说，就只有天知、地知。陈济棠 1938 年时已经去了海南任职。张氏保住了当时中苏两党之间这一几乎最大军事秘密，他的死重如泰山。余氏虽然没有起义投共，可是他的功劳，笔者认为，足可被中共追授上将军衔，而与董其武、陈明仁相匹。陈济棠呢，需要更加郑重讨论。于接见他的儿子美籍华人数学家陈树柏时，邓小平给了其父正面评价，千恩万谢尽在不予点破上述秘事之中。

余汉谋怎样给东纵送武库藏枪及弹？1940 年底，东纵第五大队（实际兵力只有一个小队，也许就是一个连）分兵作战，由周伯明率领一支小分队配上一队民兵总共 50 多人，远道奔袭顽军一座位于东莞清溪苦草洞处的武器库，迅速解决了守军一个排，缴获了数挺轻重机枪、数十支步枪以及许多箱子弹 [233]。东纵第五大队事先得到了关于武器库的情报。这个武库、这个情报很有可能就是余氏安排、传送的。余情可以以此类推。曾任东纵北江支队司令的黄业于其回忆录中，记述其部队有个清一色配备了"金钩步枪"——明治三十年式步枪——的班，他以为它们是缴获自日军的明治三十八年式步枪 [234]，殊不知早在 1907 年日军就将制式步枪从明治三十年式一律换成了明治三十八年式，俗称"三八大盖"。三八大盖于二战期间生产了 500 万支，摊到一兵一支还有得多，侵华日军应该没有哪个单位因为新型枪不足还需使用旧型枪，因此东纵无从于 1940 年代还能从日军、伪军手上缴获到这型枪，尽管它的子弹弹径和三八大盖子弹弹径一样，可以混用。这些金钩步枪出自陈济棠协苏济共粤北武库，几乎可作唯一解释。沙皇时代俄国买了大量日军淘汰下来的金钩步枪装备俄军。用于支援中共，若有缺数，苏联完全可以自行仿造。金钩步枪成了中共各期武装部队主战步枪，如果不是制式步枪的话。尽管子弹弹径一样，结构几乎一样，金钩步枪发射子弹只有一响，三八大盖，两响——因为盖子受震撞击枪机，多了一响。这样共军日军开打，两方面不至于生疑惑。东纵北撤山东集结惠东海滩队伍，往登船地点列队行进之时，肩上扛的可多是金钩步枪，乃有照片为证。国军则禁用缴自日军的三八大盖，因为如果己方阵地响起三八大盖枪声，就会引起误会甚至混乱。

笔者以往猜测，陈济棠、余汉谋东运粤北武库军火交给中央苏区，以及中央苏区中转其中部分给鄂豫皖苏区、湘鄂西苏区，应走水路为多。黄业之忆证明此法可行：北江支队曾将一些军械从韶关顺浈江流南下运到曲南，交给曲江、英德、乳源三地共产党游击队。使用的是一艘中型机动帆船。军火藏在船仓下面，上面覆以麻包、稻谷，然后盖严船板。[235]

更为重要的是，黄业于其书中写道，解放战争时期：曲英乳人民翻身大队的成立，大大震动了敌人。党组织认为有必要加强这支新的队伍的装备，决定送一些枪械给他们。上段所说经由水运的枪械就是这批枪械，据黄业说，是利用一位"老关系从韶关买来的"，计有新轻机枪两挺，三八大盖三支[236]——一个连属机枪班的装备，不过还差一挺重机枪，可能原来已有。为什么不是国军制式步枪七九管径中正式呢？笔者猜测：不是共产党黑市购枪，而是余汉谋开仓取械。鉴于黄业此前已将金钩步枪误认成了三八大盖，所以笔者认为此处所说三八大盖也应该是金钩步枪。

张文彬被捕后，由谁来接替他和余氏沟通呢？就算应是方方，还得有些具体办事的人哪。轮到东纵人员接手，已是真实来源说法面目全非，譬如假说来自购买、来自缴获、来自借用、来自捐赠，陈陈相因。东纵于香港陷落时捡拾到了一批英军枪械，但是供应英式枪械子弹难以为继。上述那位"老关系"，名字叫杨泰湖，是个1938年经东纵政治部主任杨康华秘密发展加入中共的粤军少校营长，笔者猜测应是接近余氏的人。抗战胜利之后退役，选在韶关定居，没有回原籍海丰——这事儿也蹊跷。解放后杨泰湖命运如何？笔者猜测：在组织安排下，一早移民去了海外。杨泰湖啊杨泰湖，在黄业著书中，您只是一位临时剧辅助角色；但我相信，在历史舞台上，您实是一位连续剧主要角色。

切盼后学继我之后再行努力，找出张余契更多证据，这样就可以说：东江纵队在张余默契这部默剧当中，其角色不仅是道具，而且是工具；东江纵队对于共产国际、共党共军、抗日战争、解放战争所做最大贡献，莫过于此，而绝不是营救了数百文化人。

说实在的，当时日本占领香港当局并无打算杀害这些文化人，最多只是打算利用他们规劝重庆政府投降、宣传大东亚共荣圈。鲁迅在上海日本租界不是待得好好的吗？为了减轻粮食供应负担，当时占领当局针对香港居民实行归乡政策，甚至开动卡车将归乡者免费送到罗湖边境。香港人口因此剧减百万之多。可见众文化人离开香港并无大碍。关礼雄著《日据时期的香港》中写道：

日军攻陷香港后,一般老百姓要离境是不需要什么窍门的。纵使是在宣布归乡政策之前,日军是不阻截平民离境的。但是日军想要罗致或正在追缉的,例如,渝方的要人、香港的绅商名流,或曾与日军为敌者,则属例外……归乡之人都往往经历了许多的艰辛、跋涉,能够保存生命回到家乡,已经是非常幸运。[237]

关礼雄博士乃是研究香港史的专家,他的这部著作,整本只谈到东江纵队"营救"近百国际友人;对于东江纵队所说营救八百亲共文化人士这样的大事,仅用一两句话述及:"拯救香港各类人士脱险""船载一些重要人物脱险"[238]。可见本港史家并不认为日本占领香港当局曾经起意迫害这些亲共文化人士。

但如关氏言,若无武装护卫或者人多势众,自行落单离开会有较大危险,危险主要来自沿途劫财劫色的土匪、盗贼、散兵、刁民。例如,陈方安生父亲、绥远抗日名将方振武将军携一追随者自行由港返粤,二人走到东莞便告失踪,至今未见尸骨。"中山舰事件"主角李之龙遭遇同样悲剧。东纵护送众文化人离开香港,抵达东宝惠解放区,沿途无惊无险,未放一枪,难怪人家拍电影要添虚的,要不然不卖座,投资者蚀大本。东纵故人、东纵后代可否宽宏大量,就放许鞍华、颜丙燕一众导演、演员一马?像张文彬护库故事,曲折离奇,角度多变,亦文亦武,英勇悲壮,不添虚的(也有爱情)也会像磁石似地具有强大吸力。歌颂东纵,目光聚焦这块不是更好?

据载,"周恩来早在武汉部署八路军驻香港办事处时,就安排陆续将内地如沪宁等沦陷区的一批文化人转移到香港;到八路军驻香港办事处正式成立后,又部署一批文化人在广州、武汉沦陷前后转移到香港。"[239]笔者感到非常奇怪:这里牵涉到了上海、南京、广州、武汉四个或者更多城市的亲共文化人士于日军占据这些城市之后(之前也有一些),亲共的文化人面临日本占领当局同样威胁之时离开当地奔往安全地区。为什么这边厢用词是"部署""转移",那边厢用词是"营救""脱险"?四城不比香港更加危险?为什么当时四城市地下党、现时四城市党史办从来不争此功不扬此名？两造想法多不一样！

三、东纵后遭反地方主义也隐涉粤北武库

既然谈到新四军长叶挺，笔者在此提出值得东纵故人、东纵后人深思的三个相互密切联系的问题：

其一，抗战结束之前，毛泽东为什么远派八路军而非近派新四军南来割据五岭？这个问题显然和他之前钦点心腹张文彬南来担任南委书记、省委书记领导中共粤省政军外三者有关：毛氏想亲自抓这一个根据地。

其二，如果八路南下支队三个梯队六万人能和东江纵队万余人在粤北成功会师，共建大庾岭为中心的根据地或者割据五岭，经过五年"与子同袍"，融合成了又一个命运共同体，开辟出了另一个"东北解放区"[240]，还会有（1951—1952、1957—1958、1967—1968）三次针对广东党的反地方主义运动么？运动所提撤换广东党的口号"一杆红旗插到底"，不是有着收拾"叛军"或"叛将手下"的意味么？延安为何预言若不会师，东纵"一年以后必然失败"？明显是"被失败"——下令解散！

大庾岭

其三，这两次反地方主义的终极起因，多人怀疑说是四野某支部队 *vs.* 东纵某支部队在博罗的一场后者占了上风的相互误战引起林彪记恨在心，伺机报复。笔者认为这不可能：世界各国军队几乎全都发生过了同方部队相互误战的事情，不足为奇；林彪绝对不是如此小鸡肚肠的统帅。

笔者认为,终极原因必是"东江纵队再三延误北上→及未能及早廓清始兴南雄→未能及时会师二王部队"之事引起毛氏对其心存芥蒂。这个原因其实明眼人一看就会明白,只是一叶障目不见泰山,粤省学者、东纵后人囿于政治氛围不敢做此想,不愿做此想而已,是这一叶。无独有偶,后来又有方再三延误前去江西参加"赣州会议",有人口出逆耳之言"没有大军,东纵自己也能解放广东全境"之事,火上加油了啊。若张氏这一时期仍然在位,笔者相信东纵领导绝对不会延误北上。换了是我或者别人,有十个月——二王部队南来路上时日亦即 300 天功夫,打虚晃仗、走之字路,每天仅北移一两公里(如今从东莞到南雄,从罗浮山到大庾岭,高速公路距离仅分别为 358 公里、380 公里),即使前仆后继死伤枕籍,爬也爬到始兴南雄了啊,过后不惮另起炉灶。笔者又很诧异:为何驻扎在下北山奇心洞(笔者踏察过那儿)一带的东江纵队下属部队北江支队(黄业为司令),也不露面接待南下支队,虽近在咫尺却失之交臂!何况高宏的说了:"二王部队因应中共中央战略方针改变而行北返,提法欠妥:该部队从广东省南雄县北返时间是 1945 年 8 月 29 日,而中央发出上述战略方针是 9 月 19 日,两者在时空上不是因果关系;何况北返的终点也是属于北撤地区的鄂豫边啊。[241]"

东纵北上迎接二王部队未能达致,一众东纵官修党史笔者异口同声辩解:原因乃在国民党调动大批部队来行后发制人堵截。笔者对此大表怀疑:那么,就在方圆不足 150 公里之内,国民党之前为何不调动大批部队来行先发制人消灭尚自位于翁源以南的东纵主力呢?这证明它没有那个能力,何以在后发制人之时,就突然有了这种能力了呢?且有东纵后人披露,堵截部队多是联防队而已。东纵领导为何不说实话?

东纵主力北撤以后,许多未撤人员不是又被重新集结,短时就能挺进到、展开于粤赣湘桂边?有本讲述东纵历史著作这样写道:

中共中央关于建立五岭根据地的决定,虽然由于形似突变未能实现,但是当日本投降后,国民党军队从赣南大批涌向北江和东江解放区，企图消灭东江纵队时，挺进粤北的部队已经在粤赣边站稳了脚跟，在粤北的仁化、南雄、始兴、和平、连平和江西省的大庾、虔南、陇南、定南以及湖南省的汝城等县完成了战略展开，开始了创建根据地的斗争[242]。

1946年6月东纵北撤，两年之后，尹林平由香港重返东江，已可以说："现在形势已经同东纵时期大不相同了。现在，我们从这里起步，可以通过自己的地区大摇大摆地走到五岭。"[243]东江纵队纵若在二王部队延安起行之后一两个月即行挺进五岭割据，成就彪炳千秋之业，该有多好！

杜襟南曾任东江纵队电台政委，解放后，被调到中共中央办公厅机要局工作，1982年从北京调回广州。也许听过中央高层谈论尹氏表现以及东纵北移的杜氏，曾对尹氏"不足之处"做过以下评论："有些事情与实际不符，与他争论，他也不赞同；到罗浮山前后，有点自满，有些事也不报中央了；北上五岭也不够及时；等等。"[244]杜氏赴京就任之后，一直苦于没有得到机会再次面向尹氏倾诉衷肠，直到尹氏谢世，自叹成为今生莫大遗憾。杜氏想向尹氏倾诉什么？前在东纵时期，尹氏、杜氏可是能做彻夜长谈的彼此相得的"君臣"啊。

以上三事必然隐为东纵后遭飞来横祸埋下祸根。之前半年毛泽东曾赞尹林平"此人很有办法"，会师不成之后，多疑的毛对于后张文彬南委和省委/区委想必会生出另种负面评价："他们巧保山头也是很有办法的，尹林平怕是担心古大存回粤后喧宾夺主哟。"解放初期，中央任命尹氏所任数职，均与其功绩很不相符：居然曾让他担任广东省小小海岛局局长！后来方有改善，但是不久他又被陷入反对地方主义之祸，17年内三次遭殃。这些想必都与尹氏遭到毛氏厌恶有关。东纵在二王会师不成之后，延安命令东纵就地解散，分成几十股藏入民间[245]，其实就是惩罚，挺厉害的惩罚。下令东纵"分散坚持"，应该还有"粤北秘密武库既然利用不了，东纵也别待在附近惹敌前来"的意思，毕竟特使张文彬已经被捕且已瘐死。延安已不再愿拨给东纵饷械，似已暗中盘算将来派古大存带大批人马前来重新集结东纵旧部，班长、排长、连长、营长等等正职全由"南下"干部担任——这就是解放后广东省第一次反地方主义时所行的"一杆红旗插到底"。东纵北移再三延误（起码貌似程度可致毛氏误解）之状，可见李翔、李添华所撰《抗战胜利前后五岭根据地计划的提出与放弃》、高宏的所撰《八路军南下支队北返原因及其得失辩证》[246]。新四军四支队司令员高敬亭（张国焘红人）敷衍中央拒绝东进，屡纠不改遂被枪决之事，可作后果参照！几十年过后才给他平的反啊。高氏并无起意投敌[247]。对于"东江纵队再三延误北上→未能及早廓清始兴南雄→未能及时会师二王部队"这一原因与过后受到三次整肃这一结果不做勾连，难免会对东纵历史产生多个认知盲点，这岂不就是陈达明所说悬案之荦荦大桩？若是真个因为不敌国军会师不成（很难令人相信），东纵领导事后就应报告中央自请处分，他们又似没请，大事化小，小事化了，这便构成后续隐患。笔者相信，二王部队当时必有拍发旨在分清责任的、严重抱怨东江纵队延误接应自己的电报给延安——连个人影都没见着啊，东纵遵令真如儿戏。这封电报还望后学从档案馆里寻找出来。后学寻找有关档案，还得带着以下这个问题找："东江纵队再三延误北上→及未能及早廓清始兴南雄→未能及时会师二王部队"之事，和周恩来有没关系？如是方氏、尹氏自把自为，他们真是吃了豹子胆。

又，中央指示：五岭根据地武力除了要在粤北扎根之外，还要沿着西江向南路、广西发展。啥意思呢？除了需要对敌避实就虚之外，笔者认为此举还有两个隐藏意图：

首先，通过法国共产党[248]已掌握的越南海防港、可掌握的广东湛江港，使用苏联予其金钱购买法国库存德国武器的法共从商人员，可以将这些武器，尤其是重型军械，明说卖给西南军阀，暗行交给华南中共。20万支明治三十年式步枪，毕竟数量稍欠、威力大缺（没炮，至少缺炮）。有关外文文献表明，英共、法共、德共[249]、美共战前都给中共捐过款，有的还是钜款。当年中共发动百色起义以及于抗战期间在桂林设立八路军办事处，也有此种打算无疑[250]。二王部队主部乃是359旅，为了实现西扩靠近越南目标，据悉，延安本来打算再派 358 旅主力南下到桂湘滇建立根据地边，与二王部队在粤湘赣边建立的连成一气。但上述 358 旅主力不知为何不属官修党史所述三个南下支队！待查。毛氏可是真心想在华南上演一部有声有色、威武雄壮的战争戏剧啊！

其次，陈济棠协苏济共武库对策库藏军火，仍可信赖余汉谋秘密开仓取出，通过浈江→北江→西江水路运到南路、广西。

东江纵队一部集合待发。东纵不发军装，只发民装。所以曾被国府认作民团，不算军队。

考虑到东纵北移不力致使未能会合延安南下部队合力建起大庾岭根据地，利用陈济棠—余汉谋协苏济共粤北武库枪支弹药猛烈扩张占领区域、势力范围一事，对于林平、方方、东纵骨干对中共是否忠诚可能有着极大负面影响，笔者经过仔细思量，并经请教民间研究东纵历史专家，得出一个假说，微信告诉后者如下：

第一种可能：周恩来曾向英国使者表示，中共愿意派出东纵主力，前往缅甸联合英军、美军、国军抗击日军。于二王部队启动南下即 1944 年 11 月之时，英美华联军已在缅甸筹划、部署大反攻，预期全歼侵缅日军。此后一年，周恩来南方局极有可能继续积极秘密联络英方—美方，重申上述出兵提议。英方—美方极有可能未做拒绝，答应考虑。周恩来的首要使者，必是黄作梅无疑。英国政府对于共产党的戒心没有美国的戒心那么大，尽管冷战首先是由邱吉尔富尔顿演讲挑起的：二战时期，英国给了法共、意共、南共等组织的地下反抗德军运动极大支持；二战之后，又曾试图招安陈平马共，遭到后者遵照中共旨意拒绝；如此等等。英国政府事实上考虑了战后将东纵港九大队收编为香港治安部队，后来东纵主力北撤，还是拨出一支100人的部队给港英政府用于此一目的，后勤补给乃由后者负责，一年以后解散。香港华人部队一个连队曾经参与缅甸反攻，直接隶属英军，作战表现不错，留给英人印象不错。本人认为，英国政府极有可能还曾考虑将东纵收编，派驻缅甸维持治安，以华治缅，因为德钦昂山起义部队曾是日军控制下的伪军，不可依靠。周恩来本想利用此一黄金机会制衡苏联，增强中共/中国在国际上的独立性，乃至制衡毛氏。英国政府的此种后被放弃的提议，成了周恩来指示林平、方方敷衍毛氏命令的动力。但像潘汉年曾将其见汪精卫一事对毛隐瞒一样，周恩来也曾将此一功败垂成动向对毛隐瞒。这样，也就交代了黄作梅的真实死因。

第二种可能：据悉，1940 年国共两党在重庆曾就促成以华人为主的马来亚共产党与英国合作抗日签订过一项协定。内容如何笔者现在无法得知。1920 年底共产国际的印度共产党员罗易向列宁提出："俄苏共党/共产国际在中亚地区招募以及训练一支军队，用于入侵和占领印度北部地方。俄苏红军不必直接介入。"后得列氏采纳，两列火车将大批军火、一众教官运往阿富汗南缘，不过未得成功。罗氏来华之后，肯定曾将此一谋略告知周氏。笔者猜想，中共曾经计画秘密派出东纵一部加入马共武装，合力夺取全国政权。周氏若曾指示东纵勿要会师，是否与此有关？

第三种可能：还有一种可能：周恩来不愿看到北南两军会师以后，严重破坏内有占据地盘以及势力范围划分的国共和平协议，因此暗中交代东纵军事指挥林平佯迎还拒。于是可以解释为什么 1976 年他进手术室时不忘澄清："我不是投降派！我不是投降派！"

笔者注意到，以下网上关于黄氏介绍，内有"由于其配合英军作战有功"字句，因而生出疑问：除了营救，黄氏还有参与英军作战吗？应是搜集情报活动吧？还有别的？

*黄作梅（1916—1955。英文名 Raymond Wong Chok-mui），广东番禺人，新华社香港分社第二任社长。1935 年毕业于皇仁书院，并获得进入香港大学的资格，但因家贫辍学。1936 年 1 月报考港英政府文员，被分到湾仔政府区工作货仓工作。1937 年开始参与左派进步团体"怒潮"读书会活动，曾遭逮捕。抗日战争爆发后，黄作梅积极参加香港同胞的抗日爱国救亡运动和中国共产党组织领导的地下读书会，宣传抗日救国思想。1941 年 6 月，黄作梅在香港加入中国共产党。1941 年 12 月太平洋战争爆发，日军于同年底占领香港。1942 年 2 月，黄作梅被任命为中共领导下的东江纵队港九大队"国际小组"负责人，负责配合"英军服务团"营救在港被俘盟军人员。由于其配合英军作战有功，1947 年获得英国颁发的 MBE。1947 年 2 月，黄作梅受命前往伦敦，以新华通讯社记者身份创建新华社伦敦分社。1949 年，黄作梅调回香港，同年 10 月接替乔冠华出任香港新华分社社长。1955 年 4 月 11 日在"克什米尔公主号事件"中遇难。

2022 年上半年，事过 76 年，笔者终于找到更加合理的一揽子解释：蒋介石 1942 年宣称，国府将于二战结束之际，派出国军占领香港，然后才与英国谈判，收回香港。后来，张发奎果然受命派出新一军、十三军开进新界，受到民众热烈欢迎。英政府通过黄作梅转达要求予周恩来：二战结束之际，国军若果进占香港，中共派出东江纵队协防香港。周恩来满口答应，下达指示：东纵勿做会师二王部队，坚决留在粤省另有安排。但是没有告诉毛泽东。于是导致毛氏误疑东纵实属叛军，解放过后便以反地方主义为名大肆整肃东江纵队、广东省委，甚至扩大化到全国地下党。笔者怀疑沙文汉、陈修良等等等等皆因广东而起灾祸受到冲击。不过除了海南，粤东、粤西中共武装、组织没受整肃。

东纵之后何雪夫、何雪峰两兄弟，曾经安排东江纵队和二王部队涉事电报员在东莞会面，得出结论当时两军相距只有五里路。东纵的电报员披露，曾生从他手中取走二王部队发来指示所在位置电报，不许翻译密码，不许扩散消息。东纵之后钮海津撰文记述父亲回忆：西线东纵会师部队出发之时，"忘记了带电台"。怎么会忘记呀？应是故意不带。赵某某透露，其父亲赵紫阳有一次受到江青叱责："怎么搞的，陶铸没有告诉你曾生的问题？你那么信任他！"其父大为吃惊："多大的事，陶铸居然没跟我说过。"赵某某说江青、陶铸最后都没对其父透露曾生有啥问题，他猜测是"曾生沾上了国民党的反间计"。笔者则怀疑问题就是"叛军嫌疑"。要知道，拒绝遵从命令会会师，严重的话，会被判处死刑。高敬亭拒绝东进，就被枪毙。后来，周恩来安排对于黄作梅的灭口，得遂。前科：他曾安排对于红四出身苏联特工高清实行灭口，但是受到罗长青、徐向前、苏共方的极力阻拦，未遂。再远，可举率队坑杀顾顺章的家人之例。周氏为何不向毛氏交代呢？是怕说他"向帝国主义投降，与帝国主义勾结"吗？

四、张文彬余汉谋默契存在多项间接证据

张文彬如是说：

如果广州沦陷，广东、广州的党组织和进步力量要跟国民党的党政机关（中心）撤退，以便和中央联系，便于开展统战工作，也便于我们力量的恢复和发展。/特别是余（汉谋）企图联合我们拒绝（国民党）中央势力（在粤）的增长。/我们在广东统一战线工作的对象就是余汉谋。广州未失守前与我关系最好的是他。广州失守以后与我们关系最好的也是他。/我们对他的工作，主要是支援十二集团军。使它去巩固，更使它再进步[251]。

什么叫"……以便和中央联系，便于开展统战工作"？笔者理解，指的是不能让余氏脱了缰、失了控，以及随时可向中央报告就近观察到的余氏动态，请示应对办法；更重要的是，一旦莫斯科通知毛泽东和余汉谋开仓取械，张氏和余氏可以马上付诸联合行动。这句话语已经相当露骨表明：这就是新四军已从粤北武库取过枪支弹药，而且不

只一次。应是余氏使用军用卡车运载洞中军火前往云岭等地——他可以骗手下官兵说是新四军委托买的军火；返程运回安徽茶叶、土产到穗到港批发、出售。他的夫人上官德贤兼做商人——东纵营救她出港时，还要帮她挑走 100 担积仓滞卖货物。这就是为什么——笔者猜测——东纵北撤经烟台先编入三野，而非经大连径直编入四野的缘故啊！既然一早便知只有兵力最为雄厚的四野方有能力从黑龙江打到海南岛，何不一早就将兵员都是粤人的东纵编入四野呢？什么叫"……更使它再进步"，笔者理解，指的是时候一到，力争将张余默契转变到张促余反，既得枪又得人。

不怕啰嗦：东纵故人、东纵后人，现在你们明白了吧？张氏领导东江纵队保全粤北武库，盘活内藏军火，支援新四灭敌，赢得苏联信任，乃是东江纵队的远比营救数百文人伟大得多的历史功勋。开句玩笑：你们可不能如前所述，活到老，坚持不爱武装爱儒装到老啊！

虽然目前极端缺乏上述张氏统战余氏具体活动文献记载，但是笔者可从以下相关史料，得出张氏为保武库统战余氏所作所为甚力甚多的判断：

其一，据载，在 1980 年代以前，有些东纵老人对张氏于抗战初期中共广东省委的军事统战工作的看法有些分歧，对以张氏为书记的广东省委过多地将力量放在余氏的部队不甚理解，认为张氏对余氏怀有幻想，存在右倾思想。另外一种看法是，后来随着形势发生变化，张氏对余氏有所警惕，改而认为，"我们对余汉谋及其部队也不能有过份的幻想。"[252] 注意，张氏说的是不能有"过份的幻想"。不过份的幻想则可有，就是守底线的期望，这底线就是余氏对于粤北武库秘密守口如瓶。由于这句类似暗语的话是在发给周恩来的电报里说的，所以可以很有把握地推断：周氏知道粤北武库秘密。

后来东纵所行战规"不打余汉谋嫡系"、赣州会议所做决议"争取余汉谋起义"，要是不明究里，还不是会被视为属于对余氏存有过份幻想？赣州会议距离张氏被捕已逾七年！我的一位曾经同一科女同事，退休之后专治东纵历史的东纵之后王玉珍，这样为我解释"不打余汉谋嫡系"：他们若不来打我们，我们就不去打他们。但是哪些部队属于氏嫡系，尚未可知，你不能说十二集团军各部都是余氏嫡系。可能仅指粤军 11 师。这个，笔者相信：张余二人确有协议。

其二，文献表明，廖承志、杨康华等也产生过类"东边日出西边雨，道是无晴却有晴"式困惑。因有上面众说、下面尹说，于此不赘。

其三，尹林平 1982 年忆述：

——抗日战争发生后，在武装问题上，当时省委一些同志也是不够明确的……后来，广州沦陷了，省委迁到韶关，省委一些同志强调搞统战，说帮助国民党，联合抗日，搞什么"统一战线模范省"，送了 800 多名党员和进步青年到国民党军队中工作，没有把主要力量放在农村发动群众，把工农武装起来。假如当时独立自主地搞武装，情况就大不相同了[253]。

——但是，张文彬有没有受王明投降路线的影响呢？我认为有……以后确实有转变。我的看法，他的转变是在 1942 年春到了宝安之后……从此以后，他同很多干部开会，讲了独立自主的游击战争，建立党，建立统一战线，开了很多会，讲了很多。从这一点来看，他确实有了大转变。这是我接触他得出的体会[254]。

——他初时是比较注意抓国民党军队工作。当时，我们在国民党军队虽不建立党的组织，但是仍注意个别发展党员。他提出，在国民党军队中的共产党员要宣传贯彻"坚持团结，反对分裂；坚持抗战，反对投降；坚持民主，反对独裁"的方针……根据张文斌同志的意见，省委先后动员 800 多名进步青年（内有共产党员 120 人）到余汉谋的政工总队去工作，设想通过政治宣传把这支国民党部队改造成为华南坚持抗战的一支力量……他正确地分析了国民党中央与地方势力之间的矛盾，提出了团结国民党当中的爱国进步份子，利用合法名义，积极实施我党领导的抗日救亡运动的具体策略。所以抗战初期广东各地抗日群众团体和救亡运动的蓬勃发展，大多数是共产党员或人士在起领导作用。对于广东抗日民族统一战线的建立发展，张文彬同志是有贡献的[255]。

由上可见，张文彬来粤后，从 1937 年春到 1942 年中，长逾五年，他的实际或曰"隐形"工作重心，一直放在联络余汉谋（不离不弃）、稳住余汉谋（武力后盾）、统战余汉谋（予共空间）、配合余汉谋（开仓取械）、争取余汉谋（率部起义）上面，而非"武装斗争"方面。他的使命规定了他只能和余汉谋合作，而不能与余汉谋对抗。1942年五月他被国民党抓捕，两年后即瘐死。文武双管齐下，暗护粤北武库；保守武库秘密，绝不出卖余氏，成了他一生中的最后两个使命，他忍辱负重，不辱使命，修成正果。在官修党史如前所引懵懵懂懂宣扬他大力推动武装斗争——其实这仅是他完成上述使命的"一管"而已，且此武管为彼文管服务——的同时，尹林平却看出了相反端倪，而且认定张氏所犯右倾机会主义错误长达五年之久，应该代表了后张文彬南委、省委/区委、东纵领导、南路领导等等对张文彬私下做的"组织结论"。但是他们完全不知究里！看到中央毫不追究张氏，他们只好忍气吞声，将信将疑下去；到了今天，也还是只能以委婉言"后来确实有了转变"来行对己搪塞。"后来"都到了他被捕之前几十天，不是全盘否定是什么呢？

五、东纵东移远离粤北受到中央严厉批评

1940年3月，东纵800余人遭到国民党顽固派军队的围攻，被迫向海丰、陆丰转移，途中被追击堵截，损失严重，最后仅剩100余人。1940年8月，曾生、王作尧等遵照中共中央关于游击队应返回东莞、宝安、惠阳坚持敌后抗战的指示，率部重返东宝惠地区。中共中央书记处于1940年5月8日发给东纵的指示有着如下字句："曾王两部仍应回到东宝惠地区，在日本与国民党之间，在政治上与优良条件下，大胆坚持抗日与打磨擦仗，曾王两部决不可在我后方停留，不向敌进攻而向我后方行动的政策，在政治上是绝对错误的，军事上也必失败，国民党会把我们当土匪消灭，很少发展可能……文彬即日回粤[256]。"

其实，侵华日军为了加强对于中国华南沿岸的封锁，断绝我国与外界的联系，早于1939年6月，便出动万名日军，在飞机、军舰的

掩护下攻占了当时中国沿海最后一个国际口岸汕头市，以及周边的潮州市、澄海县，开始了在潮汕地区长达六年的血腥统治。1940年的潮汕地区咋能说是抗战后方？东纵领导咋会逃避对日作战？须知海陆丰西面是日据地区，东面也是日据地区。禁止东纵东移之事，足以说明中央不愿东纵向粤东发展，离开粤北太远。"后方"一说是个藉口。"政治绝对错误""军事也必失败"，语气多重，生怕他们不愿西返。幸亏文革当中没人因为此事而给当年东纵领导扣过"逃跑主义""畏敌如虎"帽子，对他们加以残酷斗争。"文彬即日回粤"句，即是暗示：你门若不西返，作为钦差的张氏一回粤，即会坚决贯彻中央意图。

绕有意味的是：此时，张文彬并不想东纵全部西返，而是一半西返粤中东宝惠，一半开辟紫金游击区。他将此意电报拍发给了中央[257]。 远在海陆丰西北面的紫金已是紧靠粤北，若走公路，距离韶关仅为150公里。东宝惠也是200多公里。海丰距离韶关就升到了300多公里了，超出范围。张氏另外报请中央允将中共湘南特委及其辖区拨给广东省委，得到批准。都是距离粤北武库150公里左右的地区！这说明中共中央早有开辟大庾岭为中心根据地，利用陈济棠协苏济共武库构想。不过当时粤北韶关既是广东省政府、张发奎为首的全国第四战区司令部、余汉谋为首的十二集团军司令部所在，广东省又是"统一战线模范省"，实施此一构想还远不是时候。中共中央势必交代过了张氏：陈济棠协苏济共粤北（始兴、南雄）武库的保护半径为150公里。西面更近，解放战争时的曲英乳游击区，其北限距离武库的直线距离不超过100公里。这个意见遭到尹林平否决，张氏未做坚持，中央如何回答未知。毛氏定是心知肚明：张氏是在极为忠实地千法百计地秘密贯彻他的南图大计。五年时间足够长到供人搜齐证据向上检举，而笔者百分之百相信有人向上告状，但是毛氏不为所动，且不回覆。张氏若是真想改换门庭，稍有动静毛氏就会把他撤了。

关于张文彬的"王明路线"，南方局的从不干涉，毛泽东的不予置理，杨湖泰的神秘闪现，廖承志的欲说还休，尹林平的无奈搪塞，杜襟南的直抒胸臆，这一切都在无声地诉说：张氏南来广东，首要任务乃是达成张余默契、执行张余默契、保密张余默契、释能张余默契。作为毛氏亲信，张氏乃与王明既无人事渊源亦无思想渊源，却在广东公然推行疑似王明路线，而且不须遭受上级任何追究，只须忍受同僚议论纷纷，他又从来不予或明或暗加以解释。张氏乃为毛氏慧眼所识才俊，后者对于前者有知遇隆恩，和王明没有任何人事、思想渊源的张氏咋会受王明右倾投降机会主义路线影响，末班挤上王明"贼船"，心口如一地执行为毛氏所坚决反对的"右倾投降主义"路线？

东纵故人、东纵后人啊，你们看到这里，心里是不是已经敞亮到可像李铁梅那样唱上一句："这里的奥妙，我也能猜出几分！"

六、东纵延误北移应属会师失败唯一被告

若是西方、苏俄军事法庭依据有关军事法律来对本国版本"东江纵队再三延误北上→未能及早廓清始兴南雄→未能及时会师二王部队"来做判决，尹林平，曾生、王作尧、杨康华会被依次列为第一、第二、第三、第四被告，分别领刑，刑期当会依次降低，可以保外就医。志愿军九兵团由于战前发放寒衣不到位，战时供粮不到位（吃不上粮也就抗不了冻），导致第二次战役期间官兵大量冻死冻伤，加上战斗死伤，战前的三个军 12 个师[258]，战后只能凑足一个师还可继续作战。九兵团司令员宋时轮（1955 年授衔上将）乃大丈夫，战后主动自请一人上军事法庭去受审领刑。上级强调客观原因，没有接受他的负荆请罪。笔者心想：啥客观原因？为什么人家十三兵团就没有大量冻死冻伤呢？东江纵队历史上最为蒙羞的一页就是再三延误北上导致会师落空。那边厢呢，二王甚至说了：粤北会师无奈不成，我部决心直奔罗浮山区东纵总部。二王部队即有会师未成责任，也属轻责，可以不予起诉。笔者认为，他们中途停留鄂南、湘北、湘中三月，情有可原，因为他们想到第二、第三梯队随后南下，中途得有一个安全承上启下走廊。不过，开辟那些地方来做连贯北南共军携手枢纽一说，未免离题万里，距离粤北几千里地呢；东纵才近万人，打得到那

儿？打那儿干嘛？当然也不排除二王有着想等延安改变主意之念。东纵故人、东纵之后必须正视这一点。依笔者看，再三延误，军事原因占四，道德原因占六。营救文化人大书特书，承认躲会师小敲小打，自己不诚实带来别人不待见。时至如今，要学杜襟南超杜襟南，实在不应再怕揭尊者疤。

"东江纵队再三延误北上→未能及早廓清始兴南雄→未能及时会师二王部队"以及"二王有着想等延安改变主意之念"确有一个客观原因，那就是无论二王还是尹曾，都不明白：有啥必要如此兴师动众长途跋涉，损兵折将得不偿失地开辟大庾岭为中心根据地；为啥东江纵队不去就会"如果这一任务不完成，那你们在一年之后就将遇到失败"[259]，二王部队裹足就会"被一时的现象所迷惑"[260]，就会失去"目前千金一刻的时间"[261]。对于上级下达战略目标真实意图摸不清楚，存有疑问，导致北南两军领导不约而同无法说服自己倾尽全力争取实现这一战略目标。毛泽东、周恩来不能将陈济棠协苏济共粤北武库的"国际秘密"过早告诉他们，这咋整呢？笔者认为，正是由于这个原因，毛氏没有正式地、严厉地追究东纵领导的责任。

张文彬未能活着见到毛泽东在延安窑洞里面对他如此如此这般这般秘授机宜所揭示的异军突起的伟大战争前景，令他抱恨终天，令人扼腕不已。时至今日，纪念张氏，就得还其暨揭其来粤任事真实面目暨隐蔽使命。对于陈济棠、余汉谋这两位秘密襄助共产党大功臣，应予树碑立传，颂扬二位一诺千金高于意识形态品德。

近代以来中华民族为了存亡继绝引进多种西方政治发展思想，例如宪政民主、人权至上；灭资兴无、一党专政等等，造成国族思想百年严重分裂。张余默契得获成功告诉我们，只要捐弃意识形态狂热，宽容对待分歧，同室操戈就会演变出同舟共济，民族为重而非阶级为重。笔者发现张余默契乃证明中华民族具有强势凝固基因的一则光辉范例，是个多么催人泪下的劫后惊喜啊！

追补：

一、《初揭陈济棠之协苏济共武库：疑窦丛生》述及："而据时任广州政府炮兵总监的邓演存（邓演达胞兄）等人合著的记述，北伐发动之前，苏联曾经几次派船秘运军火到穗，其中规模最大一次，接援方面征用了'四五十艘大驳船转运了四五天才运完'。"《萧克回忆录》（北京：人民文学出版社，2017），16 页上记载：萧克 1926 年 2 月到达广州，原想报考黄埔军校，但没赶上，转而报考宪兵训练所，成功，给编在第二大队。萧克写道："我们大队驻在广州飞来庙。这里设了个小造弹厂，每天能造六五子弹约万发。"每天能造六五子弹约万发，每月能造 25 万发，四年（1924—1928）便可供应北伐前线至少 1000 万发。这显然不够，故怀疑还有别的厂，如石井兵工厂，也曾生产六五子弹。苏联随枪配送了大量六五子弹则为必然。过后陈济棠主粤，其军制式步枪乃为仿捷 VZ.24 式，石井兵工厂生产，月产枪支 1000 余支，子弹 210 万发，品质号称全国之首——见诸邬维镛著：《广东兵器制造厂概略》[载于《广东文史资料》第九辑（1963），页 19]。蒋介石军制式步枪亦为仿捷 VZ.24 式，称中正式。粤军反蒋，不称中正式而称二四式。二者弹径一致。笔者怀疑这个"飞来庙造弹厂"乃是苏联援建的（在汕尾卸货上岸——蒋介石某篇讲话记录疑似透露了这点）。这既可直接证明此时苏联奥援广东出发北伐各军

195

主战步枪乃为苏援日式三零，又可间接证明后来苏联曾经奥援中共大量苏联仿制日式三零。

二、古大存口述，罗尚贤主录：《古大存回忆录》[载于《广东文史资料》第 32 辑(1981)]当中披露的涉及张余默契的史料如下：

——张文彬去延安开会期间，林平负责省委工作。文彬回来后的省委组织情况如下：书记张文彬，组织部长李大林，宣传部长涂振农，统战部长古大存（区梦觉同志也搞统战工作，她当时公开工作是余汉谋老婆秘书），妇女部长张月霞，军事工作部长林平。（37 页）

笔者诠释：张文彬和余汉谋之间的秘密联络管道之首就是：张文彬→←区梦觉→←余夫人→←余汉谋。

——1939 年初，博古来韶关召开省委扩大会，传达六中全会精神，这是决定当时省委指导思想的一次重要会议。以后的几次省委会议都是执行这次会议的精神。博古在会上提出要把广东建设成为统一战线的模范地区。这是王明路线的主张，对当时省委起了相当大的影响。（37 页）

笔者诠释：此事足可证明苏共中央、共产国际、苏联红军对于秘密保存、维护、补充、利用陈济棠协苏济共粤北武库所藏念念不忘。广东省委当时隶属长江局领导，该局书记为王明；组织部长为博古，副部长为黄文杰；宣传部长为王明兼，副部长为章汉夫；军事和统战乃由周恩来、叶剑英负责。王明直接听命于苏联方面。古大存担任统战部长，乃由博古提名。

——抗战初期在国民党"第四战区司令"张发奎部下做参谋的有我党党员刘田夫、左洪涛、何家槐等。在"第十二集团军司令"余汉谋部下做参谋的有石辟澜、乔冠华等。这时余文森是国民党广东省党部书记长，他此时是我党党员，建国后曾在浙江省建设厅任副厅长。"（37 页）

笔者诠释：张余之间还有上述秘密联络管道。

——文彬是个统战迷，他在党内提出帮助国民党巩固部队，而不积极去建立自己的独立武装力量。东江的武装是廖承志（他和叶剑英同志较常联系）领导起来的，当时省委虽然同意但不积极支持。当时省委还做过决定，在北江不搞武装，以免刺激国民党。"（37页）

笔者诠释：毛泽东曾对粟裕说过：若我兵出东江，许会引发蒋军兵出粤北始兴、南雄，不宜。上述"当时省委还做过决定，在北江不搞武装，以免刺激国民党"所含天机与毛对粟语所含天机一致，不可明说。

——我古大存做统战部长的时候，思想还停留在内战时期水准，存在着与国民党对抗的观念。当时我想，余汉谋、张发奎、李汉魂这些人都是与我打过多少仗的人，怎么能与他们在一起？我不愿意去见他们。文彬叫我一定要去见他们，我也没有去，他便批评我。我想不通，便对文彬说："我要去接近山里的群众，你少干涉我吧。"（38页）

笔者诠释：正像尹林平拥兵自固，破坏东江纵队与二王部队于粤北会师招致了第一次反地方主义，古大存自把自为，对抗省委书记令其与余汉谋建立联系招致了第二次反地方主义。古大存回忆录对此轻描淡写，实际当其时也张古矛盾一定颇为尖锐。李雪峰级别远较叶剑英为低，不是持有毛氏尚方宝剑，他怎能搬走叶氏这块石头？古氏你是统战部长啊，"接近山里的群众"是你的事吗？"你少干涉我吧""你少指挥我吧"，什么态度？毛氏十分热衷利用粤北武库所藏另辟蹊径，十分爱惜主持粤省省委工作的张文彬，可以想像他对尹林平的破坏、古大存的对抗、张文彬的夭折、大庾岭的幻灭会是如何怒火中烧。三打地方主义，并非没有正当理由，原是尹氏、古氏触怒毛氏、对抗中央在先。第三次反地方主义，乃是文革时期尹林平利用陶赵垮台之机翻案，黄永胜、刘兴元领中南旨镇压。古大存和张文彬的交集不到一年，1938年冬至1939年秋。

——抗战初期的省委，总的来说做了不少工作……但由于王明

路线的影响，没有更好地开展工作，特别是独立自主的武装斗争没有很好抓。（39 页）

三、陈耀之口述，何季铠整理：《忆古大存与莫雄在粤北的共事》[载于《广州文史资料》第 30 辑（1983）]当中记述：

当时（1938 年秋冬——笔者注）广东军事当局军需物资不充裕，南（雄）、始（兴）虽被划为游击区，但以全省来说则属于后方，领械不在优先之列，故司令部成立之后，基本队伍武器不足；通过古大存的关系，得到共产党领导的新四军支援步枪 100 支和子弹一万发，才能开始军事训练……（67 页）

笔者诠释：古大存和莫雄粤北交集仅为半年，从 1938 年 9 月至 1939 年 2 月。1938 年 9 月之时新四军军部已从南昌迁往安徽半年之久。新四军前后仅在南昌设立军部三月，从 1938 年 1 月 6 日到 4 月 4 日，此后先后迁往安徽岩寺、云岭、盐城等地。初期，国共双方上级规定新四军防区仅为苏北、皖南；除军部外，新四军从未在湘赣粤桂驻扎作战部队。古大存为莫雄任司令的国民党第 23 游击区司令部从"共产党领导的新四军"方面弄到的"支援步枪 100 支和子弹一万发"，极有可能是从陈济棠协苏济共粤北武库秘密输往苏北、皖南新四军的一批枪支弹药中截留的。古大存在莫雄司令部拍发情报予安徽新四军军部（页 66）、后来率广东党代表团出席中共"七大"先到新四军军部，汇合新四军代表团齐去延安二事，可做上述武库一度曾被划为新四军武库的间接证据。广东省委、东江纵队对于中共武装斗争的此种巨大贡献，不是远较营救文化人出香港为重吗？东纵之后不应再捡芝麻丢西瓜！

四、王作尧著《进军五岭接应王震部队南下》[载于《广东文史资料》第 36 辑（1982）]揭示：在二王部队南下大庾岭之前，中共中央曾于 1944 年 5 月、1945 年 2 月两次指示东江纵队北上大庾岭开辟根据地、游击区。

人们看到，后者浅尝即止，敷衍了事。刘渭章著《回忆抗日战争时期粤北北江地区的革命斗争》（载于上辑，页 51-58）表明，后来二王部队、东江纵队放弃会师藉口之一的"粤北群众基础薄弱"，属于不实之词。刘氏甚至说道："北江地区民间藏有大量武器，若能动员搜集起来足可以装备一个师的队伍。因此地下党将之作为开展抗日武装斗争的工作重点。"笔者有着充分理由怀疑：七八千支枪，说是北江地区民间大量藏有，实为协苏济共武库可以拨出。粤共未经深入调查（人家会告诉你？），咋会估出此数？刘氏亦误解张文彬受到王明右倾路线的影响。（1 页）

张显岐著：《粤北始兴起义始末》[载于《广东文史资料》第 26 辑（1981）]披露，1949 年 6 月：

——中共领导应我和饶纪锦的请求，派了党员杨泰湖到始兴参加领导起义工作，由饶纪锦委以始兴自卫总队参谋之职。（204 页）。

——与粤赣湘边总队北二支队胜利会师后，奉命改编为新一团，并配以"衡山"臂章，团的编成及主要人员如下：团长饶纪锦、副团长何衍章、团参谋长杨泰湖……（213 页）

——始兴起义部队新一团在乐昌整训后，奉命编为北江军分区第十一团……（214-215 页）

笔者诠释：以上引言加重了库学《五揭陈济棠之协苏济共武库：张余默契》中的猜测：杨泰湖就是秘密驻在陈济棠协苏济共粤北武库始兴分库的白皮红心警卫官、看管官、储运官，起码始于抗战军兴之时。如今韶关军分区档案室还有没有杨泰湖卷宗？后学且努力啊！

库学五篇结束之语：此篇追补乃为笔者为本书库学所撰最后一篇文章，近 4000 字，完稿已是 2018 年 12 月 6 日，写成于广东省立中山图书馆特藏书籍阅览室，历时十天。

笔者最后想说的是：利苑饮食集团（Lei Garden Group）乃为陈济棠幼公子陈树杰所办，其下十余处利苑酒家分布香港、澳门、深圳、广州、上海、宁波、北京、叻埠等地，员工多达二三千人。笔者希望中共老营之后今后聚餐，多选当地利苑酒家，帮衬陈树杰就是感恩陈济棠。至于陈济棠、余汉谋有没从苏联方面得到金钱酬劳，得到多少，那是他们之间之事，与我无涉。陈余二氏一为中央苏区代藏代输苏械，二为中央苏区转售钨矿以及私下开禁通商，三为中央红军长征让路千里且输弹药，三重恩德。广州利苑酒家一在珠江新城，一在宜安广场。网查可知详情。

附件

15. 苏中二共均受意识形态国家利益制约

上册结束之际,笔者必须扼要总括一下,在第二次世界大战中国战场上,苏联授援、中共受援各自出于何种动机:无非两种:意识形态和国家利益,以及此种授受为咱中国带来何种最大危害。还要分析一下:日本军部出于自身利益,国方派系出于自身利益行事,怎样留给此种苏中授受一个安全走廊。

一、中共接受苏援理据:共建世界苏维埃国家

那个时代,苏中二共以及各国共党,就像天主教徒、基督教徒冀图建立人间天国一样,笃信他们可以建立一个"世界苏维埃社会主义共和国"。瑞金苏区办公室、大礼堂悬挂的领袖画像,清一色是马("世界革命导师")列("世界革命领袖")二圣,而非朱毛双雄。不是说"无产阶级只有解放全人类才能最后解放自己"(马克思语)、"英特纳雄耐尔就一定要实现"吗?"英特纳雄耐尔"(《国际歌》词)意为"国家组合",于其中也,中国共产党人可以分享全世界统治权。国际主义、共立主义凌驾于民族主义、分立主义之上。当时中共敞开怀抱欢迎苏援饷械,应说无可厚非。正像当年国民党也曾敞开怀抱欢迎苏援饷械一样。你不能说欧洲各国自愿组成欧盟,统一使用欧元,就是齐齐卖国行为。中共实实在在籍此夺得全国政权,结束百年兵燹,统一满蒙回藏,赢得抗美援朝,得获经济苏援,然后得以挣脱依靠外力,走向政军自主。后来证明上述愿景无法实现乃属情理不

得不然，必得改弦更张，这属后话，此一时，彼一时也。

欧盟各国当初愿组欧盟，各国是否出卖主权？天主教徒膜拜教宗，教徒是否出卖主权？蒋介石访苏时力倡苏、中、德三国组成联邦，是否丧失民族气节？近年中俄两国签订协定：未来25年，中方将以高于国际市场价格购买俄方原油。笔者认为，基于上述宏大历史背景，国中共产党人应将之视为中方对于苏方及其后继俄方的回报，而非"卖国条约"。正派人习仲勋极可能早就告诉过习近平前述"绥德接援往事"了啊。

笔者在别处已指出，现在有人对于探讨国输共赢原因十分热衷，按笔者看，个中主要原因，就是共方所持国际主义，哪怕只是历时二纪，战胜国方民族主义。中共接受苏共中央/共产国际"去国家化""去民族化"方针，确实形而下地保障了1959年以前中苏二共精诚合作，步步得胜。那边厢，蒋介石反其道而行之，"永国家化""永民族化"，先和盟国英国反目，后和盟国美国反目，因此得到饷械援助远远不足战胜日本、中共，最后节节失利，败走台湾。

读者不妨反思一下：杜隶明为表示极忠于蒋介石，不随史迪威撤往印度阿萨姆，听命蒋介石踏入缅甸野人山。辎重全丢不说，四万之众只得二千生还。这肯定把美国人吓坏了：以死明志，那就算了；暗杀蒋氏，停止实施——"六军不发，仍为障碍"啊。美国于是放弃全力扶蒋抗日、抗共——雅尔塔会议上，说是不堪伤亡，请苏代其出兵满洲，实为弃蒋借口，抛掉烫手山芋。王明只是苏中二共国际主义共轭机器当中，一个很快因失效而被丢弃的零件。开什么玩笑，你把24岁的博古留在苏区代你指挥，自己却避走莫斯科，要我是斯大林，也会从心眼里瞧不起你。米夫后来被杀，也许就与所托非人有关。潘佐夫根据苏联档案澄清：斯大林后来是支持毛泽东在延安整风运动中清算王明的。

读者千万不要以为，战争年代，毛氏中共曾因王明失去权威而脱离过国际主义。不过，笔者相信，人类进化钟摆终归会向目的主义的国际主义、地球主义、银河主义、宇宙主义方向摆去。

中共后来回归民族主义、国家主义；不妨认为，当初中共坚持不懈贯彻国际主义，客观而论，只是歪打正着贯彻了工具主义实质的国际主义。俄国历史学家研究新揭苏联档案后说，在苏共中央看来，"四一二"政变导致国共血腥分裂，乃为"符合苏联国家利益"：中国可被分而治之。此事表明，苏方国际主义同样掺有工具主义。目的达到，工具可变。

二、苏联要求中共对于日本既要绥靖又要遏制

事实乃是：抗日战争存在四个战场：正面战场、敌后战场、英美携华战场、苏联携华战场，并非仅有胡锦涛所说的正面+敌后两个战场。最后于华起到对日致命一击作用的，乃是苏联携华战场，于其中也，共产党起到了配角作用，国民党连龙套都没跑上。本来英美携华战场也可起到这种作用，但是被嗜权如命、目光如豆的蒋介石给破坏掉了。他拒绝将军事指挥权交给史迪威，从而导致了所谓正面战场的"从未取得过一次真正意义上的胜利"，"一切只不过是以空间换取了时间"。一战，美军曾交法国统帅指挥；二战，英军曾交美国统帅指挥。美国占领过欧洲哪怕一寸领土，颠覆过欧洲任何一国政府吗？第一次中东战争，以色列不是将本国军队交由一位美国退役尉官米奇全权指挥，并且大获全胜吗？

本节之中，有着几个重要论点及其论据迭次出现。未做精简原因在于贯彻"重复乃是学习之母"原理，俾使读者过目不忘，牢记于胸。另外，本节内容乃转载自笔者一篇独立论文，它既描述了抗日战争期间苏军扫满之前，苏联在华对日关系要义中的国家利益为何，也澄清了所谓中共对日少打大型战役即是无意抗日有意摩擦的传言。后者虽然对于本册来说有点属于跑题，但是笔者觉着将其拆分，会使此节表意不通不顺，对于读者理解有碍，于是决定还是留着不动为宜。

张发奎曾经担任过国军陆军总司令。在八年抗战中，从华东淞沪到西南百色，张氏指挥过多个派系的国军，比如东北军万福麟部、四川军杨森部、中央军胡宗南、汤恩伯、王耀武部，等等，人数高达五十万。对于抗日战争国军所起作用，率直耿介的张氏说：

203

大多数海内外同胞均认为,我们以劣质装备与粗浅训练,英勇地与武器精良训练一流的敌军鏖战了八年,最终取得胜利。然而从军人的观点,我认为八年抗战谈不上是英雄史诗,我们所做的一切只不过是以空间换取了时间。讲句真话,我们从未取得过一次真正意义上的胜利,只是延宕了敌人的前进。

网上居然有人数落张氏:"李德邻不是打赢了么;薛柏陵不是打赢了?"这位仁兄比国军陆军统帅嘹解得多,体会得深?

(一)国共抗战谁贡献大台湾郝刘仍贬中共

抗日战争是近代中国一次最大规模的全民族反侵略战争。战后,自 1945 年至 1985 年,国共两党对抗日战争史的叙事存在重大的分歧,相互否认对方在抗日战争中的贡献。1985 年纪念抗日战争胜利四十周年,是抗战研究的重要转折时期。大陆学术界开始充分认识两党、两军、两个战场的地位作用和贡献。1995 年,海峡两岸对于抗战的认识,逐步达成重大共识,关于抗战的学术研究,也逐步趋于繁荣。共识是啥?一言以蔽之(大陆版本)乃为:

共产党领导的敌后战场在中国抗日战争中具有重要的战略作用,如果没有敌后战场的努力与长期坚持,中国抗战无法坚持到最后的胜利;同样的道理,没有国民党领导的正面战场的长期坚持,中国抗战也无法坚持到最后的胜利。二者不可偏废。(见诸 https://wenku.baidu.com/view/2e425296e87101f69e31959c.html)

必须指出,对于己方过去贬低国民党于抗日战争中的巨大牺牲、重大贡献,大陆方面已经做出检讨、改正。例如,共方战胜国方的主力乃为四野,现代中国名将梁兴初将军的儿子梁晓源,组织过几次四野后代访台活动,与"父亲的敌人""相逢一笑泯恩仇"。又例如,在凌峰(原名费林军)编剧等人的推动之下,大陆方面花巨资拍摄了《血战台儿庄》。蒋经国观看之后不久,就开放了国军老兵返回大陆探亲。"海峡两岸同胞在骨肉分离了 37 年后,终于把苦苦的乡愁化作了喜悦的重逢，从而揭开了海峡两岸公开互动。"记得我曾在返穗火车上见到首批返乡探亲老兵，大约十人。确认之后，马上唤来车长招呼他们。车长随即安排免费为他们送上热茶热饭。

台湾方面过去也曾极力贬低共方对于抗日战争的贡献，如今也有大的改正。

国共两方政学二界、朝野二域抛弃相互否定立场，肯定两个战场——国方正面战场和共方敌后战场——对于抗日战争均有积极贡献一事，确属拨乱反正、实事求是以及政治进步、学术进步，是为中华民族极大福祉。但是，对于国共两方谁的贡献权重较大，大陆、台湾政学二界、朝野二域仍有较大争议。此为众所周知。

若是基于作战规模频率、日军被歼人数、己方伤亡人数、动员资源程度任何一项或者综合四项来算，郝伯村说，国方贡献权重多达95%，共方贡献权重仅达 5%；台湾知名作家刘台平于其《八年抗战中的国共真相》（台北：风云时代出版股份有限公司，2015），基于杀伤日军人数，使用某种公式算出，国方贡献权重多达 99.59%，共方贡献权重仅达 0.41%。对于此种论调，大陆政学二界以往难以使用基于类似数量比较的反驳，只是首先一味列举己方分类战绩、英勇程度，然后冠称共方乃为抗战"中流砥柱"。封闭的大陆民间，境外的港台民间、华人民间于网发表意见，则为多数扬国抑共。但是西方、苏俄、日本、朝鲜、大韩、南洋朝野，鲜有这种论调。

笔者认为，大陆政学二界与台湾郝刘一派争辩，首先应该反省自身：中共依照马学立国宗旨，祸国殃民之事做得太多，世人难免产生"结局孬，一切孬"之念，以尽情数落该党恶政，排斥仍然念其旧时善功。显而易见，这是一种殃及池鱼（爱屋及乌的反义词）之举。要想改变，根子还是改恶从善。

不过，接下来第二步，笔者奉劝读者千万不要以为郝刘之论可以成立，不要以为三人成虎可以重演。中共御用学者本来便非讲求实事求是之人，加之学术功力浅薄，他们面对郝刘二氏"权重数据摆在那里"的上述论点论据，只能顾左右而言他，没啥招架之力。曾经坐过共产党牢十年有一的笔者，2021 年，距离"九一八"九十年，倒是凭借一己之智，领先猜破"抗战共军少打大型战役"之谜。现将谜底于此公诸天下，拨乱反正。

开辩之前，笔者想对郝刘二氏大声棒喝一句：败军之将之后不言勇，按照张氏倪论，按照战场业绩，二位皆为败于日军、共军之将之后，因此，依照民间惯例习俗，二位还是收敛一些为好！胳膊咋拧得过大腿啊。

在此，咱对国共双方都把丑话说到了前面。

顺便说说，在实事求是上，国方也并没占据道德的制高点。国民党和共产党一样，也为造假成瘾政党。如同王奇生教授在《抗战时期国军若干特质与面相——国军高层内部的自我审视与剖析》一文（载于《抗日战争研究》2014年第一期）中所说："抗战时期国军将领虚构战情、虚报战绩、虚领军饷等情形十分严重，势必给后来的战史研究带来极大困扰。"这方面最突出的例子，莫如：仁安羌并无国军解英军被围战，只是国军破日军截路战；此事可见卢洁峰着《仁安羌解围战考》（北京：解放军文艺出版社，2015）。国方最强于共方的，在于它没主张"剥夺剥夺者""消灭私有制"，这预兆了蒋经国在台湾开创自由民主。

（二）唤醒常非当时事，尤待三世后人惊。

自由主义原则之一，就是"我可以不同意你的意见，但我愿誓死捍卫你发表不同意见的权利"，但是《尚书·说命》早有："非知之艰，行之维艰"之训，笔者于此发表的学术意见，可能因为甚为不合众多扬国贬共读者之意，兀自导致好些海外中文网站拒绝刊登。由此可见知行两者不易合一，民主考验少人通过。

从1919至1959年，40年间，苏中共父子党的血脉关系就是协饷受饷，骨肉关系就是协械受械，遗传基因就是马列主义。解答副标题所含问题等于回答"苏联如何支使中共硬软两手满足它的国家利益"。除了打过百团大战——没人称它百团战役，共军抗战期间确实再没打过单独投入万人或者以上部队的大型战役。以下笔者先对

"为何如此"做一解答。

此文可被视为视为研究百年（1921—2021）中共党史、苏中关系领域当中又一殿堂级别发现，本人于此领域迄今还有其他十个/组殿堂级不落窠臼发现，依次乃是：苏援中共饷械真相、抗美援朝决策真解、百年五四诠释造假、马学奠基命题归谬、长征可用地方电台、斯氏借刀杀毛泽民、湘江红军减员实情、铲除陕红领袖动机、史氏卅年语意寻绎、周恩来害东江纵队。恕我不敬：已可顶个中央党校了。

1. 苏联要求对于日本既要绥靖又要遏制

1949 减 1919 就是 30，1947 减 1927 就是 20。苏联奥援中共金钱从 1919 年起；武器从 1927 年起。

西方国际关系学科理论认为：分析国际关系乃有四个视角：国际体系、国家利益、意识形态、领袖特性。对于"苏联奥援中共缘由"其中的国际体系、意识形态、领袖特性缘由，笔者将在别处详加论述。以下笔者专析其中一项"国家利益"。但是万望读者不要以为"苏联奥援中共缘由"其中仅有"国家利益"。

十月革命之后，日本就曾联合美国，出兵苏俄远东地区进行军事干涉，人达七万之众，时为数年之久。俄日战争失败阴影，仍笼罩在布尔什维克心头。新生革命政权接续沙皇政府将日本视作心腹之患。但是，它不急于报仇，它很能够等待。从 1905 至 1945 年，这头熊等待了四十年，最后终于一巴掌将这宿仇拍得死翘翘：俄苏共党怀着一雪陆海双败巨大耻辱信念，在战胜主敌德国，兵力空前强盛的 1945年秋天，出动百万苏军扫满扫鲜，旬日歼灭关东军驻鲜军，尽显雄兵本色。苏军扫满乃是中国战场抗击日军唯一一次左右结局战役。其他国共两军所打所有战役都不属于左右结局战役。在亦曾担任国军总参谋长的张发奎眼中，实情可谓极度不堪。"极度不堪"的原因：国力大大不如日本+军备远远差于日军+结盟制霸貌合神离+苏联不想过早出手。

顺便说说：北伐之时，是张氏所在的粤军整一个军被称为铁军，而非其下区区一部叶挺独立团被称为铁军。桂军则被称为钢军：铁军

207

打不下的就调钢军来打，凡打必下。

网上海峡两岸朱紫不辨之徒，完全不懂"左右结局战役"和"非决性质战役"的巨大区别，故尔对于理解本文缺少智商基础。

对于遏制源于在华日本势力可能发起威胁本国安全举措的方针，苏联早在 1920 年代就已确定。说大白话，就是既必须防卫又不能惹翻日本借道中国或者直接登陆发动侵苏战争，尤其是在德苏战争爆发以后。1925 年 12 月俄苏共党政治局会议作出决议如下（"东方"应指共产国际）：

给报界和塔斯社的指示：鉴于有必要使日本帝国主义保持中立和不愿把中国的斗争重心从英美身上转到日本身上，又鉴于有必要不给资本主义列强多余的王牌，来大谈东方和我们在中国的作用，建议报界遵循以下原则：一、不突出对日本的攻击。二、指出容忍中国新的局面对日本是有利的，有可能也有必要保持以日本为一方，同以中国和苏联为一方的睦邻关系。三、不鼓吹东方对西欧和美国资本主义的威胁。四、尽量少写苏联在东方事件中的积极作用。[见诸黄修荣主编、马贵凡主译的《共产国际、联共（布）与中国革命档案资料丛书》第一卷《联共（布）、共产国际与中国国民革命运动（1920—1925）》（北京图书馆出版社，1997），740 页。]

更为重要的是：当月 18 号，斯大林在联共（布）十八大会议上说："苏联无意使它的对日关系尖锐化，反而是想拉近苏日关系。只有那些把自己的政策建立在促使在那儿的苏日关系改善之上的人，才能够站得稳，坐得牢满洲。张作霖之所以被毁灭，就是因为他把他的政策建立在苏日两国交恶的基础之上。"（见诸什之译《斯大林论中国革命问题》（上海：时代出版社，1949），页 181-183。）"张作霖被毁灭"是指当时如火如荼的郭松龄反奉战。斯大林没料到，七天之后，此战便告失败，郭氏夫妇被杀。不过从这番话，我们可以推论出来：郭松龄林长民反奉战，乃由苏方策动；张作霖皇姑屯被炸亡，乃由苏方作案。斯大林不打自招。

中译苏联档案两种发行已经多年，但是无论国内海外利用它们的人，还是少得可怜。

2. 苏日必曾秘划在华势力范围缓冲地带

关于抗日战争研究，海峡两岸重点似乎都放在了说明我军英勇，日军残暴之上。笔者认为，对于抗日战争，需要重点补充探讨的题目，乃是从未受到各造重视的 1941 年签订的《苏日中立条约》，又称《苏日互不侵犯条约》。此一有效期仅五年的中立条约，使苏联得以将远东驻军大批西调，集中精力对付西线之德国；虽然同时日本也可集中兵力向南，开始在亚太地区扩展势力。再者，使苏联得到日本承诺：对于西雅图—海参崴航线上的美国承载租借法案物资航船不做攻击。这个超级重要。

除了互不侵犯对方本土以及在华占领区域条款，笔者认为，该项条约必然还有互不侵犯对方在华势力范围条款，划定缓冲地带条款，即便是口头承诺。双方怎会没有基于全域层面，划分各自在华势力范围，划定双方之间缓冲地带？苏联本土和日本本土并不接壤，接壤的是在华占领区域和势力范围。怎会不谈，怎会没约？苏德互不侵犯条约难道没有武力瓜分波兰秘约吗，即便是口头承诺？事实证明就是有哇。笔者猜测，首先，苏日双方必有以下关于划分在华占领区域以及势力范围的密约或曰谅解：苏方可领矿产丰富的新疆、内蒙古中西部、青海、西藏；日方可领较为富庶的东北、内蒙古东北部、华北、华东、华南；其次，留下陕西、甘肃、宁夏、青海、四川、云南、贵州、广西给中方，充当苏日在华占领区域和势力范围之间的缓冲地带。笔者猜想，两国在签订诺门罕战争停战协定之时就初步达成了这项共识。

关于这点，我们来看日本、苏联曾被记载说过什么。日本："大体而言，陆军比外务省官员更加倾向于强硬做法；但是二者都认为，中国大陆是防御入侵者（尤其是俄罗斯）的缓冲地带，它若落入对日本具有敌意的势力掌握，就会成为扼杀日本的源头……'生命线'一词一再被用以解释此一区域的重要性。"苏联："最近，日本要在察哈尔省假造'独立运动'，目的是为入侵内蒙古地区奠定广泛的基础，并准备将来进攻苏联后贝加尔地区，占领这一地区的西伯利亚铁路，孤立符拉迪沃斯托克，切断中国和苏联之间的贸易通道，从而为己北进政策打下基础。"[见诸芮纳．米德着《被遗忘的盟友》，林添贵译（台北：远见天下出版股份有限公司），89 页；以及中共中央党史研究室第一研究部编译《共产国际、联共（布）与中国革命档案资料丛书》第 13 卷：《联共（布）、共产国际与中国苏维埃运动（1931—1937）》（北京：中共党史出版社，2007），389 页。]两个国家都充分意识到了划定缓冲区域的必要性。

3.苏联多次实施战略欺骗掩盖中共依附

二十年代中共成立之初，曾有一位日本共产党创始人被捕变节，声称他在上海、苏联工作之时，洞察中苏二共之间关系非常紧张，很难调和。中共方才成立，怎会疏离苏共这个精神领袖、米饭班主？笔者判断这是苏联战略欺骗局或其前身巧妙利用此人实施的诡计。首施之后，该诡计奏奇效长达八十年，由学界蔓延到政界，骗得美英为首西方阵营一愣一愣，直至特朗普方始从根上头大梦初醒。国人深为欣赏的费正清、亚胡达、万尼斯、施拉姆等大学者，就是最早受骗上当的大头。

就连第二代以及以后各代中共中央领导及其之下朝臣、智囊，都被苏联这着妙棋给欺骗了。前些年，在中央党校一次内部研讨会上，就有一位智囊忧心忡忡说道：毛泽东在 1937 年 8 月召开的洛川会议上说过：让日本人和蒋介石去互掐吧，咱们隔岸观火，趁机扩大实力。待到国民党拼成强弩之末，咱们再乘虚迭出。最后他说："这事儿可不能透露给老百姓啊！"时隔将近百年，这位仁兄及其上司、同辈已经不知：苏联当时绝对不会允许中共对蒋介石见死不救，但也绝对不会允许中共对日本人生死对决。他不知道当时中共必得仰苏鼻息。

读者有没想过，如果日军彻底打败国军，共军将会面对一个比起国军强大得多的敌人，如何可以乘虚迭出？恐怕日子更加难过。国军自己如何可以打败日军？拼成强弩之末却可惨胜日军，只有依附盟军作战才能实现。这么说毛泽东说此话就等于暗示了他知道苏军将会入华灭日。据说他的原话是这样的："最糟糕的情况不过是日本占领了全中国，到时候我还可以借助苏联的力量的打回来嘛！"可见毛氏并无丝毫投降日本之意。至于借助日本之力，消耗对方实力，毛泽东想过，蒋介石难道就没有想过？尽管国共两党抗战期间缔盟合作，但是双方武力互掐仍有发生。大的战役、战斗足有23起。其中互有挑起。那时就是国方胜五起，共方胜18起，预兆了国方以后二次内战，三年即败。

4. "仇人有时候会为利益而站在一起"

日本政府、日本军方当然从一开始便已非常清楚中共属于苏共爪牙，所以它们必然担心苏联利用中共力量，暗中破坏前述两国共识乃至秘密或者口头协定。为此苏联必得指示中共做出行动表明它和苏联步调一致。要知道，行动胜于语言。笔者判断，抗战时期，所谓中共派出密使"勾结"日伪，实为中共贯彻苏联设计又一重大战略欺骗举措，以此暗示日方：苏联无意利用中共在华侵犯日本所占领土以及势力范围，以及商定缓冲地带，促其放弃入侵苏联会师德国念头。"猫捉老鼠"把戏可不是"暗通款曲"棋着：联想潘汉年氏、岩井公馆、关露袁殊。小打无妨，若跟日军大打出手，在日本看来，就有苏联假借中共武力蚕食两国缓冲地带，乃至日本占领区域以及势力范围之嫌。张鼓峰、诺门罕二役都是日军挑起。苏联主敌此时在于德国，它会傻到同时发动对于在华日军的攻击？既然日本已视中共属于苏联爪牙，苏联可会指示共军大肆进攻在华日军？

1936年底的西安事变导致国共二次合作。次年年底，1937年11月，从苏联回国的王明，根据共产国际和苏联领导人关于中国抗战应该依靠国民党的指示精神，否认抗日统一战线中的独立自主原则，主张"一切服从统一战线"，"一切经过统一战线"，把共产党和人民军队的活动限制在国民党允许的范围内。笔者如今醒悟，这对口号显然又是源出苏共中央/共产国际的战略欺骗，旨在迷惑日本：如今中共转而听命于蒋介石了，不再听命于斯大林。这次连中共都上当受骗了。若论实力，斯大林是狼，蒋介石是羊；狼压根儿不可能对羊采取"右倾投降机会主义"，哪怕是一只狼面对一万只羊。

从长远上说，苏联就是要中国交恶日本，堵截日本膨胀势力于华，怎会允许它所豢养的中共真个交好日本？抗德那么困难，它还充分供应中共饷械。兵不厌诈，特工执行苏联缓兵之计，与日虚与委蛇，可不能被误解为中共起意投靠日本。毛有熊可依仗，何必与狼共舞？一仆事二主，没好果子吃，毛泽东智比曹孟德，焉得不知？苏联发现了，必会削减直至撤销奥援中共饷械。得不偿失太过厉害。中共曾经长期扮演苏联政治过程一大角色，不是代入而是内生；你中有我我中有你，差两步就到混为一体。

曾任上海市长、台湾省主席的吴国桢——他提审过许多被捕共产党员——如是说：

"毛泽东在中国共产党中的地位最多是 B 的位置，而 A 仍然是克里姆林宫的老板。无疑毛泽东明白自己的地位，他完全了解自己……他在没有得到克里姆林宫的批准之前，不能采取任何重大步骤。如果他不忠诚，在他能清洗其他人之前，自己就被清洗掉了。"

苏日于 1941 年 4 月 13 日签订《苏日中立条约》。苏联此举不应受到国人诟病。该约乃是为了防止陷入两面作战和取得日本承诺：对于西雅图—海参崴航线上的美国承载租借法案物资航船不做攻击；对陕甘宁川云贵缓冲带不做鲸吞。强烈抨击该约之朱紫不辨贩夫走卒却往往点赞深圳"东北幽魂"鼓吹"满独"。

5. 毛泽东"感谢日本侵华"潜意识出处

香港中文大学博士生梁明德曾经撰文指出：

毛泽东的感谢论、毛的这种黑色幽默固然不是现代典型外交语言，但他所指的是：日本侵华唤醒了人民团结一致的需要，国民政府的腐败黑暗，在抗战不力之中得到充分暴露，所以它对中共推翻国民政府、建立人民民主政权有利。四十年代初，中共的控制区在百团大战之后的'三光政策'中，被日军大肆扫荡消除，损失上百万甚至几百万人口，中共军力受到重创。毛泽东难道不是最清楚日本对自己有利还是有弊？

笔者进一步于此供给读者另外五项毛氏发出感谢日本侵华黑色幽默时的潜意识出处：

由于日本侵严重侵犯苏联在华安全以及经济利益，苏联必定对日采取敌对态度，待到时机成熟之时，就会发动对日在华在朝全面战争，将日在华势力驱逐出去。于是有了苏军扫满。

苏军扫满之后，得以将大量缴获日军以及德军武器、部分美国租借予苏武器、部分苏联自产苏军武器移交给中共武装，导致中共成功颠覆国民政府。

苏日在华对峙，必得划分势力范围以及划定缓冲地带，相互不能轻易蚕食缓冲地带，于是有了陕甘宁边区下接川云贵三省得以供给共国两党赖以生存。

由于依附苏联成其工具，中共不敢大肆攻击日军，以免日本与苏翻脸南线西犯，同时换来日本不敢与苏翻脸消灭中共。

由于言行一致武装保卫苏联中共，助其在华遏制日本，中共始有对苏邀功资本。

由于蒋介石一度依靠斯大林提供饷械、空军援助，还曾寄希望于斯大林直接派出苏军入华作战，所以他不敢大肆攻击共军，反而还向共军发饷，以向斯大林示好。

毛泽东焉得不"感谢日本侵华"也么哥？

顺便说说，中国也曾一再以行动来报答苏联，除了武装保卫苏联，最大一项莫如抗美援朝。如今中国长期高价购买俄国原油，大可以理解为中共连本带利偿还上述那些折价美元"贷款"。笔者认为，没啥说的，理应偿还，不应抱怨。但是中国也有"忘恩负义"表现，咱们埋怨朝鲜仅于"祖国卫国战争纪念馆"内辟 200 平米一分馆纪念中国抗美援朝，可是咱们不是连一座苏联援助中国纪念馆所都没有吗？

6. 中国的利益被牺牲了吗？不见得啊。

网载：《苏日中立条约》条约共四条，主要内容是：双方保证维护两国间的和平友好关系，相互尊重领土完整和不可侵犯；如缔约一方成为第三者的一国或几国的战争对象时，另一方在整个冲突过程中保持中立。按照 1941 年 4 月 13 日苏联和日本所签订的中立条约的精神，并为了保证两国间的和平和友好发展的利益，"苏联政府和日本政府庄严地声明苏联保证尊重满洲国的领土完整和不可侵犯，日本保证尊重蒙古人民共和国的领土完整和不可侵犯。"

说完，网文通常会加一句：《苏日中立条约》是在苏联为了避免东西两线作战、日本减少北方压力而实施南进战略的背景下，以牺牲中国的国家利益为前提签订的。

其实不然，如前所述。两强在华占领区域以及势力范围之间，按照欧洲国际政治惯例，必得留一道缓冲地带，这就是陕甘宁青+川云贵桂，北南一气相连。客观之上，这就令到国共双方，尤其是国民党，得到了一大块苟延残喘的地方。

以下还会说到，石牌战役，日方并没企图攻入四川占领重庆。理据：其一，兵力十万根本不够。其二，日方战史无此意图记录。日军较少空袭延安（17 次）也可据此"日方也得对苏自律"解释。不是没有而是少有；与我母亲共赴延安的屈湄，就是死于一次日军延安空袭。日军空袭河北共区挺多，根据定义，那儿不属缓冲地带。注意：不是蒋百里的由东向西后撤建议挽救了国民党。解放战争，共军一野、二野由东向西、由北向南攻击胡宗南几十万国军，不是犹如摧枯拉朽？

可见，此一条约亦为当时挣扎抗日的中国带来了巨大好处。说它严重损坏中国主权利益的人，实为一叶障目不见泰山。再说一遍，它为苏联、美国带来更具全局性之好处就是：日本答应绝不袭击沿着西雅图往返海参崴航线运送美国租借法案物资的轮船。滇-缅公路能比西雅图—海参崴航线重要吗？消灭德日法西斯，哪儿起决定作用？

深入骨髓的义和团情结竟在这儿也冒头。

7. 中共如何为苏联在华北阻挡日本西犯

苏共中央/共产国际从1919年3月共产国际成立起，到1945年2月雅尔塔会议结束止，26年，其对苏联在华利用中共文武力量，抵御日本势力扩张，以至侵害苏联主权利益的方针，重复说一遍，乃是：既不能允许日本入侵苏联，又不能惹翻日本兴师犯苏。既然日本政府早将中共视为苏联爪牙，苏联就得指示中共军事对待日本占领当局，既要设置多重防线抵挡日军转而通过南线西侵，又要表明不会代表苏联蚕食日本在华占领区域和势力范围，以及两国缓冲地带。

北线侵苏计划，因为张鼓峰、诺门罕一败再败，日军业已放弃，何况该线天寒地瘠，不利作战。弃北求南的话，就应通过山东（增援军登陆点）、河北、山西、陕西、宁夏、内蒙、甘肃、新疆八省。日军出境不远就可抵达苏联工业重镇乌拉尔区，那是苏联的软腹部。南线侵苏计划，日本军部毫无疑问会有预案。

对于南线，苏联如此部署防卫：抗联军在东三省侦察日军，八路军在晋察冀、陕甘宁双线挡住日军，新四军在华东、华中牵制日军，盛氏军、民族军、红八团在新疆省塞住东西咽喉。苏联通过"予其饷械援助→促其武卫苏联"方针成功建起对日"西方战线"。中共"武装保卫苏联"可是并非米店卖盐——多管闲（咸）事，更非瞎子点灯——白费蜡油：由于曾经武装保卫苏联，以及苏军扫满又是中国大陆之上战胜日军唯一左右全局战役，所以对于抗日战争获胜，共军贡献显而易见远较国军为大——虽然唱主角的是苏军，共军仅唱配角。国军可是连龙套都没跑上啊。所以笔者下此结论：预保苏军扫满共军贡献排二无一。共产党为了实现此一战略目标，可谓卧薪尝胆十年有一。

有人会说，那儿都没打过什么大仗，岂能算是共军巨大贡献？。非也，试想，如果没有重重截击日军南线攻苏防线，慢藏诲盗，慢防诲侵，日军一旦攻入苏联，会对中国、世界反法西斯战争，产生何种灾难性的后果？

网上小编竟然颠倒事实声称、描述张、诺二役苏军惨败。互联网所载物可信度极其低。原因之一就是小编知识、道德水准不高。笔者劝告读者，你若要对于任何问题做一认真思考，就必得阅读专业书籍，依靠逻辑思考。从大陆网络上面，对于任何问题，你只能得到或者残缺不全，或者错误百出，乃至人为造假的信息。

显而易见，苏联没有倾力武装八路军、新四军达到可以迭次发动大型战役水平，就是不想惹翻日本来而不往非礼也般地撕毁前期双方默契、后期中立条约，发动抗苏援德战争。那样做了，苏联就会得到飞去来器效应。

同样因为有着这层考虑，东北抗联人数便从十余万剧降至不足千，最后撤至苏联本土。派去和他们联络的苏军军官，连名字都不肯透露。抗联官兵只好统称单个接踵而来的"他们"为"王新林"——"瓦西里"的谐音。东北可是日本占领区域，已非势力范围。

利用中共武装在华遏制日本，苏联奥援中共饷械成了关键。此期军费对比：从1919年至1949年，苏联奥援中共至少一亿美元折合3.4亿银圆，平均每月奥援中共一百万银元。中共自身筹措，估计每月不会超过二十万银圆。但是，国府打从1932年起每年军费便超过3.4亿银圆，乃至后来远超。苏联抗战期间提供2.5亿美元折合8.5亿银圆贷款予以国府。武器在此就不加以对比了。共军所得苏援饷械折价军费剧增，乃于抗战结束之后，二次内战之初。

不过，可以做个长距估算：从1927至1947年20年间，中共外筹饷械折算军费价值为一百亿美元，其中：苏援美国租借法案军事物资折价四十亿，苏援缴获关东军驻鲜军军事物资折价四十亿，苏联供给中共经费以及自产武器折价二十亿；自筹说过，可以忽略不计。同期，国府自筹加上外援折价军费最多只得85亿美元。

要知道，斯大林迟至 1943 年 11 月才公开严厉谴责日本国是侵略者，关东军是非正义。开罗会议又于此月召开，厉声谴责日本。为欧战结束后盟军大肆转战亚洲埋下伏笔。七八个月后，为了减轻苏联压力，日本承认中共政权，不再称呼其为共匪。读者不要以为从一开始，苏联就和日本不共戴天，你死我活。

这种"一手抓防入侵，一手抓防惹翻"的战略，于 1944 年，换来了日本政府对于中共政权的承认；于 1945 年，换来了百万苏军扫满，中国抗日战场十四年唯一一场左右结局战役；换来了直到下诏投降之前，日本天皇还曾幻想请动苏联政府居于日美之间调和。可见苏联的两手抓政策稳住了日本，骗成了日本。

8. 打过多少战役打死多少日军不为准

网上有一帖子声称日方公布，日军亡于共军人数仅有八百多，没给出处，竟然广为流传。笔者从未见过这份材料、这个数字。贩夫走卒伪造历史到了随心所欲的地步。

作战规模频率、日军被歼人数则必须与以下将谈到的"左右全局战役"相联系，才对评判"何方贡献为大"具有意义。也就是说，评判"何方贡献为大"唯一标准系于"左右全局战役"。

在自力不足打退外敌的情势之下，中共借苏制日（反过来说苏联借共制日）的实效，就比国府的借美制日（由于蒋介石不愿将军事指挥权全交史迪威）的实效为大。左右结局战役（Decisive Campaign. Decisuve means that determining or having the power to determine a final outcome）远比非决性质战役（Indeicisive Campaign），对于最终胜负战果重要。在中国抗日战场上，日酋冈村宁次承认，日军对抗国军以及八路的二十余次大型战役，没有一次属于左右结局战役。苏军扫满乃是唯一一次（见诸上引小代有希子书，251 页）。芸芸众生并不懂得这点，会以谁出的部队多，谁打的大仗多，谁死的官兵多，谁夺的地盘多，来评判谁做的贡献大（俘虏可是共军抓的多）。如前所述，他们缺乏理解本文所需军事智商。打个比方：宋蒙合作抗金，宋军打的仗远比蒙军多，但是那场终于灭金的野狐岭战役却是蒙军打的，一战定乾坤；秦赵长平之战，赵军大败被坑四十万人，对于赵国来说只有负面的贡献：从此走向亡国。如果没有苏军伐满，没有美军伐海，没有英军伐缅，没有饷械外援，国军哪怕打了 220 次非决性质战役，战死 3650 万官兵，中国也是免不了被灭亡，或者被瓜分的命运，于是"卢沟桥后无中国"。偏偏那蒋介石拒绝和美国精诚合作，美国于是无从鼎助中国打败日本，乃至中共；偏偏那毛泽东俯首听苏联支使办事，乃至缓兵，苏联方可明修栈道暗渡陈仓灭日。

从纯战争学视角看，笔者认为，争论抗日贡献国共两党孰大孰小，关键得看哪方对于左右全局战役贡献最大，其次才看"仗谁打得多""仗谁打得大""敌谁歼得多""地谁守得多"。前后互换就是本末倒置，行"野路子"，为训练有素军事学者所不为。

何谓"左右全局战役"？相信"战争是人类的上诉法庭"的笔者自出机杼，对其定义如下：那些在全局层面，其一，得以免除国家灭亡迫使敌军停战求和；其二，得以迫使敌军缴械投降，或者——最高层次——得以全歼来犯之敌的一个或者数个连续战役。例如反法联军对于拿破仑军的滑铁卢战役、苏军二战当中对于德军的八大战役、共军二次内战中对于国军的三大战役。共军的所有对日战役，国军的从台儿庄战役到长沙第三次战役的所有战役，全都说不上是左右全局战役。

克劳塞维茨曾将战争分为有限战争和绝对战争，前者是获致有利和平条件的战争，与上文其一相仿；后者是取消对方政治独立的战争，与上文其二相仿。但克氏此论属于效果论，而非手段论。

没错，得到美英军训练、装备、发饷、供粮的新一军、新六军跟随英美盟军打过左右全局战役，迫使日军退出缅甸，但这不能算作纯粹国军战绩。另外，如前所述，仁安羌战斗，对于英军来说，并不是突围战，而是破截——突破日军截击——战，对于新 38 师 113 团来说，并不是解围战，而是策应战（联想林彪所说的"一点两面"战术）。日军战史也从没说过日军在仁安羌包围过英军。

说来惭愧，抗战八年，国共两军对于日军从没打出过一个左右全局战役。陆地打出此种战役而且一击即定乾坤的，乃是百万苏军扫满。我们打了 14 年，连将日军大部驱赶到京广线以东都做不到，苏军仅打 14 天就可在东北将日军主力消灭，真有云泥之别！刘台平先生于其上引书中说得剀切，国军和日军都没打过一场"左右结局战役"：

……中国几乎都是在挨打的局面，可以说是屡战屡败（当然也是屡战屡败），但是中国能够在经历几乎全败的挫折之下，仍然坚持打下去……而日军虽然多数都能取得战场的胜利，但是却一直拿不出全力结束中国作战的决断，在和、战之间徘徊挣扎，最终将战力消耗殆尽……日本甚至不知道该如何结束这场战争。（410 页）

有人认为国民党似乎打过一个左右全局战役——鄂西战役中的石牌要塞保卫战。主将为胡琏师长。时为 1943 年 3—6 月。川鄂边石牌保卫战虽然保住了川渝东门不失，但于此后并无开始扭转国军全盘颓势，这点与 1943 年 2 月结束的斯大林格勒保卫战很不一样。日军战略意图并无以及投入兵力不够进犯陪都重庆以及西南腹地。

"武装保卫苏联"只不过是"借盟制霸"（Balance of Power）的一种特殊表现形式而已，客观上也是李鸿章一早确立的国策"借俄制日"的继续。再说一遍：毛泽东想借苏制日，蒋介石想借美制日，偏偏美国放弃入华扫日，偏偏苏联被允入华扫满。如前所述，笔者认为此事追溯起来，应和二战时期蒋介石严重猜忌史迪威而令美方嫌其不逊有关。蒋氏种瓜得瓜，种豆得豆了啊。

作为一名曾经坐过中共监狱十年有一的中共老营之后、牛津博士学者，笔者并不赞成以中共的今天的恶政来否定中共昨天的善功。当然，更不赞成以中共昨天的善功来掩盖中共今天的恶政。何况"武装保卫苏联"本是苏共的强制命令，而非中共的主动"勤王"；受人饷械，替人消灾。指出国方曾犯过的重大错误，可令后人避免重蹈覆辙，对于中华民族某部人群而言，属于苦口良药、逆耳忠言。

和田春树于其《北韩：从游击革命的金日成到迷雾笼罩的金正恩》（许乃云译。台北：联经出版有限公司，2015）中给出了以下一则笔者以前从未获知的又一有关"配角"消息："日本在中途岛海战中战败，苏联开始准备对日开战，于是决定训练这群游击队员。"（34页）中途岛海战发生在1942年6月4日。第88独立步兵旅中的原苏联开始准备对日开战"这一重大情报上报延安，或者通过中共派驻共产国际代表团东北抗联领导必定会将"转报延安。苏方极有可能直接告诉过延安它的这一战略计划，遗憾的是有关苏联档案迄今仍未现身。不过，1934年10月"共军北上武装保卫苏联"+1942年6月"苏联开始准备对日开战"，足以说明"预保"一说确有二者联动根据。

顺便说说：陈独秀被开除中共党籍，肇因乃是他于中东路事件中公开反对武装保卫苏联，而非此前他的右倾投降主义。

9.放弃碰钉子转弯机遇就会遗臭万年

不过，得赶紧说一句：后来事实不幸证明，虽然当时属于不得已而为之，借俄灭日实属饮鸩止渴。俄毒之害大于倭患。马学从根上即"交换价值本质乃是劳动价值"错了，我们父辈无论做过多大无私奉献，都得说是大有愧于自己同胞。有一位父辈中佼佼者曾对着本村人痛心说："我韩先楚对不起你们啊！"相信他的话也是我们多数父辈的心中话；不然，咋会有那么多老干部及家人选择移民美利坚。本来最好补救办法，就是父债子偿。任由他人改朝换代，我们父辈很难得到宽恕？恐怕还会"天街踏碎公卿骨"啊。然而我们等到现在，已是七老八十，now or never，看来只能抱恨终天，没可能为我们父辈完名全节了。"一早就不应借俄制日"，咱没那个主动权啊。李鸿章若不借俄制日，辽东半岛哪儿能够被吐出来？

在当前陕红之后独蹈旧辙，一骑绝尘的情况下，老营之后、老营遗族可以怎样父债子偿？谓之：从头做起，从小做起；八仙过海，各显神通；不因善小而心小，不以无权而无为。譬如，和地、富、反、俘、右、资、国、侨之后、遗族结为秦晋之好。笔者郑重宣布：本人证非马学奠基命题，就是此种父债子还的天从人愿开端。

10. 现有必要谈谈三件与本文有关事情

苏联支使中共欺骗国府、日本、英美、西方真个到了以假乱真地步。由此衍生的中共曾经勾结日寇一说，至今还在借尸还魂。尸是何人，颇为耐人寻味。那些脑筋转弯迟滞，受苏受尸之骗的蠢人很多。例如，一位居美华人学者居然认为，史迪威、马歇尔想把国军并入共军。

其一，先说一个类比。2016 年，美国出版了曾任美国战争学院教授的大卫·M·格兰斯的新作《持久旋风》。该书宗旨与上文宗旨相似：给出新的事实，修正公众业已为时长久接受下来的某种有关战争的错误观点。他针对的是某些德人战后大肆宣扬的"德军并非败于官兵专业素质，而是败于疯狂元首的无能、后勤供应的不足，招募新兵的困难、苏军人数的倍超"。格兰斯解释道，冷战时期，美国公众喜欢知道，苏军战略、战术、运作、素质如何拙劣不堪，如何不敌美军。一位德国战时将军、战后战犯在美出版此种着作，1961 年竟然得获美国出版机构协会颁发书籍奖项。翻阅新揭档案之后，格氏发现，事实远非如此：德军像个"持久旋风"，武器、补给、新兵、救护供应源源不断，充分及时，直至库尔斯克战役；苏军战力迅速地提高，战略、战术、运作、素质都有长足进步，后来居上，多有十分杰出表现。同时，格氏指出，苏联国家外宣传机构只报胜不报败，嗜好夸大战果，也是造成西方公众偏于相信上述荒诞描述的原因之一，足为后来之国引以为戒。

其二，国粉辩解：蒋介石训练装备六十个师后，方始抗日的大计，不幸被西安事变打断。笔者不欲置评"攘外必先安内"对，还是"攘外必先盟内"对，只是想问一句：史迪威提出美国帮助国府训练装备六十个师（一说九十个）——至少应有 72 万人——之后，蒋介石只愿/只能派出十二万人到印度兰姆伽接受换装、训练，乃至增加体重、补够营养。他那六十个师计划，别不是国府文过饰非之词吧？

其三，苏联涉及中共，还曾成功实施两项战略欺骗。常乐于2018年2月17日14:33:09发布于"新观察/xgc2000.org"的文章《斯大林让毛泽东接受新民主主义政策及其影响》中揭示：

新民主主义"曾经长期被误认为是中共自己提出的政策，但是俄国学者潘佐夫在其着作《毛泽东传》中，根据苏联档案指出："是斯大林让毛泽东在三十年代后期接受了新民主主义政策，直到1953年斯大林去世。"目的在于：以此不仅迷惑国民党、蒋介石和中国的资产阶级，而且迷惑罗斯福、丘吉尔和西方的资产阶级，让他们相信各国共产党已经放弃了针对他们的暴力革命。"人民民主"概念的提出，就是为了迷惑他们。从而减轻西方列强对中共的干涉威胁。毛泽东等中共领袖于四十年代发表欺骗文章《新民主主义论》《论联合政府》《论人民民主专政》等，既骗倒了很多中国人，也骗倒了很多西方人。

笑蜀编的《历史的先声——半个世纪前的庄严承诺》，汕头大学出版社，1999)，收集整理了1941至1946年载于《新华日报》《解放日报》《党史通讯》《人民日报》上的多篇短评、讲话、社论、文件。表面看来，这些文章乃属中国共产党向国府合法性发出挑战，要求后者改行宪政民主。涉及论点包括：民主政制、全民普选、言论自由的重要性，反对一党独裁、专制政府；对于美国制度大加

红军长征路上最多标语

三大红军万里长征会师陕北抗日，武装保卫社会主义母国。

赞赏;强调私人财产不可侵犯。作者包括毛泽东、周恩来、刘少奇、邓小平、潘梓年、章汉夫、夏衍等等。其实，这些文章都是欺骗文章，中共从来就没把它们当作"承诺"，笑蜀自作多情了一回。

(三) 外国如何评论国共抗战孰优孰劣

网上有篇文章主张：抗战应属本分，无由谈到贡献。细思确有道理。正确表述应为："合力打败日本，各个参战实体出力见效权重排位如何"。笔者认为：第一数美国，第二苏联，第三英国及英联邦，第四中共，第五国府，第六朝鲜，第七外蒙，第八马共，第九菲共。若果仅算国内，则为中共排二无一，将国府比了下去，道理且看以下分说。不过为了尊重大众议事习惯，笔者还是使用经过以上滤清的"贡献"二字。

1.日本学界迄今没咋热议这个问题

菊池一隆于其《日中战争史研究的现状及我见》（载于大陆《抗日战争研究》2000 年第三期）中总结：上个世纪，日本学者对于国民党评价过低，对于国方抗战历史的研究，进展也属缓慢。

另一日本学者波多野橙雄于其《日本的日中战争史研究》（谭浩译。载于大陆《抗日战争研究》2016 年第四期）中总结："20 世纪90 年代后的日本学界，在日中战争史研究领域有两个倾向，一是把中国民众的抗日运动视为'本质上的民族主义运动'，以此作为日中两国研究者进行讨论的基础；一是重视日本人的战争责任和罪行。"依然没有提到有何讨论上述"贡献谁大"的倾向。

2.日本军史评共军斗志和效率较高

菊池一隆于其上引书（而非上引文）中描述：

——长衡会战中美国第 14 航空队遇到了许多困难……据认为，造成这种困难的原因，首先是由于"国民党腐败"，美国政府对国民政府有无抗战到底的意志甚至能力产生了怀疑……(103 页)

——罗斯福于 1944 年 3 月致电蒋介石，要求其命令国民政府所属云南军司令从云南对日军发起攻击。蒋婉转拒绝……但是罗斯福不相信这些理由，而是再次致电蒋，强烈要求云南部队加入反攻……4月 10 日，史迪威的参谋长赫恩开始暗示蒋将取消战机租借合同，甚至要求返还此前已租借的战机。至此，蒋只好勉强答应出兵。（115—116 页）

——大陆打通作战，是失去制海权和制空权的日本为贯通中国大陆和印度支那而倾尽全力实施的……对此，国民政府因不久前第三次长沙会战和常德会战取得胜利而低估了日军的力量，甚至采取消极抗日路线，试图为战后国家建设以及应对共产党而保存兵力，结果全面溃败……在大陆打通作战中，中国方面进行抵抗的是非嫡系部队和民众组织的地方武装……（122 页）

——那么，日本方面怎样看待中共军队的游击战呢？华北方面军将攻击重点对准了中共军队……从作战结果看，据称重庆军队比较容易击破，而要捕捉和歼灭采取"退避分散战法"的中共军队却极端困难……日军对于中共军队的奇袭非常震惊，不得不承认其实力："竟敢正面挑战日军，毫不退缩……中共实力及其策略值得重视。"[菊池一隆注明此处引语出自日本防卫厅防卫研修所战史室着《北支治安战》（1）（东京：朝云新闻社，1968），297、599 页——笔者注]可见，在某种意义上，较之国民政府军，日军无疑感到中共军队是更大的威胁。（210 页）

——国民政府的财源来自对民众的掠夺……却因此失去了民众的支持，结果是自掘坟墓。国民政府在国共内战时期败于共产党，最终走向崩溃，其重要原因即此。（270—271 页）

日本女学者小代有希子于其《帝国末日：日本 1945 年 8 月以前关于亚洲大陆的战略思考》（张志清、李文远译。广州：广东人民出版社，2015）中描述：

1940 年 9 月下旬，日本华北方面军司令部发布了一份有关中共游击队成功袭击日本铁路和煤矿的绝密军事报告，并敦促认真研究游击队在协调多个行动中展示出来的卓越智慧和能力。/1940 年 10 月 1 日，日本华北方面军司令部发布了另一份关于共产党在华北地区军事力量的绝密报告。该报告首次强调了中共的不断壮大，并承认在毛泽东、周恩来和朱德的领导下，中共完全可能统一中国。/该报告毫不犹豫地称赞中共党员中的中层干部，认为他们有着与日本武士相似的品质：严格的军队纪律和自我牺牲精神。（105—106 页）

又有一位日本女学者宫胁淳子于其《这才是真实的中国史（1840—1949）》（王章如译。台北：八旗文化/远足文化事业股份有限公司，2015）中描述：

——蒋介石确实不愿与日本发生战争，因为如此将会使共产党势力扩张，只是被共产党所逼，当时迫不得已与共产党签订密约，进行第二次国共合作。但实际上，在此期间，蒋曾经好几次攻击攻击共产党。比起与日本作战，蒋介石更想先消灭共产党。（294 页）

——美国相当厌恶苏联掌控中国，了解如果不协助国民党，苏联将会控制全中国，因此援助国民党武器。蒋介石也深知此点，所以利用美国的弱点进行勒索，一直被蒋勒索的美国于 1946 年 9 月抛弃了国民党。（298—299 页）

——1949 年 1 月 6 日，联合国就决议不介入中国内战。美国表明与国民党断绝关系，美国认为国民党不可靠，已经无法再忍受他，因此放弃支持蒋。（306 页）

有意思的是，2015 年日本推出的一部反战电视剧《红十字女人们的入伍通知单》，也是将女主角——一位日军战地护士——醒悟"侵华日军实为禽兽"之后，选择同情、帮助乃至参加共产党军，而

非国民党军，可见日本民间认同：共产党军才是值得被尊重的像样的敌人。

女演员松岛菜菜子及其片中角色天野希代

台湾望族后人廖光生曾任香港中文大学政治与行政学系教授（1974—1995），其父廖行生，留日经济学士，乃为台独运动先驱廖文毅的四叔。廖教授似属于台湾人亲日派。他有一次在尖沙咀金马伦道一间二楼日本餐馆，请时在中文大学政治与行政学系读硕士的笔者吃饭。席间他问笔者为何林彪可以轻而易举打败杜聿明、陈长捷、白崇禧。他说自己百思不得其解，"你父亲不是四野的吗？请给我解解惑。"笔者解释了一大番，他还是半信半疑。最后，笔者只好一言以概之："您就设想一下吧，四野得到大批为苏军缴获的日军武器之后，就等于变成了一支新关东军，八年都打不过日军的国军咋会是对手啊？"他顿觉豁然开朗，不再追问，显然四野在他心目中属于值得尊重的一流军队。

轮到笔者不大明白：为啥杜聿明打辽沈战败，蒋介石又派他去打淮海？说蒋氏重用杜氏吧，为何杜氏又未曾被他提拔为上将？

3.西方新出版抗战全史谴责蒋介石

"美国……已经无法再忍受他"，读者须得明白，冰冻三尺非一日之寒，"忍受"乃起于史迪威使华联华抗日时期，而非国共二次内战时期。总的来说，论战斗力，不仅苏联人、日本人连美国人，如史迪威将军、美军观察组，都认为是共方强于国方。没人能从日军自编战史书中找到国军威胁权重大于共军威胁的任何叙说。日军自编战史书中的叙说恰好相反。当然，仅论斗志、效率，也不能说明共军贡献大于国军。国共双方于抗战中都有保存己方实力，削弱对方实力的举动，因为"战争只是政治的继续"，笔者对此不做善恶评判。

有位读者认可笔者一人与万人辩精神可佳，但却担心地问：众多华人读者，西方政要、学者能够信服吗？"众多华人读者"，笔者下面将会说到；"西方政要、学者对于中国抗日战争"，笔者郑重告诉对方，要么知之甚少，要么多为贬国扬共，没有几人言之凿凿贬共扬国。西方官方资助从而认可私人所撰战史（西方没有官修战史）、战后日本、西方学者纯粹私人所撰战史，就笔者 25 年所阅范围而言，在做对比之时，几乎没有一部不是夸奖共军，嘲弄国军的。相信所有留学欧美专治远东国际关系的学人都可作证此说。就连日本官方战史，都是扬共贬国的。有人会说"他们不了解情况"，这不跟某党说"他们不了解国情"一样吗？西方人、日本人比郝伯村，刘台平傻得不可以道里计么？

笔者留学英美之时之后，遍寻未见西方学者所撰中国抗日战争全史，直到近年笔者牛津校友、爵级勋章得主芮纳·米德（Rana Mitter）教授所撰《被遗忘的二战盟友：揭开你所不知道的八年抗战》（台北：远见天下文化出版股份有限公司，2014）出版。费正清、崔瑞德主编的《剑桥中国史》中的《中华民国史上卷（1912—1949）》有关中国抗日战争的记述，庶几不能算作中国抗日战争全史。（笔者借此想问问米德：二战印度，你的母国，是否也沦落为了被遗忘的盟友？）由于使用了不少西方史料（包括政府档案)、民间记述,米德书中有着不少包括笔者在内的中国学者以前不尽知悉的情事。

　　米德是印度裔英国人,对华没有西方种族主义偏见,但是米德非但无将蒋介石视为中华民族抗日英雄,而且对他贬多于褒,尽管视其为中国抗日战争不可或缺领袖,而且对其于"九一八"事变以及"七七"事变之后一段时期,出于实力不足、国内分裂难以与日本对抗的考虑,而对日本侵华行动一再忍让,表示理解。以下笔者随手拈来书中九处(并非全部)米德谴责蒋氏酿成对于抗战等于"釜底抽薪"恶行的文字,以正视听,且给海峡两岸"国粉"泼泼冷水:

　　——要制止日军挺进有一个办法(至少暂时可以牵制住),就是炸毁黄河河堤……"以水代兵"……蒋介石痛下决心,他命令魏汝霖将军炸掉河南中部的黄河堤防……抗战期间,国民政府从来没有承认是他们,而非日本人干下决堤,但是真相很快就广为人知……近年的研究把人数降低,但估计死者仍有 50 万人上下……以受害人数来讲,南京大屠杀、重庆大轰炸统统如小巫见大巫……白修德说的一点都不错:没有一项战略优势值得付出 50 万条中国人民的性命……武汉美国大使馆一等秘书……预测,日军可能从水路及沿长江北岸来攻打武汉。(250—256 页)

　　——苏联入侵波兰,造成英、法提议将苏联赶出国际联盟。当时中国是国联理事会成员,却没有动用否决权否决这项动议,苏联很气蒋介石没有制止他们。(334 页)

　　——蒋介石也列出一份他预定向英国人提出的清单以交换参战:归还九龙、归还对西藏的控制(英国把西藏列为势力范围),以及外蒙古及新疆要脱离苏联的控制(新疆当时由军阀盛世才控制,实质上形同苏联的附属国),还要求承认满洲是中国具有主权的领土。英国也注意到中方态度的变化;英国驻重庆武官宣称中国人已经狂妄到"不可相信的地步"……在西方盟国看来,中国是恳求者,是个被打得不成人形的国家……(376—377 页)

　　——中国军队竟然一再撤退,而不坚守领土。有一次被问到中国

部队何时才会反击，史迪威回答："等到他们改掉不爱攻击作战的天性吧！"（387页）

——可是蒋鼎文的记载最令人感到脊骨发凉的是，他所描绘的地方百姓之反映："豫西山地民众到处截击国军，无论枪支弹药，在所必取……甚至围击我部队，枪杀我官兵……"（502页）

——蒋介石因为担心薛岳可能不忠，便不送补给到长沙。（506页）

——史迪威写道：蒋介石看不到中国广大民众欢迎赤党，视他们为摆脱苛捐杂税、军队滥权和戴笠的盖世太保的唯一希望。（511页）

最后一处即第九处，米德于书末尾的"致谢"中列举了他得到帮助的数地档案馆，其中包括位于纽约的联合国档案馆、位于伦敦的公共纪录处（即国家档案馆）、位于马兰州立大学公园市的全国档案馆。他在此书397页明确写道："4月18日，威廉．斯利姆少将率领的英军在仁安羌附近盛产石油地区，即彬马那之西有被围之险，迫使史迪威调部份国军部队去救他们。"（397页）这就足以说明，英国和美国的官方叙事，都只是说，斯利姆的部队在仁安羌"有被围之险"，而非"遭日军包围"。曾经萌生亲自前往伦敦公共纪录处查清英国政府对于英方军有没有被日军"包围"在仁安羌的档案的笔者，经此米德否定，便决定可以省却此行了。为国府、"国粉"向称的远征军仁安羌"解围战"，可以休矣。注意，这里说的是史迪威调部分中国军去救英方军，而不是海峡两岸国粉所津津乐道的斯利姆向罗卓英、孙立人求救。包括"维基百科"在内的关于"仁安羌之战""仁安羌大捷"词条内容，都是满嘴跑火车——其终极来源免不了是蒋氏父子，郝伯村原是蒋氏类家丁亲兵。现代中华民族劣根性之一"造假"在仁安羌之战记事上登峰造极。

4. 英国男爵燕大教授比较国共优劣

笔者曾在别处介绍过了非共产党员英国人士林迈可及其着作《抗战中的中共》，读者亦可详查"百度百科"对其人其书的介绍。

珍珠港事变前和后，他都进入过中共所辖地域考察、避难、工作、生活，"辖地"包括晋察冀和陕甘宁两个边区，前后时长碎期加总，达五六年之久。以下笔者从其书中摘下五段他对国共抗日贡献权重的评价：

——供给制和以粮完税的办法，对于整个根据地免受通货膨涨的影响起了重要作用。晋察冀边区的货币虽也有过贬值，但比起国民党中央政府的货币是强多了。1944年我碰到从重庆来的人，问到两边都有的商品的价格时，发现一元晋察冀货币的实际购买力，大约是相同的国民党中央政府货币币值的四倍。（103页）

——我做的工作和密码无关，但后来了解到这正是表现共产党人效率的又一个重要方面。1967年在日本时，我碰到一位原在战争时期监视敌方通讯的日本人，他告诉我，日本的密码员仅仅在1941年2月破译了一次共产党的密码，从而在将近一年的时间里，日本人得以读懂共产党人的电文，而这正是共产党部队作战不利的一年。然而，共产党改编了它的密码，日本人直到战争结束也没能破译新编的密码。与此形成鲜明对照的是，国民党中央政府的密电码非常糟糕，日本人在整个战争时期都对之了若指掌。（113页）

——效黎（林氏夫人，姓李——笔者注）小的时候是在农村长大的。她发现，在我们居住过各个小村子里，和人民相处是非常容易的。她获得的一个普遍印象是：在这里第一次有了一个试图在帮助农民，而不是去剥削人民的政府。

——日本强大的装备优良的侵略部队，在华北做了那么大的努力也未能消灭共产党的力量，而当日本人对付国民党中央政府的军队时，只要做出一些努力就可大获全胜。（196页）

——任何了解情形的人都清楚，国民党在日军入侵后暗自打算放弃中国华北的大片地区，对日军的扩大侵略不予抵抗……国民党无力增派自己的军队到华北去取代共产党的力量，即使他们进入华北，也不会比早先在这个地区国民党军队能更有效地抵抗日军的进攻。国民党第二战区司令部甚至还和日军勾结（212—213页）

1942 年，林迈可给晋察冀军区无线电技术高级班讲课。

5. 陶涵对于蒋介石消极抗战的微词

曾在美国国务院中国科工作，退休后任哈佛大学费正清研究中心研究员的陶涵（Jayson Taylor）先生于 2009 年出版了 *The Generalissimo:Chiang Kai-shek and the Struggle for Modern China* (Cambridge: Harvard Business Prss,2009)。2012 年，由中信出版社出版了由林天贵翻译的中译本。笔者前面引述了四位日本人、两位英国人对于抗战当中共方表现优于国方的看法，现在轮到引述这位美国人的同类看法，以及少许会令读者感兴趣的叙述。他对蒋氏的看法较为积极，但也远没到达夸奖地步。

——针对军阀，蒋介石继续运用分而治之战术，以及承诺大额补助，甚至贿赂收买的手法——可是这套策略用到中共或日本人身上却不管用。（063 页）

——中共在组织占领区正规军和游击队，建立地下行政体系时，都比国民党有效率，甚至还能说服许多秘密会党加入抗日游击活动。（117 页）

——1940 年 1 月，周恩来给斯大林的秘密报告提到，中国有百万以上的士兵伤亡（显然是指到 1939 年 8 月为止）。他说，在这个数字当中，八路军伤亡仅有三万人，新四军则为一千人。换句话说，抗战打了两年多，依照中共自己的说法，共产党占整个伤亡数字的百分之三……重庆却每个月继续补助中共中共武装部队十一万美元……约为共产党预算的 18%。（122-123 页）

笔者判读：抗战头两年，共产党军人数积累数字大约是四十万，积累对日作战伤亡率达到 8%；国民党军人数积累数字大约是四百万，积累对日作战伤亡率达到 25%。国军伤亡率是共军伤亡率的三倍。不也正常？偏师（政党军）理应比正师（政府军）少三分之一伤亡，苏联因素使得偏师又比正师少三分之一伤亡。这个政府军比起这个政党军所能得到的资源，至少要多出十倍吧。这样粗算，两者打个平手。至于高级军官，国军战死者是上百，投降者也是上百。

共产党此期每月的预算，陶涵说是自筹 40%，那么，苏联协饷就应是 42% 了，而不是他稍前说的 8.3%。这里有点儿不对劲。

——中共在接近 1941 年底的时候，重申党对日"原则上"从事"政治攻势"，应该"保存（军民）实力，以待有利时机"。中共领导人事实上下令"全体军队应准备缩编半数"果真中共的 57 万大军到了 1942 年底已缩减了约十万人。（156 页）

笔者判读：这是中共坚决执行苏联在华对日"既要遏制又要绥靖"政策的明证。"以待有利时机"就是等待苏联对日大肆采取军事行动。珍珠港事件发生在 1941 年底。美国对日宣战，中国抗日得到巨大帮助，苏联在华可以适当收手。不过，1949 年底中共启动的这番"精兵简政"，应是源于苏联决定在华绥靖日本强度应予加大，防止日本配合德国攻苏。

——尽管蒋介石花了相当长的时间叙述中国军队的困难处境，罗斯福还是对儿子说，他仍然对某些问题感到困惑，如："为什么蒋的部队不打仗？"为什么蒋"试图阻止史迪威训练中国部队？"为什么他"将数以万计的精兵留守在共产中国的边界？"（183 页）

——美国战争部呈上另一封给蒋介石的信，正色提出警告："倘若我们对日作战的共同目标，不幸因为您的决定而退却，美国和中国

进一步合作的机会就将会变得相当有限。"这封信还大言皇皇地威胁不仅要终止美援，也要终止中美同盟关系。（208）

——罗斯福儿子艾略特写下：史迪威表达他对"委员长政治手段"的不满，指控蒋"保留所有实力以便在战后对付中国共产党"。（190 页）

——罗斯福的口气带恫吓，明显在威胁蒋：您应"立刻"增援萨尔温江前线，"马上"让史迪威"不受限制地统帅您所有的部队"，否则美国将停止一切援助。（214）

——阿特金森的结语是，史迪威的去职"代表一个行将就木的腐败的政权的政治胜利，其实这个政权关心维持其政治地位更胜于把日本人赶出中国。"（220 页）

笔者提醒读者：毛氏、蒋氏同样将战胜对方置于战胜日本之上。

——当时仍是个小男孩的华裔美国人，记得两个月前政府军抵达北平时，处处奸淫掳掠。（297 页）

笔者提醒读者：不仅苏军奸淫掳掠，国军也有奸淫掳掠。

——圣诞节那一天，蒋介石派儿子蒋经国去莫斯科，以评估斯大林的意向，同时希望让斯大林维持友善态度；蒋也履行承诺，承认外蒙古的"独立"。（302 页）

笔者提醒读者：原来蒋介石先于毛泽东承认外蒙古的"独立"。

6. 蒋介石对苏对美外交政策自取其祸

就国府对苏政策而言，笔者一再说过，蒋介石抛弃孙中山"联俄容共"政策，本来可以采取勒令中共党员退出国民党回归共产党，允许后者演成议会党团的办法，而不必采取"分共绝俄"的做法，大开杀戒的手段。1946 年，也无必要采取"倚美欺苏"方针。这样，他本可以一直依靠苏援饷械对付日本，择机跟随入华苏军战胜日本，以及可以避免仓皇辞庙，播迁台湾。真是既生"国"，何生"共"啊！

国府对美政策更是搬砖砸脚，自取其祸。笔者已有另文《何来"先生却对学生只打不帮"》详加说明。刘台平先生于其上引书中说道：

> 蒋介石深知中日之战，原本是……日苏与日美之间战争的序战……准备以空间换取时间……这个空间就是中国人的领土和生命，这个时间就是就是世界大战的来临……然后再不断地回避决战，让日军陷入中国广大的战略空间之中。等到国际社会的大环境发生变化……那么中国就可以与全球反法西斯的国家联合，对日本进行反攻。（406—407 页）

蒋氏煞费苦心制定与忍辱负重实行的"以空间换时间"亦即"回避决战候盟制日"战略，确实合符国情，切合事理，理论上应该说没啥错。但是识人要看他做什么，非看他说什么。笔者对他不得不予诟病：美国伸手予您援助，您却叶公好龙，欲迎还拒，真是愚不可及。正牌文学家而非科班史学家出身的刘台平、杨天石对您的高评，实在属于矫枉过正。美国抛弃蒋介石乃与美国抛弃阮文绍一样，乃属出自对其希望完全破灭而非绥靖主义！对于国民党领导人，笔者怀念的是孙中山而非蒋介石，且早在 1982 年冬春之交，就曾到南京哭过中山陵。

囿于篇幅，笔者于此仅举一项蒋氏的此种"犯罪嫌疑"：众所周知，1942 年 4 月 18 日的杜立特率队空袭东京大大提高了美国人的士气，并使日本军部当局在民众心目中的威信发生动摇，对其是否有能力赢得对外战争的质疑之声此起彼伏；遭受打击之后，日本不得不从印度洋调回强大的航母编队，用以防卫本土，遂令日德两军会师中东的可能成为泡影；突袭也令山本五十六确信美军太平洋舰队依然具备打击力——"威胁一日不除，帝国一日不得安宁"，遂下定决心：集中力量攻击中途岛。中途岛大海战一役，美国海军于太平洋中部之中途岛附近海域重创日本海军：击毁日本四艘航空母舰，成为双方海军力量对比的转捩点。这次空袭，飞机编队原定降落浙江衢州、丽水、玉山等机场。Destination Tokyo（中译《直捣东京》）是部得到美国海军部协助拍摄的美国战争大片，内中也有表现杜立特率队空袭东京的镜头。大黄蜂号航母舰长在向舰载机飞行员下完命令后说："你们到了中国可别点'杂碎'吃，那儿会给你们上地道的美国大菜。"事实之上，该行动华盛顿于事前一星期前通知了蒋介石（见上引陶涵书，152 页）。

但是，在中国大陆上预定的接应工作根本没进入准备状态。夜间飞行在没有地面照明和导航的情况下，平安着陆毫无可能，飞到中国大陆的十五架 B—25B 飞机在浙江省方圆近 480 平方千米的范围内或迫降，或弃机（人员跳伞）。过后，国民政府宣称日军为了报复浙江百姓拯救落地美空军飞行员，屠杀了 25 万人——这是国民政府提供给史迪威的数据。笔者认为此数极尽夸大之能事。"根本没进入准备状态""此数极尽夸大之能事"均为有眼不识泰山的蒋氏做出来的抵制美国举动。"由于时差关系导致没有开灯导航"，读者您能相信这句鬼话吗？罗斯福对蒋介石的杀心，笔者认为就是萌于杜立特机群未能得到国军机场开灯接应一事。

罗斯福秘密授意史迪威策划暗杀蒋介石一事，笔者倾向于"与其信其无，不如信其有"。这么大的事儿，塔奇曼不会在没有过硬根根据情况之下于其书中详细转述。暗杀理由乃是蒋氏坚拒将军事指挥权交给史氏。为啥没有实行暗杀？笔者认为，罗斯福后来醒悟：可能蒋介石的后任及其手下将领，也会坚决反对将军事指挥权交给史迪威或者其他美军统帅，一

杜立特空袭日本行动中 B—25B 从大黄蜂号航母上起飞。

如杜聿明宁肯走野人山,四万官兵死剩仅得二千,也不肯随史迪威、罗卓英走阿萨姆,一众官兵人死伤很少。

如前所述,一战,协约国各国军队,曾将军事指挥权交给法国费迪南·福煦元帅;二战,同盟国各国军队,曾将军事指挥权交给美国艾森豪威尔上将。一战过后,美国远征军占领了欧洲一寸领土吗?二战过后同样没有。你蒋介石的架子能比威尔逊、丘吉尔还大吗?"世界伟人"?蚂蚁缘槐夸大国而已。所以笔者认为,在雅尔塔会议上,美国藉口顾虑伤亡太多,主动提出应由苏联出兵消灭满洲日军,其实就是憎恨蒋氏、报复蒋氏之举。

1943 年,罗斯福总统认真考虑过以登陆中国沿海,开展入华抗日代替跳岛抗日。设于广东梅县的中美特种技术合作所第 13 训练班,曾经奉命派出一特工队前往汕尾地区某段海岸,进行水文勘探,武器测试。[见诸陈东佳著《抗战时期美国情报人员在海陆丰的活动》,载于《广州文史资料选辑》第八期,164-171 页]此事不幸又以蒋介石不合作而告吹(见上引陶涵书,172 页)。如果美国在 1943 年攻克瓜岛,解除日本对于澳大利亚严重威胁之后,就派美军大肆登陆中国沿海,将日军赶出中国、满洲、朝鲜,然后占领日本本土,太平洋两栖战争本来可以变成大东亚陆地战争,军事上省事儿多得多。赖有美军驻华,中国本有希望提前实现民主。这一切的前提,乃是蒋氏交出军事指挥权。他的搬起石头砸自己脚般的顽抗,导致了国府失去大陆播迁台湾,导致了尚庶主义戕害中国。罪不可恕。

综上所述,不能不说共军不仅为抗日战争的胜利,做出了国内排二便无一(Second to none)的贡献,而且为全世界的反法西斯战争胜利,做出了无声胜有声的贡献。胡锦涛说它是"中流砥柱",笔者还觉分量稍轻。不过国人千万不要以为是由咱们自己,无论哪方还是合力,把日本侵略者给打败了;然后继续瞎编无数抗日神话、神剧。

没错,中共近年业已大失人心,但是,这并不等于可以对其正面史上功绩肆意歪曲,肆意贬低。这样下去,逐渐,专制主义的掘墓人就会变成专制主义的接班人。联想:破山中贼易,破心中贼难。

三、抗战时苏援何以能够安全运达陕甘宁

这是个小提问，大叙事;回答这个问题，可就需要对于好些中共党史做出更新的描述和解释，于是形成此节第一部分先谈远因，第二部分后谈近因。

第一部分：远因。首先，长期以来，对于是否存在那部连远东国际军事法庭都没找到的"田中奏摺"，一直有着争论。顾维均、王宠惠认为，日本事实之上就是按照田中义一所擘画的路线图做的。其实事实之上，日本提前实施的，乃是石原莞尔所擘画的"以战养战，先领大东亚。积蓄力量，后打美利坚"路线图。真要实施田中占中方案，日本就得派兵来华 400 万，200 万大大不够。事关重大，日本军部要员岂是儿戏之辈？不过，尽管认为代表东方文明的日本，将和代表西方文明的美国终有一战，石原莞尔却断然反对近期实施这一想法，所以他不赞成日本于 1940 年代初就发动太平洋战争。中亚其实并不属于东亚，新疆、西藏、甘肃、青海、宁夏、内蒙西部应属中亚东部。"大东亚共荣圈宣言"声称该圈首要包括中日满。尽管如此，笔者理解，在日本政府心目当中，这个中国只是半个中国即东部中国。日本实际执行的武力部分占中行为证明了这一点。口头说什么不重要，实际做什么才重要！

其次，除了互不侵犯对方领土条款，如前所述，笔者认为《苏日互不侵犯条约》必然还有互不侵犯对方在华占领区域和势力范围的内容，必然还有留下陕甘宁青+川云黔桂给中方，充当苏日占领区域和势力范围之间缓冲地带的内容。由于有了缓冲区域，苏援饷械方才可能安全运达陕甘宁。

日军竟然没有专门舟桥部队建制。渡过黄河需要架设浮桥或者携带平板渡轮，苏军舟桥部队完全具备此种能力：您看苏军携带重型武器，冒着德军猛烈炮火，架浮桥、置渡船，成功强渡水面宽达五公里的东、西奥得河涨水后的汇流，便知我言非虚。奇怪的是，侵华日军乃至日军全军都没专门舟桥部队建制。如要入侵陕西、四川以及云南、贵州，日军本可沿着成吉思汗当年灭金灭宋路线灭亡当代中国。

从大树湾—树林召南渡后套黄河，远较经由陕晋黄河渡口过河容易，更不用说远较经由三峡进击重庆容易了。另外，日竟然无意进犯唾手可得的潼关！即使先不架浮桥、不置渡船，也可趁着冬天黄河封冻三月，派遣大量日军携带辎重于此踏冰过河，然后留一部分守住渡口南北方圆数十公里，后架浮桥、置渡船，主力就可不存后顾之忧，大肆挥兵南下。庶几，中国早已亡矣！笔者非常怀疑：为日军全力入侵的东部中国的大江大河，皆通海洋，日本海军舰艇可由海口溯流而上，载兵载器凌波越堑；东部中国众多江河本来已有大量桥梁、轮渡，不必组建舟桥部队。日本如有全力入侵基本属于中亚而非东亚的西部中国的企图，则须组建舟桥部队，日本海军舰艇基本无法开进西部中国任何一条山地江河。此事岂非暗示：确实存在上述划分势力范围秘约，即便是口头承诺？又据近年发现的日本"朝鲜银行"档案披露，日军军部计划自身在华占领区域和势力范围之内，掠夺到了足够富源之后，便行遽尔转向，发动东南亚战争、太平洋战争。

史氏还欲增加某些地方政权亲苏。除了中共之外，苏联还曾另寻别的势力，以巩固苏俄在华势力范围。例如：

新疆盛世才：准其加入苏共，却不让其转入中共，最后引发盛氏认清苏联意欲吞并新疆，从而复归国府）。

甘肃马仲英：部下竟有数名留苏归来黄埔军校毕业共产党人，后来悄然离队，不知所踪；苏联诱马攻新，逼迫盛氏投靠苏联。然后俘马入苏洗脑，意欲让他组建一支回民军队向西攻伐，威逼印度，说服无效之后杀马氏于里海岸边。

内蒙古人民革命党：骨干均在苏联、外蒙受训。

西藏葛然朗巴·平措旺杰：曾受斯氏单独接见，斯氏答应援助平氏实现"青藏高度自治"。

新疆民族军：盛氏复归国府之后，苏联派兵支持维吾尔民族军占领"三区"，地域相连的三区可以封闭新疆与苏联边界全线。

以上种种可以解释为何日军没有选择南渡最为易渡的后套黄河，以及为何放弃攻击唾手可得的潼关，虽远必诛地追歼国军、共军，以及彻底截断上述国际路线——哪怕只是动用空军袭击苏联输共军火车队：害怕惹毛苏联后发毁约入华干涉！

第二部分：近因。长征以前，苏联奥援中共 30 万支步枪，藏在设于始兴玲珑岩、南雄钟鼓岩的两处"陈济棠协苏济共武库"，主由陈济棠、余汉谋听候苏联方面通知，开运闭储——没有共产国际允许，中共不得擅领。红军长征之后，笔者估计库藏步枪尚余 15 万支以上未动。广州失守之后，余汉谋部移驻韶关，中共地下党员区梦觉任其夫人上官德贤秘书；毛泽东曾对粟裕说，红军不宜出击东江地区，那样会将国民党中央军吸引到始兴、南雄；毛泽东先派大秘书张文彬来粤接续和余汉谋的私下秘密合作，后派八路军大部队南下与东江纵队共建大庾山根据地，均为出自保枪用枪动机。

长征以后，通过恰克图→乌尔嘎（今称乌兰巴托）→满都拉→百灵庙→大青山→大树湾→树林召→鄂托克（前旗）→靖边城这条"国际路线"，在傅作义—董其武部队（在黄河以北）、白海风内蒙古人部队（在黄河以南）瞒着老蒋私底下放行，姚喆部八路军（在黄河以东）藉口突前抗日三重非公开网保护之下，苏联继续奥援中共 60 余万支步枪，以庆阳为集散地，绥德为中转地，供给中共部队轮番换装。鄂托克前旗、定边、呼和浩特，均有苏军曾于此三个点出现的爷辈传说，当地百姓称他们为"长毛子"——太平军从无打到过这里。

由于以上所述原因，苏联奥援中共饷械，尤其是 60 余万支日式三零枪以及相应量弹，不仅得以无惮启运，而且得以持续运达。光有无惮启运，没有持续运达，受援一方"巧妇难为无米之炊"，不是等于没运？既然已把事情做开，就得做好、做足，这是放之四海皆须为的做事原则，否则就会前功尽弃，不如不做。赢得二战全胜的苏联最高层、苏军参谋部，怎么会是胸无点墨、嗫嗫瑟瑟的"小脚女人"？陈济棠、余汉谋，董其武、白海风乃是保障苏联奥援中共饷械安全运达或者储藏的大功之人。

四、金钩步枪虽外钩去倭患但却内钩来俄毒

后来事实证明"俄毒甚于倭患"。虽然当时属于不得已而为之，借俄灭日实属饮鸩止渴。俄毒之害大于倭患。马学从根上即"交换价值本质乃是劳动价值"错起，我们父辈做过多大无私奉献，都得说是大有愧于自己同胞。有一位父辈中佼佼者曾对着本村人痛心说："我韩先楚对不起你们啊！"相信他的话也是我们多数父辈的内心话；不然，咋会有那么多老干部及家人选择移民美国。本来最好补救办法，就是父债子偿。任由他人改朝换代，我们父辈怎能得到宽恕？恐怕将会出现"天街踏碎公卿骨"。然而我们等到现在，已是七老八十，now or never，看来只能抱恨终天，没可能为我们父辈完名全节了。"一早就不应借俄制日"，咱没那个主动权啊。李鸿章若不借俄制日，辽东半岛能够被吐出来？

抗美援朝战争之前，除了中法战争（1883—1885）不胜不败，援越战争（1950—1954）尚未取胜之外，中国自力抗击历次列强入侵，虽然气壮山河，但是从未成功。侥幸未至沦亡，既得拜列强对华协调政策"门户开放、利益均沾"之赐，也得拜外力在华相互抗衡令己得隙存活之赐。其中俄日、苏日在华相互抗衡导致此种结果最着。无他，欧美列强距华乃有万里之遥，无法派出百万军队来华作战。但是，盛世才归顺重庆之时，蒋介石曾说，近代以来，中国"东受倭患，西遭俄毒"，此言甚是！三国干涉还辽、俄日满洲角逐、张诺二役苏胜、苏援饷械来华、苏日中立密约、苏军扫满灭倭，无不说明中国得以摆脱亡于日本命运，乃是"借毒灭患"之果。中国依靠自力从未打成一场左右结局战役。就是抗美援朝战争全域打平，局部打胜，也是兵员自出、指挥自出，武器苏出、牵制苏出的结果。国人对此应有清醒认识，别再纵情自夸，无端自满。百五年来，我们的战争机器"整车"输在专制体制，"气缸"输在兵工官办。继续专制，继续官办，没有外力源出于其私利撑持，或者出于他因退让，笔者看不出来中国有何告别倭患、俄毒、美憾、欧疏、朝叛、邻藐，"重现汉官威仪于世"的前景。

二战结束之后，苏联没有遵守雅尔达协定有关条款允许东欧国家民主选举政府，而是强行扶助当地亲苏共产党人建立本党一党专政，导致东西阵营迅陷入冷战。冷战以及其局部热战朝鲜战争、斯氏逝世，客观之上，打断了欲变新中国为附属国的斯氏念想：做了东欧太上皇之后再做中国太上皇，恐会招致西方决绝遂行热战，苏联承受不起再度举国迎战。批准北朝打过三八线之前苏联代表退出安理会、进而催促中国代出兵朝鲜，就是一例明证。赖此苏联退让际会，新中国方能得以"破茧而出"。非常吊诡，非常幸运是吧？外因为主还是内因为主？

本章逐条结论为何？相信聪明读者自可归纳，容易得很，笔者于此便省得"画公仔画出肠"了。仁者见仁，智者见智，无妨。逼近了真相还是远离了真相，任人评说，笔者对此毫无挂碍。

最后，敬请读者掩卷思之：明治三十年式步枪，是否成了1927—1949这22年间，中共武装部队手中的"金钩"？尽管本属有人主张"应予大力抵制，不抵制者就是汉奸"的日货，却为炎黄子孙钩断了日寇铁蹄，钩翻了三座大山。然而，"北方吹来十月风"，"辛苦遭逢起马经"，不可避免地，它也为炎黄子孙钩进了国噬主义（Totalitarianism）。30 年（1948—1978）之后，方有解噬主义（Liberalism）降临，予其始做一步三摇的拨乱反正。有联为证：

　　幸获苏俄饷械，一着钩来今古伟业；
　　盲从马列知行，几时铲去往复浩劫？

16. 苏联档案各卷名称以及笔者简评

书名：共产国际、联共(布)与中国革命档案资料丛书
编译机构：中共中央党史研究室第一研究部
出版机构：中共党史出版社、北京国家图书馆等
出版时间：1997~2007
存盘格式：PDF 高清

网上推介：

联共(布)、共产国际与中国革命关系问题，是中共党史、中国革命史、中国近现代史和中外关系史等学科的重要研究课题。中国共产党十一届三中全会以来,全国广大史学工作者解放思想、冲破禁区、开动脑筋、积极探索，在苏联、共产国际与中国革命关系问题的研究领域中，取得了可喜的成绩，从而推动了中共党史、中国革命史和中国近现代史等有关学科的研究，促进了这些学科的发展。但由于所能看到的档案资料还比较匮乏等原因，对于这一大项的学术研究还只是初步的，还有待于进一步深入。

笔者简评：

出版过程长达 16 年（1997—2012），统共 21 卷的由中共中央党史研究室第一研究部编译的（A+B）=《共产国际、联共（布）与中国革命档案资料丛书》（此次新揭档案部分起 1920 年讫 1943 年，早已公开文献部分起 1917 年讫 1949 年），实质应当分为（A）=档案丛书（12 卷）和（B）=文献丛书（九卷）。只有（A）=12 卷即第 1、3、4、7、8、9、10、13、14、15、18、19 卷，收录的是以前基

本未曾公布过的档案——译自（C）＝俄方联合德方编辑的《联共（布）、共产国际与中国（1920—1949）》1994 年俄文版。（C）收录重要档案共 2844 件。另（B）＝九卷即第 2、5、6、10、12、16、17、20、21 卷，收录的是此前"历来在我国各种报刊、图书上发表的其他重要中文文献资料"，冠名《共产国际、联共（布）与中国革命文献资料选辑（1917—1949）》；（B）被打散纳入（A＋B）出版。举例来说，《联共（布）、共产国际与中国革命档案资料丛书》第一卷的卷名叫《联共（布）、共产国际与中国国民革命运动》（1920—1925）；第三卷和第四的卷名叫《联共（布）、共产国际与中国国民革命运动》（1926—1927），第三卷为上册（1926），第四卷为下册（1927）；第二卷的卷名却异军突起，另叫《共产国际、联共（布）与中国革命文献资料选辑（1917—1927）》。以下各卷混合情况如此类推，广州方言叫"梅花间竹"。这是谁想出的迷宫体例？应是"译著不评职称，编著可评职称"思维作怪！

　　读者必须牢记：其一，（A）是解密档案，源自苏联政府以及军方；（B）是包括社论、报导一类的公开文献，源自中国报刊、图书。不要以为（A＋B）收的统统都是解密档案，不要以为（B）中收有中方解密档案，且讫于 1949 年；其二，（A）讫于共产国际解散的 1943 年，（C）讫于中共立国的 1949 年。1949－1943＝6，这六年共产国际不存在了，联共（布）却仍然存在。笔者一度感到愤懑："为何中文版（A）比俄文版（C）少收六年现成解密档案？书名不是除了'共产国际'还印着'联共（布）'吗？这最重要的六年却被有意删去！仅收公开资料的(B)却是讫于 1949 年，是否试图鱼目混珠？可见，较之（C），（A＋B）的选材、选期都显得 very tricky。"但是后来经由牛津大学校友何宏博士代劳，查明：（C）＝俄方联合德方编辑的《联共（布）、共产国际与中国（1920—1949）》1994 年俄文版出了五卷，德文版出了四卷，少出一卷，应是出现两卷并为一卷情况；由于双方的项目主持人先后谢世，以及可能由于资金短缺或者外交干涉，这一套档案集没能够继续出下去，因此未能囊括 1943 年 5

月共产国际解散至 1949 年 10 月中共践祚立国这 76 个月的涉题重要档案。

中文版且可能对俄文版有删削。笔者于此呼吁学界，若有机会：其一，应将俄文版和中文版对照，寻出中文版删削之处（如果有的话），加以补足。其二，应与俄方合作，将俄德学术前辈未竟事业完成。

以下书名序号之下划了横线之书乃为来自苏俄国家档案馆藏，无划横线之书乃为来自史上公开发有关表材料。不用多说：后者价值大大低于前者。如前所述，中国学术机构编纂出版"丛书"画蛇添足，纳入大量史上公开发表有关材料，形成 21 卷。本应分开出版。希望后学赴俄千方百计寻回上述第五大卷原材料，完成原始全书翻译出版。

沈志华所购有关中苏关系苏联档案，涵盖 1921 年至 1949 年凡 22 卷 4500 页，不知有没可能弥补此一缺憾。由他主编，业已出版的《俄罗斯解密档案选编•中苏关系》起于 1945 年 1 月，止于 1991 年 12 月。其中第一卷、第二卷起于 1945 年 1 月，中经 1949 年 2 月，止于 1952 年 7 月。这样，两套解密档案仍缺 1943 年 6 月至 1944 年 12 月一年半也就是 18 个月的，何况上述于欧胎死腹中第五大卷所选档案未必就与沈志华那套雷同。

纵观两套苏联档案，都缺苏联工农红军参谋部情报局以及苏联其时派驻中国东西南北各地 14 个领事馆（现在才四个）的档案，一份都没有。两处有关中国工作汇告以及请示，合起来至少应有上十万份之多。苏共中央/共产国际做出奥援中共所有决定，许多得由上述情报局、领事馆执行，以及得由它们做出效果反馈。这些个领事馆，苏共中央文件明说属于间谍机构。另外，1949 年以后，苏共中央便将中共派驻共产国际代表团遗留档案全部发还中共中央，自己没留复件。以上所述三套档案，也望后学千方百计赴俄寻找出来，翻译、编纂出版。行动比话语重要啊。

笔者大致翻阅完了社科院、沈志华两个版本的苏联档案选辑，后来还是发现：好些西方近年出版的现代中国史、抗日战争史、中共革命史、中苏关系史著作，都用到了社科院、沈志华两个版本根本没有辑入的至为关键的苏联档案材料。这说明这些著作的作者曾经得以更加深入地进入俄国的档案馆从事查阅。俄国出版的《二十世纪俄中关系》五卷本还应得到中译出版。

可见，此种档案史料搜集工作，现在甚至还没到"行百里半九十"地步！"革命尚未成功，同志仍须努力"。

各卷卷名：

1. 联共（布）共产国际与中国国民革命运动（1920-1925）.pdf
2. 共产国际、联共（布）与中国革命文献资料选辑（1917-1925）.pdf
3. 联共（布）、共产国际与中国国民革命运动（1926-1927）上.pdf
4. 联共（布）、共产国际与中国国民革命运动（1926-1927）下.pdf
5. 共产国际、联共（布）与中国革命文献资料选辑（1926-1927）上.pdf
6. 共产国际、联共（布）与中国革命文献资料选辑（1926-1927）下.pdf
7. 联共（布）、共产国际与中国苏维埃运动 （1927-1931）.pdf
8. 联共（布）、共产国际与中国苏维埃运动 （1927-1931）.pdf
9. 联共（布）、共产国际与中国苏维埃运动 （1927-1931）.pdf
10. 联共（布）、共产国际与中国苏维埃运动 （1927-1931）.pdf
11. 共产国际、联共（布）与中国革命文献资料选辑（1927-1931）上.pdf
12. 共产国际、联共（布）与中国革命文献资料选辑（1927-1931）下.pdf
13. 联共（布）、共产国际与中国苏维埃运动 （1931-1937）.zip
14. 联共（布）、共产国际与中国苏维埃运动 （1931-1937）.zip
15. 联共（布）、共产国际与中国苏维埃运动 （1931-1937）.zip
16. 共产国际、联共（布）与中国革命文献资料选辑（1931-1937）.uvz
17. 共产国际、联共（布）与中国革命文献资料选辑 （1931-1937）.zip
18. 联共（布）、共产国际与抗日战争时期的中国共产党（1937-1943.5）.pdf
19. 共产国际、联共（布）与中国革命文献资料选辑（1938-1943）.pdf
20. 共产国际、联共（布）与中国革命文献资料选辑（1938-1943）.

上册章节附注

1《轻武器系列丛书》编委会编著《解密中国兵工厂（兵器篇）》（北京：航空工业出版社，2014），23 页；中国人民解放军历史资料丛书编审委员会编著《军事工业．根据地兵器》（北京：解放军出版社，2000），6 页。

2 详情可见本书另外一章《三揭陈济棠协苏济共武库：储运主管》。

3 黄业著《巍巍五岭》（广州：广东人民出版社，1992），149 页。

4 网载：中国民兵武器装备陈列馆位于北京市通州区京杭大运河源头。占地十万平方米，建筑面积 1.2 万平方米。1998 年 10 月建成并正式向社会开放，同年被北京市人民政府命名为"北京市国防教育基地"。该馆由兵器博览中心、人民战争史馆、山地野战炮阵、模拟射击场、国防教育基地、骨科冷疗特色医院和环境艺术等 14 部分组成。馆内共收藏各种文物一万余件，其中包括产自 20 个国家的枪炮刀剑等各种兵器 5000 余件。有十几厘米长的钢笔手枪，刻花镀金的工艺手枪；有历史悠久，存世极少，历经一、二次世界大战的各国著名枪械。还有近百吨重的亚洲现存最大管径的日式 300mm 榴弹炮以及日本 500 多年前皇家武士战刀等。展品数量之多，品种之繁，堪称世界兵器陈列之大观。

5 火器堂堂主编著《抗战机密档．中日军队轻武器史料》（北京：航空工业出版社，2014），122 页。

6 中国人民解放军历史资料丛书编审委员会编著《军事工业．根据地兵器》（北京：解放军出版社，2000），87 页。

7 同上，172 页。

8 同上，77 页。

9 同上，109-110 页。

10《表册．统计资料》，中国人民解放军历史资料丛书编审委员会编著《军事工业．根据地兵器》（北京：解放军出版社，2000），762-763 页。

11《轻武器系列丛书》编委会编著《解密中国兵工厂（兵器篇）》（北京：航空工业出版社，2014），37 页。

12 前引火器堂堂主文，149 页。

13 见诸《冯自由回忆录》下册（北京：东方出版社，2011），843页。

14 前引火器堂堂主文，84 页。

15 中国人民解放军历史资料丛书编审委员会编著《军事工业. 根据地兵器》（北京：解放军出版社，2000），77 页。

16 同上，58 页。

17 同上，172 页。

18 同上，107 页。

19《轻武器系列丛书》编委会编著《解密中国兵工厂（兵器篇）》（北京：航空工业出版社，2014），39 页。

20 中国人民解放军历史资料丛书编审委员会编著《军事工业. 根据地兵器》（北京：解放军出版社，2000），99 页。

21 同上，248 页。

22 同上，119 页。

23 中共中央党史研究室第一研究部编译《共产国际、联共（布）与中国革命档案资料丛书》第 19 卷：《联共（布）、共产国际与抗日战争时期的中国共产党（1937—1943.5）》（北京：中共党史出版社，2012），267-268 页。

24 见诸军事科学院历史研究部编著《中国人民解放军全史》（北京：军事科学出版社，2004）第一卷：《中国人民解放军的 70 年》第二章《抗日战争的主力军》。

25 见诸彭玉龙编著《抗日战争中国军队伤亡调查》，《军事历史》2013 年第三、第四期。

26 据说有一粤省文史资料，披露陈济棠军曾有部分使用三零式。如能查实，则可为"苏联通过陈氏转运三零式枪及弹予中共之事"增一有力证据。

27《表册. 统计资料》，中国人民解放军历史资料丛书编审委员会编著《军事工业. 根据地兵器》（北京：解放军出版社，2000），762-763 页。

28 读者将在本书另一章《苏联奥援中共后膛火炮七千九百余门》当中看到，中共军队于抗日战争后半段和解放战争头一年，规定每门迫击炮每月限 60 发。因此不妨认为：共方单枪子弹每月限射 300 发，单炮炮弹每月限射 60 发。这才应是常态。每仗单枪只有数发子弹，单炮只有一发炮弹，甚至多数士兵使用刀矛戟铳，肯定不是常态。如果常是那样，就会削减持枪人数增加单枪弹数，减少缺弹导致的伤亡，而中共便永无可能夺取全国政权。

29 盟军诺曼第登陆之后，加拿大坦克团在进攻德军在法最强"卡昂"阵地之时，曾经使用"除以八法"这一经验公式，来校正空中侦察所得德军重型装备数字。猜想此法曾为参战盟军部队普遍使用。

30 文章提交者：oql626，加贴在"中国历史．铁血论坛"，见诸 http://bbs.tiexue.net/ bbs73-0-1.html。另据统计，八年抗战，八路军缴获轻重机枪（挺）7499，长短枪（支）455068；新四军缴获轻重机枪（挺）4295，长短枪（支）222182。这些数字显然将苏军移交的部分加进去了。长短枪即经修复，能用的有多少没给出统计数，估计最多达到40%，677250×0.4=270900 支。

31《在东北军区后勤工作会议上的报告提纲》，《罗荣桓军事文选》第四版（北京：当代中国出版社，2015）。

32 吴殿尧著《刘鼎传》（北京：中央文献出版社，2012），315-316页。

33 中共中央党史研究室第一研究部编译《联共（布）、共产国际与中国革命档案资料丛书》第九卷：《联共（布）、共产国际与中国苏维埃运动（1927—1931）》（北京：中央文献出版社，2002），296 页。

34 见诸 2016 年 8 月 4 日《南方周末》。

35 萧自立著《中央苏区对于江西钨矿的开发以及钨砂贸易》，《中共党史资料》2006 年第二期。

36 中共中央党史研究室第一研究部编译《联共（布）、共产国际与中国革命档案资料丛书》第 14 卷：《联共（布）、共产国际与中国苏维埃运动（1931—1937）》（北京：中共党史出版社，2007），206 页。

37 本书编委会编《尹林平》（广州：广东人民出版社，1994），464页。

38 网载：庆阳市革命历史悠久，是甘肃省唯一的革命老区，从 1927 年到 1949 年新中国成立的 22 年间，先后经历了陕甘边革命根据地、西北革命根据地、陕甘宁抗日根据地三个较大的历史时期。1927 年在宁县建立了甘肃第一个农村党组织，1931 年建立了陕甘第一支革命武装"南梁游击队"，1934 年建立了西北第一个陕甘边区苏维埃政权—南梁政府。以庆阳市南梁为中心的陕甘边革命根据地作为第二次国内革命战争后期全国"硕果仅存"的革命根据地，它的存在为中央红军和党中央长征提供了落脚点，也为八路军三大主力北上抗日提供了出发点，红军改编为八路军时的大部分部队都驻扎在庆阳市。

39 有的文献误称，1937 年，八路军 129 师 385 旅进驻庆阳，长达八年之久。

40 满都拉是呼、包、鄂三市距离外蒙首都乌兰巴托最近的口岸，历史上是内蒙古与外蒙古、俄罗斯的主要贸易通道。满都拉口岸并非满都拉镇，位于内蒙古自治区包头市达尔罕茂明安联合旗 211 省道附近。

41 1926 年包头即设立有苏联领事馆。见诸中共中央党史研究室第一研究部编译《共产国际、联共（布）与中国革命档案资料丛书》第三卷：《联共（布）、共产国际与中国国民运动（1926—1927）》上册（北京图书馆出版社，1998），429 页。

42 见诸丁言模著《鲍罗廷与中国大革命》（银川：宁夏人民出版社，1993）有关章节。

43 详见李戈瑞著《从延安到莫斯科的红色国际交通线》，《军事史林》2015 年第四期，25-31 页。

44 唐纵著《在蒋介石身边八年—侍从室高级幕僚唐纵日记》（北京：群众出版社，1992），249、313 页。

45 前引李戈瑞文，25-31 页。

46 "大阵仗"，粤语形容场面大、规模大，或者投入的人力多、物力多。

47 前引李戈瑞文，25-31 页。

48 前引李戈瑞文，25-31 页。

49 前引李戈瑞文，25-31 页。

50 同上。

51 李力清著《横扫阴山七百里—大青山抗日游击根据地的建立》，百度．"九州军事"：9link.116.com.cn，发布时间：05-30 10:47:30。

52 鄂托克前旗文旅广电局朱龙撰《鄂托克前旗：保护红色文化遗产 开发红色旅游产业链》，百度．网页：《中国文明网．地方传真》"鄂托克前旗：保护红色文化遗产 开发红色旅游产业链"栏目，发布时间为 2016-05-17 09:14:00。

53 这条"苏联→外蒙→绥远→伊盟→靖边→延安或者绥德"交通线，不是像满洲里交通线、粤闽边交通线那样，仅用于过人过钱，它主要用于接枪接弹。读者必须走出这个误区！

54 见诸刘秉荣著《其武与贺龙的"打"和"交"》，《董其武将军传奇人生》（北京：中国社会出版社，2011）。

55 见诸 https://mp. weixin. qq. com/s?src=11&timestamp= 1529023046&ver=939&signature=DDqFbKpZiHlkTaSOa7CvYO0shtAmYn YZYQ*cLRQviGV17o*T6RDy6xST4OlRSwPvpeHjbMadC09D9Tht1zofp 3PYtTYmTWcM8*gus9kNnLaKomyoj4zjp2RM4DzUksd1&new=1；国家 民委编《辉煌 70 年．人物志 白海风：潜伏共产党员的壮阔人生》。

56《轻武器系列丛书》编委会编著《解密中国兵工厂（兵器篇）》 （北京：航空工业出版社，2014），49 页。

57 因不可抗力引文出处竟自得而复失。

58 阎长林著《我的警卫笔记》（北京：中国青年出版社，2009）， 25 页。

59 谌旭彬著《毛泽东对米高扬披露的一些真话》、列多夫斯基著 《米高扬与毛泽东的秘密谈判（1949 年 1—2 月）》（俄文），李玉贞 翻译。该本译文分上、中、下三个部分，先后刊载于《党的文献》1995 年第六期、1996 年第一期、1996 年第三期。

60《轻武器系列丛书》编委会编著《解密中国兵工厂（兵器篇）》 （北京：航空工业出版社，2014），75 页。《中央军委关于自制黄色炸 药致刘伯承、邓小平等电》，中国人民解放军历史资料丛书编审委员会 编著《军事工业．根据地兵器》（北京：解放军出版社，2000），115 页

61 天津市地方志编修委员会、中国共产党天津志编修委员会编修 《天津通志．中国共产党天津志》（北京：中国党史出版社，2007）， 239 页上《第三篇．重大活动．第 15 节 支援抗日根据地》。

62 中共中央党史研究室第一研究部编译《共产国际、联共（布）与 中国革命档案资料丛书》第九卷：《联共（布）、共产国际与中国苏维 埃运动（1927-1931）》（中央文献出版社，2002），110 页。

63 火器堂堂主编著《抗战机密档案：中日军队轻武器史料》（北京： 航空工业出版社，2014），85-87 页。

64 自 1918 年至 1922 年，日军七万余干涉军进入苏联远东地区。该 区人口不到 200 万，当地苏联政府军五年内从几千人扩展到两万余人。 苏方乃主要依靠军民游击战打赢日方。谁说苏共不如中共那样长于游击 战呢？咄咄怪事！

65 诺役之末，苏联音乐人创作了著名军歌《喀秋莎》。笔者认为它 抒发了苏联朝野自俄日战争失败以来，苏俄得以扳平对日军事预势（张 役规模较小尚不足论）之后如释重负的情感。苏德战争时期，德军士兵 亦唱这首以及其他苏联军歌。笔者认为歌词"喀秋莎站在陡峭的岸上" 中的"陡峭的岸"可以被理解为日军。

66 火器堂堂主编著《抗战机密档．中日军队轻武器史料》（北京：

航空工业出版社，2014），84 页；邓演存等著《略记孙中山"以俄为师"的决策及苏联顾问在广东的工作》，广州市政协文献资料研究委员会编《孙中山三次在广东建立政权》（中国文史出版社，1986），267 页。

67《张耀祠回忆录——在毛主席身边的日子》（北京：中共党史出版社，2008），9 页。

68 中共中央党史研究室第一研究部编译《共产国际、联共（布）与中国革命档案资料丛书》第四卷：《联共（布）、共产国际与中国国民革命运动（1926—1927）》下册（北京图书馆出版社，1998），310 页；中共中央党史研究室第一研究部编译《共产国际、联共（布）与中国革命档案资料丛书》第九卷：《联共（布）、共产国际与中国苏维埃运动（1927—1931）》（中央文献出版社，2002），492 页；中共中央党史研究室第一研究部编译《共产国际、联共（布）与中国革命档案资料丛书》第一卷：《联共（布）、共产国际与中国国民革命运动（1920—1925）》（北京图书馆出版社，1997），643 页。沈志华主编《俄罗斯解密档案选编．中苏关系》第一卷（1945.1—1949.2）（北京：中国出版集团—东方出版中心，2014），440 页。

69《苏联解密档案选．毛泽东著作》（本电子书制作者：诸夏怀斯社，2017。联系邮箱乃为 hqxsk@163.com），119 页；经查证实，沈志华主编《俄罗斯解密档案选编．中苏关系》第一卷（1945.1—1949.2）（北京：中国出版集团—东方出版中心，2014），412 页上确实有着这段文字。

70 火器堂堂主编著《抗战机密档．中日军队轻武器史料》（北京：航空工业出版社，2014），87 页。

71 这段决议内容，白纸黑字，见诸黄修荣主编、马贵凡主译的《共产国际、联共（布）与中国革命档案资料丛书》第一卷《联共（布）、共产国际与中国国民革命运动（1920—1925）》（北京图书馆出版社，1997），740 页。

72 见诸芮纳．米德著《被遗忘的盟友》，林添贵译（台北：远见天下出版股份有限公司），89 页；以及中共中央党史研究室第一研究部编译《共产国际、联共（布）与中国革命档案资料丛书》第 13 卷：《联共（布）、共产国际与中国苏维埃运动（1931—1937）》（北京：中共党史出版社，2007），389 页。

73 网载：《苏日中立条约》是在苏联为了避免东西两线作战、日本减少北方压力而实施南进战略的背景下，以牺牲中国的国家利益为前提签订的。条约共四条，主要内容是：双方保证维护两国间的和平友好关系，相互尊重领土完整和不可侵犯；如缔约一方成为第三者的一国或几国的战争对象时，另一方在整个冲突过程中保持中立。按照 1941 年 4

月 13 日苏联和日本所签订的中立条约的精神，并为了保证两国间的和平和友好发展的利益，"苏联政府和日本政府庄严地声明苏联保证尊重满洲国的领土完整和不可侵犯，日本保证尊重蒙古人民共和国的领土完整和不可侵犯。"

74 P. Hopkirk, Setting the East ablaze—Lenin's dream of an empire in Asia (London: Kodasha International, 1984).

75 庄春贤主编《赣粤边三年游击战争亲历记》（南昌：江西人民出版社，2016），"1.6 万"53 页（陈毅所说），"三四万"132 页（陈丕显所说）。

76 中共中央党史研究室第一研究部译共产国际、联共（布）与中国革命档案资料丛书》第 14 卷：《联共（布）、共产国际与中国苏维埃运动（1931—1937）》（北京：中共党史出版社，2007），373 页。

77 叶文益主编《中共中央南方局的军事工作》（北京：中共党史出版社，2009），99 页。

78 庄春贤主编《赣粤边三年游击战争亲历记》（南昌：江西人民出版社，2016），13 页。

79 中共中央党史研究室第一研究部编译《联共（布）、共产国际与中国革命档案资料丛书》第一卷：《联共（布）、共产国际与中国国民革命运动（1920—1925）》（北京图书馆出版社，1997），553、722-723页。

80 费云东和余贵华著《中共中央秘书工作简史，1921—1949》（沈阳：辽宁人民出版社，1992），76 和 80 页。

81 如今对照篇目—而非各篇内文，那个操作对象实在卷帙浩繁—发现中文版较之德文版，仅删削了一篇:《蒋经国致季米特洛夫的一封信》。但这已经说明中文版原称没有"任何删削"不实。

82 见诸杨奎松著《政治独立的前提—有关共产国际为中共提供财政援助情况的考察》，收入杨氏著《读史求实：中国现代史读史札记》（杭州：浙江大学出版社，2011）。

83 见诸《前共党青年团中央局书记王云程的报告（1933 年 2 月 24 日）》，中国国民党中央组织部调查科编《中国共产党之透视》（台北：文海出版社，1962），354 页。曾到苏联学习过并为王明追随者的临时中央政治局常委王云程于 1933 年被捕叛变，此后下落不明。

84 笔者理解，"军事供应价值"内含武器估价和通货实价两个部分。武器，包括藏于苏联武库中的外国武器，原来就有，除了运输费用，苏方实际不需花钱支付。苏援供给粤方通货实价总数多少，不在本系列文讨论范围。

笔者测算北伐流水战费前后两段合为一亿银圆，源于粤沪各为一半。应是中方通过发行公债、提高税收、借贷银行、战争缴获自行筹足，基本不关苏援通货的事。可见档案 153：《俄共（布）中央政治局中国委员会会议第三号记录》（1925 年 6 月 5 日于莫斯科）写道：指示北京和加仑，我们的资助"只用于组建部队的开支。师团建成以后的费用应当完全由中国人承担。"（上引资料丛书第一卷 629 页）苏方本不赞成 1926年夏季即行北伐。这为华夏挽回一次面子。

有了"火种饷械"，就可"星火燎原"，苏援国共饷械，作用便在于此。有党有人但却无饷无械，光靠自力筹措，党与人必然作鸟兽散。

85 中华民国成立以后成立过以冯自由为局长的稽勋局，计划加倍偿还旄义捐款。但是政局变动、内乱又起导致最终无法偿还。广东革命政府财政部廖仲恺部长被人暗杀，笔者相信乃为广州商团成员或其后代所为。原因无他，廖氏针对商人征税，已经征到 1980 年代（联想京剧《杜鹃山》中柯湘就义之前相关话语），何人不怒？何人愿忍？汪精卫栽凶胡汉民，应是为了转移视线，平息民愤。国共两党其时都对百姓欠下巨债。两造只能将债之不归不还视为不可抗力所致。

86 该书编委会编《尹林平》（广州：广东人民出版社，1994），464页。

87 见诸黄道炫著《中央苏区的革命（1933—1934）》（北京：社会科学文献出版社，2011），291 页。

88 同上，288-289 页。

89《陈潭秋文集》（北京：人民出版社，2013），188 页。

90 见诸 http://blog.sina.com.cn/s/blog_75b02c0f0102xaav.html. 作者：汝城万顺祥博客。

91 陈明远著《那时的文化界》（太原：山西人民出版社，2011），？页。

92 赵晓琳著《浅谈抗战时期共产国际、苏联对中共的援助》，中共党史学会等机构编《共产国际、联共（布）与中国革命研究新论》（北京：中共党史出版社，2015）297-298 页。

93 萧自立著《中央苏区对于江西钨矿的开发以及钨砂贸易》，《中共党史资料》2006 年第二期。

94 陈敦德著《八路军驻香港办事处纪实》（香港：中华书局，2012），37 页。

95《揭秘广州起义的经费来源：共产国际给 200 万美元》。文章提交者：大雕与弓箭的关系是怎样的，加贴在"中国历史.铁血论坛"

http://bbs.tiexue.net/bbs73-0-1.html。

96 通过辽宁大连旅顺→山东荣城、悝岛、石岛海路送给三野。

97 出处因不可抗力竟至得而复失。

98 出处因不可抗力竟至得而复失。

99 李德著《中国纪事》（北京：东方出版社，2004），35 页。

100 王明著《中共 50 年》（北京：东方出版社，2004），218 页。

101 出处因不可抗力竟至得而复失。

102 出处因不可抗力竟至得而复失。

103 王兰英著《"鲁艺"的木刻家——胡一川》，谭天主编：《胡一川艺术研究文集》（长沙：湖南美术出版社，2003），154 页。

104 吴殿尧著《刘鼎传》（北京：中央文献出版社，2012），390 页。

105 张铁建著《中国共产党何以必胜》，《文汇读书周刊》2011 年 3 月 8 日。

106 窦孝鹏著《杨至成将军》（北京：解放军文艺出版社，1996），247 页。

107 https://zhidao.baidu.com/question/391872574281529765.html?qbl=relate_question_0&word=%B6%FE%D5%BD%CA%B1%D2%BB%C3%C5%C8%D5%D6%C675mm%BB%F0%C5%DA%BC%DB%D6%B5%B6%E0%C9%D9。

108 1945 年 8 月 3 日至 1949 年 10 月 1 日，美元卢布汇率乃为 1：5.3。

109 吴殿尧著《刘鼎传》（北京：中央文献出版社，2012），390 页。鉴于"1640 万吨弹药"在别的中共党史文献当中从没出现过，笔者认为这一数字乃为源出刘鼎及其友好提供的资料。吴殿尧于其《刘鼎传》后记中说，刘鼎夫人、友好把多年保存积累的有关刘鼎和兵工的文字资料、口述历史提供给他。

110 徐焰著《第一次较量——抗美援朝战争的历史回顾与反思》（北京：中国广播电视出版社，1990），209 页。

111 同上，323 页。

112 中共中央文献研究室、中央档案馆编《建国以来刘少奇文稿》（北京：中央文献出版社，2005），319-321 页。

113 见诸 http://www.bjd.com.cn/10llzk/201105/t20110509_677266.html。

114 窦辉著《新中国成立前后中苏关系的若干问题》，《苏联研究》1990 年第三期；以及列多夫斯基著，陆远译《米高扬的赴华秘密使命：1949 年 1 月 2 日》，《国外中共党史研究》，1995 年第五期。

115 薛衔天著《民国时期（1917—1949)中苏关系史》下册（北京：中共党史出版社，2013），72 页。

116 杨奎松著《毛泽东与莫斯科的恩恩怨怨》（南昌：江西人民出版社，1999），250 页。

117 既然"苏军司令部还使全部武器保持完好以适于作战使用"，还需要"整修"什么呢？

118 徐占江、李茂杰张主编《日本关东军要塞》下册（哈尔滨：黑龙江人民出版社，2006），945 页。

119 阎锡山在山西曾经留用 600 日军战斗人员，包括那位自认是"皇姑屯事件"元凶的河本大作。被骂得狗血淋头。

120 徐焰著《第一次较量—抗美援朝战争的历史回顾与反思》（北京：中国广播电视出版社，1990），26 页。

121，《关于朝鲜战争的新的发现》（英文），凯萨琳．韦瑟斯比翻译、评论，摘自《CWIHP 简报》第三期（1993 年秋季号），16 页；亦可参看沈志华著《毛泽东、斯大林与朝鲜战争》（广州：广东人民出版社，2007），152 页。

122 巴贾诺夫著《朝鲜战争的政治评价》（英文），7 页；杰尼索夫著《1950 年—1953 年的朝鲜战争：关于战争起因、角色的思考》（英文），12 页。二文曾在 1995 年 7 月 24 日—25 日由韩国社团、韩美社团以及乔治城大学联合赞助，在美国华盛顿特区乔治城大学举办的那场名为《朝鲜战争：对于历史记录的评价》的国际研讨会上宣读。巴贾诺夫是俄罗斯联邦外交部东方研究所的高级研究员；杰尼索夫是俄罗斯联邦外交部亚洲司副司长。他们都有接触苏联政府档案的途径。

123 秦婴（笔者笔名）编《前苏联政府档案朝鲜战争文电摘要》（台北：《中共研究》杂志社，1999）第二部分《面访有关朝鲜作战中共官员谈话记录》，32-33 页。

124 可惜，吴殿尧书关于刘鼎对中共依靠苏援饷械成功夺取全国政权作出的这一巨大贡献，竟然全然没有着墨。

125 不过共产党对于破译日军密码，似乎效率不高。苏联似乎无意向其转移日军密码破译技术，这也就解释了为什么共军对于日军作战胜算不如对于国军作战胜算之高。

126 红歌《十送红军》中的民歌虚字。

127 本文部分内容亦出现于笔者另外多篇论文之中，虽为重复，但属必要，不作交代，仅于注脚当中指引读者阅读本文这些内容，会让他们觉着 unfriendly；另外，初时对于颠覆旧说学术发现反复叙说，乃为新生事物呐喊，形成排炮效应，不是啰嗦。

128 窦辉著《新中国成立前后中苏关系的若干问题》，《苏联研究》1990 年第三期；以及列多夫斯基著，陆远译《米高扬的赴华秘密使命：1949 年 1 月 2 日》，《国外中共党史研究》，1995 年第五期。

129 薛衔天著《民国时期（1917—1949)中苏关系史》下册（北京：中共党史出版社，2013)，72 页。

130《中央军委关于东北 1949 年兵工生产计划致东北局等电》，中国人民解放军历史资料丛书编审委员会编著《军事工业. 根据地兵器》（北京：解放军出版社，2000)，204 页。

131《苏联解密档案选. 毛泽东著作》（本电子书制作者：诸夏怀斯社，2017。联系邮箱 hqxsk@163.com)，123 页。

132 笔者于 1993 年 11 月 30 日在北京对张明远面访的内容，见诸秦婴（笔者笔名）编《前苏联档案朝鲜战争文电摘要》第二部分《面访有关朝鲜作战中共官员谈话记录》（台北：中共研究杂志社，1999)，22-23 页。

133《何长工回忆录》（北京：解放军出版社，1987)，406-433 页。

134 八卦舟著《解放战争期间苏联到底给了中共多少援助？》，"天涯社区. 煮酒论史"www. tianya. cn，2013 年 4 月 11 日。

135 见诸笔者另一篇论文《湘江战役红军战死被俘逃亡人数》，香港《前哨》杂志 2017 年 2 月号。

136《轻武器系列丛书》编委会编著《解密中国兵工厂（兵器篇）》（北京：航空工业出版社，2014)，103 页。网上有一资料说其中有战防炮即反坦克炮 5800 多门，见诸 http://bbs. tiexue. net/bbs172 -0-1. html"铁血论坛"。此数仅见于此处，别处似乎没有。

137 见诸 http://baike. baidu. com/subview/88620/5212848. htm。

138《维基解密之美国没有直接出兵介入国共内战真相》，www. lsgushi. com，2014 年 8 月 26 日。《轻武器系列丛书》编委会编著《解密中国厂（兵器篇）》（北京：航空工业出版社，2014)，97-109 页。

139 刘少奇著《建国以来刘少奇文稿》，中共中央文献研究室、中央档案馆主编，第一卷（1949 年 7 月—1950 年 3 月）（北京：中央文献出版社，2005)，319-321 页。

140《华北、山东、东北解放区关于今后兵工厂生产的减产与转业意见》，中国人民解放军历史资料丛书编审委员会编著《军事工业．根据地兵器》（北京：解放军出版社，2000），248 页。

141 杨奎松于其所著《毛泽东与莫斯科的恩恩怨怨》（南昌：江西人民出版社，2005）第八章中引用苏联档案说明：扫满苏军曾向东北共军提供"各种炮约 4000 门"，如他说的只是后膛火炮，则与笔者的估计只有约 200 门误差！

142 袁灿兴著《试析 1938 年苏联撤除对于西班牙的援助的原因和影响》，《西伯利亚研究》2006 年第六期。

143 华西列夫斯基著，徐锦栋等译《华西列夫斯基元帅战争回忆录》（北京：解放军出版社，有几个年份版本，最新 2003 年版本），630、639 页。当然，此役缴获后膛火炮之数大于"十大打击"中的多数战役。

144《解放战争时期主要弹武器产量统计表》，中国人民解放军历史资料丛书编审委员会编著《军事工业．根据地兵器》（北京：解放军出版社，2000），763 页

145 有关资料得自《滕代远关于后勤工作给刘伯承、邓小平等的报告》，中国人民解放军历史资料丛书编审委员会编著《军事工业．根据地兵器》（北京：解放军出版社，2000），151 页。

146 中国人民解放军历史资料丛书编审委员会编著《军事工业．根据地兵器》（北京：解放军出版社，2000），170 页

147 同上，181 页。

148 见诸本书另外一章《四野苏援后膛火炮轰垮蒋家大陆王朝》。

149 中国人民解放军历史资料丛书编审委员会编著《军事工业．根据地兵器》（北京：解放军出版社，2000），122 页。

150《滕代远关于后勤工作给刘伯承、邓小平等的报告》，中国人民解放军历史资料丛书编审委员会编著《军事工业．根据地兵器》（北京：解放军出版社，2000），152 页。

151 见诸《延边大学学报》（社会科学版）1993 年第一期。

152 阎锡山在山西曾经留用 600 日军战斗人员，包括自称"皇姑屯事件"元凶的河本大作，被人骂得狗血淋头。新揭史料表明，是苏联特工而非河本大作策划、实施将张作霖炸毙，详见托托著《张氏父子与苏俄之谜》（呼和浩特：远方出版社，2008）。远东军事法庭当年就未曾采信河本大作由太原战犯管理所递出的自称乃为事件元凶的供词。

153 林彪四野三打四平不遂，撤入北满，客观上说，正好鼓励国军麇集南满。国军当时若是"乘胜追击"，冒进北满，共军可以西出北朝，

将其拦腰切断。不遂并不等于目前有人误解或者曲解而成的"惨败"，因为四平国方守军并无反守为攻，周边国方援军并无接敌拦敌，林彪部队撤出四平之后再无战内损失。至于撤退之时发生"建制一度混乱"（张正隆所描述），那是正常现象：攻击四平之时，A团伤亡过重，指挥部派出别的纵队的Z团前去增援，撤退之时不就发生建制一度混乱了吗？建制一度混乱不只是撤退、败退必会发生的现象，进攻、追击之时—例如破城巷战—也会发生。林彪总部作战科长王继芳叛变投敌，发生在四平撤退之后而非之前，对于没能攻下四平没起作用。过后，林彪既然下令改了原用密码，当然也会下令改了原作部署，岂有继续按照原作部署用兵之理？共方士兵大量逃亡之事各个时期均有发生，并非四平撤退之时才始发生—本文开头就揭示了此种现象。对此懵然不知之人才会将四平撤退之后逃亡视为"林彪惨败"所致，视为军史罕见，视为预示败亡，惋惜国军坐失良机。中世纪突厥化蒙古人阿提拉率兵进攻西欧，在法兰西奥尔良与东罗马军决战，一夜未见胜负，他便下令全军撤退，功亏一篑，乃与共军四平撤退原因相似—害怕对方（西欧可是白人地盘）各地援军突现。三打四平不遂与四打四平速下形成对比，再次证实本文判断，后者使用了比前者多近十倍的后膛火炮。马歇尔劝阻蒋介石顺势而上停止进攻北满，原因在于美国担心此举将导致苏军重返满洲。

154 Albert L. Weeks, Rassia's life-saver: lend-Lease aid to the U.S.S.R. in World War II (Britain,Polymouth: Lexington Books: 2004), p.147.

155 聂云著《媒体揭秘二战美英援助苏联武器》，来源于《中国国防报》2005 年 09 月 21 日；http://military.people.com.cn/GB/42964/3710922.html; http://www.xcar. com.cn/ bbs/ viewthread.php?tid =20475035。

笔者在所阅英文文献中，没查到战防炮的类别和数目。聂云还说，美英还向苏联提供了 42 万余辆卡车和吉普车、8700 余辆拖拉机。赖此，战争后期苏军基本实现了机械化，此时德军还是机械化+骡马化。

156《中共中央军委关于兵工会议情况致中央军委参谋部及邯郸、山东等中央局电》，中国人民解放军历史资料丛书编审委员会编著《军事工业. 根据地兵器》（北京：解放军出版社，2000），171 页。

157 张小亮著《螺旋类零件加工之我见》，《机械工程师》2002 年 9 月号。

158 见诸 http://www. infoukes. com/history/ww2/page-09. html, 资料来源：乌克兰。

159 列多夫斯基著《1937—1952 事件参与者的文件与证据：在中国命运之中的苏联和斯大林》（俄文版。莫斯科：出版社不详，1999），156 页。

160《主要兵工单位》，中国人民解放军历史资料丛书编审委员会编著《军事工业．根据地兵器》（北京：解放军出版社，2000），697 页。

161 中国人民解放军历史资料丛书编审委员会编著《军事工业．根据地兵器》（北京：解放军出版社，2000），206 页。

162 列多夫斯基著，李玉贞译《米高扬与毛泽东的秘密谈判（1949 年1—2 月）》（下），《党的文献》2014 年第四期。

163 何长工著《东北的军事工业》，中国人民解放军历史资料丛书编审委员会编著《军事工业．根据地兵器》（北京：解放军出版社，2000），512 页。

164《中共邯郸中央局关于 1947 年下半年兵工生产致中央军委、中央工委等电》，中国人民解放军历史资料丛书编审委员会编著《军事工业．根据地兵器》（北京：解放军出版社，2000），147 页。

165 何长工著《东北的军事工业》，中国人民解放军历史资料丛书编审委员会编著《军事工业．根据地兵器》（北京：解放军出版社，2000），512 页。

166 见诸 http://tieba.baidu.com/p/2744551418。

167 张铁建著《中国共产党何以必胜》，《文汇读书周刊》2011 年3 月 8 日。

168 何长工著《东北的军事工业》，中国人民解放军历史资料丛书编审委员会编著《军事工业．根据地兵器》（北京：解放军出版社，2000），511 页。

169 邓野著《傅作义转型过程中的双重性》，《历史研究》2005 年第五期。

170 指"中共内部的健康力量"。

171 潘佐夫著，卿文辉等译《毛泽东传》下册（北京：中国人民大学出版社，2015），784 页。

172 如内蒙古人民革命党领导人席尼喇嘛、新疆三区领导人阿合买提江．哈斯木，以及西藏高原共产主义小组领导人葛然朗巴．平措旺杰。早在 1926 年初，联共（布）中央就决定：采纳外交人民委员会部关于最近以蒙古人民共和国代表处名义向拉萨派驻苏联非官方代表处的建议，拨款两万卢布作为代表处的经费。见诸中共中央党史研究室第一研究部编译《共产国际、联共（布）与中国革命档案资料丛书》第三卷：《联共（布）、共产国际与中国国民革命运动》（北京图书馆出版社，1998），24 页。

173 见诸 http://www.xilu.com "西陆军事"，2014 年 8 月 26 日。

174 见诸 http://bbs.tiexue.net/post_4375639_1.html。

175 华西列夫斯基著,徐锦栋等译《华西列夫斯基元帅战争回忆录》（北京：解放军出版社，有几个年份版本，此处为最新 2003 年版），632 页。

176 万年著《解放战争中解放军战力猛增的背后》，《海事大观》2006 年第五期。

177 见诸 http://tieba.baidu.com/p/4413023729；又可见诸曾克林著《山海关—沈阳—延安：忆我与苏军的联系》，《中俄关系问题》1990 年 10 月第 28 期，5 页；以及百度.百科"彭施鲁"词条。

178 王大勋著《150 毫米迫击炮的研制与生产》，中国人民解放军历史资料丛书编审委员会编：《军事工业.根据地兵器》（北京：解放军出版社，2000），366-367 页。

179 黄道炫著《中央苏区的革命（1933—1934）》（北京：社会科学文献出版社，2001），477 页。

180 上册诸文件当中，本文最早写。本集内后写之文根据新的史料，会对先写之文某些描述、解释、推测做出修正。先写之文出版之时对此未做大改，原委乃为欲令雅俗读者获悉寻踪路径原貌。

181《共产国际执行委员会驻中国代表罗易 1927 年 6 月 8 日于汉口给联共（布）中央政治局的一份电报》，中共中央党史研究室第一研究部编译《共产国际、联共（布）与中国革命档案资料丛书》第四卷：《联共（布）、共产国际与中国国民革命运动（1926—1927）》下册（北京图书馆出版社，1998），310 页。

182 邓演存等著《略记孙中山"以俄为师"的决策及苏联顾问在广东的工作》，广州市政协文献资料研究委员会编《孙中山三次在广东建立政权》（中国文史出版社，1986），267 页。

183 记者著《把沙皇金条还给我们》，《资讯时报》2004 年 4 月 24 日。

184《陈济棠自传稿》（台北：传记文学出版社，1974），24 页。

185 出处因不可抗力竟至得而复失。

186 出处因不可抗力竟至得而复失。

187 猜测政府可能之前已给陈氏或者陈氏后裔金钱补偿，陈氏后人用其在国内开办连锁酒楼。

188 http://www.360doc.com/content/17/0119/00/2064803062349 6144.html，2017-01-18，dong-lin58，摘自"史海钩沉"。

189 出处因不可抗力竟至得而复失。

190 出处因不可抗力竟至得而复失。

191 见诸江西省南昌市南昌起义纪念馆展品《起义部队南进路线图》《周恩来给中共中央的信——〈向潮汕进军的问题〉（1927年9月）》《陈宝符撰〈向中央送信的经过〉》。

192 点点著《非凡的年月》（上海文艺出版社，1987），70页。

193 同上。

194 逄先知主编《毛泽东年谱．上卷（1883—1949）》（北京：中央文献出版社，1993），374页。

195 余伯良、何友良主编《中国苏区史》下册（南昌：江西人民出版社，2011），1129、1130页。

196 出处因不可抗力竟至得而复失。蒋汪合流分共绝俄之后，被逐出境的鲍罗廷等一行人，又选择由陕北进入外蒙。笔者认为，他们实为利用此行来为中共今后实行长远计划踏察地形。之前之后，苏联飞机想必亦曾从哈密起飞，侦察、航拍陕北及其周边地形。

197 当时听有一消息说是设在连南县某溶洞，待考。陈毅于南昌起义之后曾率一小部队从广东粤北进入广西桂东贺县，然后转回湖南，不知目的为何。

198 (1) 维．乌索夫著《查理德．佐尔格小组在中国》，《参考消息》2005年6月29日；(2) 俄刊文《上海曾是日本共产党的"福地"》，《上海译报》2007年6月7日；(3) 宗新著《陈修良：中共第一位女市委书记》，《老人报》2007年10月28日。

199 柯伟林著《德国与中华民国》，陈谦平等译（南京：江苏人民出版社，2006），？页。

200 出处因不可抗力竟至得而复失。

201 出处因不可抗力竟至得而复失。很难想象一个德国医生为何会到闽西偏僻山城开办私人诊所，即在改革开放已历30余年的当代中国，也没发现此种情形。笔者认为，此人应为共产国际专为李德（奥托．布劳恩）配备的医生——当然也可以为严重伤病中共领袖疗伤治病。

202 本报记者著：《邓颖超曾在西关产子》，《南方都市报》2005年7月5日版。

203 藏于广东省档案馆。

204 出处因不可抗力竟致得而复失。

205《盖利斯给别尔津的书面报告：对中国红军部队的总的评述（截止1930年11月15日）》，中共中央党史研究室第一研究部编译《共产国际、联共（布）与中国革命档案资料丛书》第九卷：《联共（布）、共产国际与中国苏维埃运动（1927—1931）》（北京：中央文献出版社，2002），492页。

206 黄修荣著《〈共产国际、联共(布)与中国革命档案资料丛书〉编译记》，"中国共产党新闻网"2010年7月15日，http://dangshi.people.com.cn/GB/151935/196989/196991/12154076.html。

207 为何除以八，请见附注29。

208《瓦西里耶夫给中共中央的信》（1925年7月21日于莫斯科），中共中央党史研究室第一研究部编译《共产国际、联共（布）与中国革命档案资料丛书》第一卷：《联共（布）、共产国际与中国国民革命运动（1920—1925）》（北京图书馆出版社，1997），638-642页。

209 同上。

210《共产国际执委会东方部关于中国共产党军事工作的指示草案》（早于1925年8月21日于莫斯科），中共中央党史研究室第一研究部编译《共产国际、联共（布）与中国革命档案资料丛书》第一卷：《联共（布）、共产国际与中国国民革命运动（1920—1925）》（北京图书馆出版社，1997），657-664页。

211 俄共（布）中央政治局中国委员会会议第四号记录（1925年7月28日于莫斯科），中共中央党史研究室第一研究部编译《共产国际、联共（布）与中国革命档案资料丛书》第一卷：《联共（布）、共产国际与中国国民革命运动（1920—1925）》（北京图书馆出版社，1997），643页。

212 见诸中共中央党史研究室第一研究部编译《共产国际、联共(布)与中国革命档案资料丛书》第七卷：《联共（布）、共产国际与中国苏维埃运动（1927—1931）》，398页。

213《埃韦特给皮亚特尼茨基的信》（1934年2月23日于上海），中共中央党史研究室第一研究部编译《共产国际、联共（布）与中国革命档案资料丛书》第14卷：《联共（布）、共产国际与中国苏维埃运动（1931—1937）》（北京：中共党史出版社，2007），81页。

214 可见书首"精彩预告"第01图。

215 见注212。

216《粟裕回忆录》（北京：当代出版社，1995），65-66页。

217 1926年包头即设立有苏联领事馆。见诸中共中央党史研究室第一研究部编译：《共产国际、联共（布）与中国革命档案资料丛书》第三卷：《联共（布）、共产国际与中国国民运动（1926—1927）》上册

（北京图书馆出版社，1998），429 页。

218 2013 年 11 月 30 日《广州日报》B9 版。

219 香港知名律师李柱铭说，他的父亲李彦和中将兵谏了余汉谋，促成此次哗变。

220《陈平九十自述：走过平凡》（广州：自行出版发行，2014），32-33 页。此陈平（女）非马共陈平。其兄陈嘉，即后文"五揭"中提到的"杜襟南"。

221 中共广东省委党史研究会等编著《东江纵队图文集》（中共党史出版社、广州出版社，2015），134 页。

222 中共中央党史研究室第一研究部编译《共产国际、联共（布）与中国革命档案资料丛书》第 13 卷：《联共（布）、共产国际与中国苏维埃运动（1931—1937）》（北京：中共党史出版社，2007），559 页。

223 见诸 1992 年出版之《南雄文史资料．梅岭古关》，内 53 页。

224 2012 年底一次中学同学聚会，有一中共老营之后透露，退休之前，某次出差连南，当地政府官员曾经不无骄傲地告诉他，本县声誉今天虽然叨陪末座，抗日战争时期却是名噪一时：当地一处溶洞曾被辟作广东国军、省府的金钱、粮食秘密仓库。咳，读万卷书行万里路，多么有趣！

225 见诸 http://9512.net/read/1921815a33f5660027f7cc9e.html。

226 余汉谋（1896—1981），男，字幄奇，汉族，广东高要人。中国国民党高级将领，陆军一级上将。曾任陆军总司令，并一度主政广东。最后官至中华民国陆军总司令、一级陆军上将。曾被选为国民党第四、五、六届中央执行委员会委员。抗战时期，余汉谋先后任第四路军总司令、第四战区副司令长官兼第十二集团军总司令、第七战区司令长官。800 名共产党的人（其中党员 120）之加入余汉谋的部队，主要是出于余汉谋等人的主动引进和吸纳。广州失守之后，余氏及其部队知耻近勇，决心复仇。两次粤北会战的胜利，挫败了日寇利用广东切断粤汉铁路，威胁湘桂后方，最终迫使南方各省投降的战略，并且有力地配合支持了桂南会战，振奋了两广军民的人心。客观地说，此二役不仅为余汉谋雪了耻，而且使他重拾了一名军人的信心和荣誉。头次（1939 年 2 月）日军进犯粤北用兵七万，二次（1940 年 5 月），四万。这是国军抗战初期所获罕见大胜，广东军表现大大优于中央军。他有没有利用粤北武库枪弹？粤北陷入日军之手，还有什么利用它的仓藏军火机会？苏方必会批准。

227 陈敦德著《八路军驻香港办事处纪实》（香港：中华书局，2012），11 页。

228 叶文益著《张文彬传》（北京：中共党史出版社，2016），211-212 页。

229 同上，300-304 页。

230 见诸 https://baike.sogou.com/v46669019.htm?fromTitle=张世聪（革命烈士）.

231 叶文益著《张文彬传》（北京：中共党史出版社，2016），303-304 页。

232 蔡伟强编著《抗日战争中的东江纵队》（广州：广东人民出版社 2015），164 页。

233 同上，40 页。

234 黄业著《巍巍五岭》（广州：广东人民出版社，1982），149 页。

235 同上，100-105 页。

236 同上。

237 关礼雄著《日据时代的香港》（增订版。三联书店（香港）有限公司，2015），101 页。

238 同上，164、168 页。

239 陈敦德著《八路军驻香港办事处纪实》（香港：中华书局，2012），157 页。

240 见诸 http://www.360doc.com/content/14/0608/10/13049415384 753216.shtml

241 法国共产党（法语：Parti communiste français），简称"法共"（PCF），1920 年 12 月成立。二战后初期政治实力达到顶峰，最多时拥有党员 80 多万，曾是法国第一大党。在北约成立之后，法共迅速衰落。

242 德国共产党（德语：Kommunistische Partei Deutschlands，简称"德共"（KDP），1918 年 12 月 30 日成立。二战结束后，西德的德共在 1956 年被取缔；东德的德共则与社民党合并成德国统一社会党。1925 年，共产国际在德国工人中募集了 50 万金马克的基金，用于支援中国省港工人罢工—此事见诸尔穆特·格鲁伯著《斯大林时代共产国际内幕》，达洋译（北京：中国展望出版社，1989），184 页。

243 陈敦德著《八路军驻香港办事处纪实》（香港：中华书局，2012），115 页。

244　http://www.360doc.com/content/14/0608/10/13049415_384753 216.shtml.

245 蔡伟强编著《抗日战争中的东江纵队》（广州：广东人民出版社 2015），89 页。

246 本书编委会编《尹林平》（广州：广东人民出版社，1994），214 页。

247 同上，212 页。

248 叶文益主编《中共中央南方局的军事工作》（北京：中共党史出版社，2009），260 页。

249 二李文见诸《中共党史研究》2016 年第七期；高文出处，同注 16。

250 北伐名将许继慎被张国焘以马拖死河滩，过去人们咸认为许被冤杀。近来笔者方知，上级来人搜查许氏藏书，发现内藏许氏黄埔军校同学曾养甫赠给他的一本密码，供其"归顺"国方之前使用。这就"跳进黄河洗不清"了！

251 叶文益著《张文彬传》（北京：中共党史出版社，2016），244-245、288、293 页。

252 同上，293-294 页。

253 本书编委会编《尹林平》（广州：广东人民出版社，1994），419 页。张文彬 1938 年 4 月担任新成立的广东省委（取代前南委）书记。这样看来，前南委只是过桥而已。在后南委，他只是副书记，方方才是正书记。

254 同上，435-436 页。

255 同上，450-451 页。

256 蔡伟强编著《抗日战争中的东江纵队》（广州：广东人民出版社 2015），30 页。

257 本书编委会编《尹林平》（广州：广东人民出版社，1994），433 页。

258 三野每军四师，但是师号却不按序号排。四野实际也多是每军四师，但有一个师为独立师，非独立师的师号，均按序号排。

259 叶文益主编《中共中央南方局的军事工作》（北京：中共党史出版社），255 页。

260 同上，257 页。

261 同上，256 页。

up UK Ltd.

23
B/99